L'AFFAIRE
DE
PANAMA

PAR
Albert CHICHÉ
Ancien Député

1ᵉʳ FASCICULE

Prix : 20 Centimes

BORDEAUX
IMPRIMERIE DU MIDI, 91, RUE PORTE-DIJEAUX
—
1894

L'AFFAIRE

DE

PANAMA

PAR

Albert CHICHÉ

Ancien Député

BORDEAUX
IMPRIMERIE DU MIDI, 91, RUE PORTE-DIJEAUX
—
1894

PRÉFACE

L'affaire de Panama appartient à la fois à l'histoire contemporaine et au recueil des causes célèbres.

Cette colossale escroquerie, compliquée de concussion, a occupé à maintes reprises les séances des Chambres ainsi que les audiences des juridictions criminelle, correctionnelle et civile; elle a passionné au plus haut degré l'opinion publique et mis à nu les plaies qui rongent la société moderne.

Si vous voulez connaître à fond les vices de la société du XVIII° siècle, étudiez l'affaire de la banque de Law, cet audacieux spéculateur qui, comme M. de Lesseps, avait attiré dans ses caisses d'énormes capitaux en faisant miroiter les bénéfices fantastiques d'une entreprise lointaine. Grâce à tous les procédés de réclame usités à l'époque, ses actions montèrent rapidement à un taux exagéré, puis retombèrent avec une égale rapidité à la simple valeur du papier.

Les joueurs habiles réalisèrent d'immenses bénéfices en les revendant en temps opportun : le duc de Bourbon et sa mère gagnèrent soixante millions; un domestique, subitement enrichi, acheta le carrosse de son maître et, par un reste d'habitude, grimpa par derrière quand on le lui amena.

Quant aux gens crédules qui, au lieu de spéculer, avaient cru faire un bon placement et gardèrent leurs actions jusqu'au bout, ils furent complètement ruinés, comme la veuve du poète Racine dont le patrimoine, acquis par des œuvres immortelles, fut englouti dans la débâcle.

Pendant la période brillante du système, l'Ecossais Law, dont les coffres rebondis étaient le point de mire de tous les intrigants de robe et d'épée, vit ses antichambres regorger de grands seigneurs et de grandes dames venant tendre la main, offrir leurs bons offices, menacer de leur rancune, exiger qu'on les achetât.

La rue Quincampoix, où se trouvait le siège de la banque, fut de 1718 à 1720, le théâtre des scènes les plus honteuses: la noblesse et le clergé, les bourgeois et les artisans, les dames de la cour et celles de la ville, accoururent pour y ramasser de l'or dans la boue, quelquefois dans le sang; aucune vilenie, aucune bassesse, aucun crime ne répugna à cette société frivole, mise en rut par un satanique appétit de richesses et de jouissances.

Rien ne manqua à sa honte, ni à la gloire du financier parvenu; les anciens courtisans de Louis XIV, porteurs des plus beaux noms de France, furent au nombre de ses flatteurs; la foule l'acclama sur son passage; l'Académie des sciences le reçut parmi ses membres; les duchesses lui baisèrent la main. — « Si les duchesses agissent ainsi, que lui baiseront donc les autres femmes? » observa la mère du Régent.

L'affaire de Panama nous a montré, à la fin du XIX° siècle, un spectacle identique; les acteurs, les costumes, le décor ont changé; les passions, les vices, la corruption, les appétits et les convoitises sont les mêmes.

Les classes dirigeantes de la fin du dix-neuvième siècle, comme celles du commencement du dix-huitième, ont perdu leur honneur et leur prestige; en abdiquant les sentiments élevés pour adorer uniquement le veau d'or, en négligeant les devoirs de fraternité et de solidarité humaine pour ne songer qu'à satisfaire leur insatiable cupidité, elles se sont attiré, de la part de la classe laborieuse et spoliée, le mépris et la haine qui engendreront une nouvelle révolution à une échéance plus ou moins éloignée, mais fatale.

Bien aveugles sont ceux qui ne voient pas à l'horizon les signes précurseurs de l'orage; bien puérils les législateurs qui cherchent à dissiper par des lois compressives les nuages amoncelés dans le ciel.

Ce n'est pas par de mesquines mesures de répression qu'on peut arrêter un peuple en marche vers un avenir meilleur; les obstacles n'auront d'autre effet que de transformer le cours majestueux du fleuve en un torrent dévastateur.

Ouvrez donc vos impuissants barrages; laissez passer le flot pour qu'il accomplisse son œuvre de salubrité, et puisse-t il emporter à la mer toutes les charognes qui empestent les rives!

Une nation honnête ne peut pas digérer un morceau aussi malpropre que l'affaire de Panama; elle a besoin, pour se soulager, de vomir dans une violente nausée tous ceux qui y ont encouru une responsabilité quelconque par leurs actes, par leurs discours, par leurs écrits ou par leur coupable silence.

Mais pour que le dégoût public ne puisse pas s'égarer, il est nécessaire de préciser la part de chacun dans cette aventure si complexe et si embrouillée; il faut que le pays, juge souverain, ait sous les yeux toutes les pièces de ce vaste procès.

Or, l'affaire de Panama a engendré plusieurs pamphlets; l'histoire complète et impartiale n'en a pas été écrite.

C'est cette histoire que j'entreprends et que je me propose de raconter sans haine, sans passion, sans parti-pris, avec l'unique souci d'apprendre la vérité aux hommes de bonne foi.

Je n'accuserai personne sans preuves; dans le doute, je me bornerai à livrer les faits à l'appréciation du lecteur.

Je raconterai les discussions parlementaires auxquelles j'ai assisté; je puiserai mes renseignements dans les débats qui se sont déroulés devant le Parlement ou devant les tribunaux; je m'appuierai sur des documents officiels, notamment sur le rapport de la commission d'enquête, mine précieuse et inépuisable, bien que son auteur ait visiblement obéi à la constante préoccupation de couvrir d'un voile complaisant les défaillances de collègues et d'amis politiques.

Malgré tous mes efforts, mon œuvre sera forcément incomplète, car je suis loin de connaître tous les dessous de cette ténébreuse affaire; n'ayant jamais vu ni le baron de Reinach, ni Arton, ni Cornélius Hertz, je n'ai pu recevoir leurs confidences.

Le premier, frappé d'une mort aussi subite que mystérieuse, a emporté ses secrets dans la tombe; le second jouit dans un asile ignoré du repos qu'il doit aux faveurs gouvernementales; quant au troisième, comédien consommé dans le rôle de moribond, il semble résolu à garder le silence, prix d'une avantageuse transaction.

Il est donc probable qu'on ne saura jamais toute la vérité; mais ce que l'on sait suffit amplement à l'entière édification de ceux qui ne se plongent pas la tête dans un trou pour fuir la lumière.

L'affaire de Panama est aujourd'hui connue dans ses grandes lignes, sinon dans tous ses détails; il me suffira d'en réunir les éléments épars pour que le lecteur puisse envisager d'un coup d'œil la longue série de manœuvres frauduleuses à l'aide desquelles une association de malfaiteurs de la plus haute volée est parvenue à extorquer quinze cents millions à l'épargne nationale.

L'AFFAIRE DE PANAMA

PREMIÈRE PARTIE

CHAPITRE PREMIER

Les premières tentatives

A partir du jour où les conquérants Espagnols du xvi⁰ siècle eurent constaté l'étroitesse de l'isthme qui, en joignant l'Amérique du Nord à l'Amérique du Sud, sépare l'Océan Atlantique du Grand Océan, on conçut l'idée de creuser un canal de jonction afin d'éviter à la navigation l'immense contour par le détroit de Magellan.

Dès l'année 1525, un capitaine Portugais proposait à l'empereur Charles-Quint d'ouvrir une communication à travers l'isthme du Darien.

Depuis, une foule de projets furent mis en avant, de nombreuses études furent faites, tantôt par des compagnies privées, tantôt pour le compte d'états européens ou américains, mais l'entreprise fut déclarée impossible par suite des obstacles qu'offre cette langue de terre insalubre, traversée dans toute sa longueur par une chaîne de hautes montagnes.

En 1844, une compagnie Française obtint du gouvernement Colombien une concession pour l'exécution d'un chemin de fer et d'un canal dans l'isthme de Panama. Le chemin de fer, livré en 1855 au transit des voyageurs et des marchandises, est aujourd'hui en pleine prospérité; quant au canal, il ne fut jamais commencé.

La question du percement de l'isthme, qui n'avait pas été abandonnée malgré de multiples déceptions, fut agitée de nouveau au Congrès des sciences géographiques réuni à Anvers en 1871, sans qu'on prit aucune résolution.

Au Congrès organisé à Paris en 1875 par la même société géographique, l'explorateur français Lachaume soumit un projet de canal à écluses qui fut vivement combattu par M. Ferdinand de Lesseps, partisan déterminé du canal à niveau.

Le Congrès, sans se prononcer sur les questions de détail, émit un vœu pour l'ouverture d'un canal interocéanique.

L'année suivante, la Société de géographie commerciale de Paris constitua un Comité d'études sous la présidence de M. Ferdinand de Lesseps.

Ce Comité envoya dans l'isthme une commission d'exploration qui, après examen des différents passages possibles, se prononça pour le tracé partant de la baie de Limon sur l'Océan Atlantique pour aboutir à l'Océan Pacifique, non loin de la rade de Panama. Les deux chefs de l'expédition, MM. Bonaparte Wise et Armand Reclus, élaborèrent un projet de canal à niveau ayant une profondeur de neuf mètres au-dessous du niveau des mers, une largeur de vingt-deux mètres au plafond, de cinquante à soixante mètres à la ligne d'eau et une longueur totale de soixante-quinze kilomètres.

Une société civile, fondée par le général hongrois Turr et M. Bonaparte Wise, obtint du gouvernement Colombien, le 28 Mars 1878, la concession d'un privilège exclusif pour le creusement et l'exploitation du canal.

Au mois de Mars 1879, le Congrès international d'études du canal interocéanique, réuni à Paris sous la présidence de M. Ferdinand de Lesseps, adoptait le projet de MM. Wise et Reclus, et votait la motion suivante :

Le Congrès estime que le percement d'un canal interocéanique à niveau constant, si désirable dans l'intérêt du commerce et de la navigation, est possible et que ce canal maritime, pour répondre aux facilités indispensables d'accès et d'utilisation que doit offrir avant tout un passage de ce genre, devra être dirigé du golfe de Limon à la baie de Panama.

Le coût des travaux fut évalué par le Congrès à 1 milliard 200 millions, leur durée à douze années, le trafic probable à cinq millions deux cent-cinquante mille tonnes.

M. Ferdinand de Lesseps, sollicité de se mettre à la tête de l'entreprise, accompagna son acceptation d'un petit discours qui fut accueilli par des acclamations enthousiastes :

« Je dois vous avouer, dit-il, que je suis passé par bien des perplexités pendant le temps qu'a duré ce Congrès; je ne pensais pas, il y a quinze jours, que je serais obligé de me mettre à la tête d'une entreprise nouvelle. Mes meilleurs amis ont voulu m'en dissuader, me disant qu'après Suez je devais me reposer. Eh bien! si on demande à un général qui a gagné une première bataille s'il veut en gagner une seconde, il ne peut pas refuser. »

Que ne suivit-il les sages conseils de ses amis en songeant à tous les généraux et à tous les conquérants qui eurent à se repentir amèrement d'avoir voulu remporter une dernière victoire !

Immortel auteur du percement de l'isthme de Suez, honoré par l'admiration publique du titre de « Grand Français », il aurait achevé sa carrière dans une auréole de gloire au lieu de voir son nom flétri par une condamnation correctionnelle.

Malheureusement pour lui, grisé par son premier succès, dédaigneux d'un repos déjà si bien gagné, encore plein d'ardeur en dépit de ses 79 ans, il se lança dans cette aventure avec une audace toute juvénile, sans se laisser intimider par les eaux torrentueuses du Chagres, ni par la masse imposante de la Culebra.

C'étaient cependant là des obstacles, sinon insurmontables, du moins assez sérieux pour inspirer de longues hésitations.

Le Chagres, que le canal devait côtoyer sur un parcours de trente-quatre kilomètres, est une rivière relativement peu importante, mais soumise à des crues formidables qui élèvent parfois en quelques jours son débit de douze mètres cubes à dix-huit cents mètres par seconde. Devait-on le dériver, l'endiguer ou creuser un immense réservoir destiné à recevoir le trop-plein de ses eaux? C'était là un problème des plus délicats à résoudre.

La Culebra, épais massif de la chaîne des Cordillières, n'offre pas une moindre difficulté; elle se dresse comme un gigantesque mur d'un kilomètre d'épaisseur et d'une altitude minima de cent mètres, composé en partie de roc basaltique très dur à extraire, en partie de roches argileuses et friables sujettes à de continuels éboulements sous l'influence des pluies. On avait d'abord songé à faire passer le canal sous un tunnel, puis on était revenu à l'idée de pratiquer à ciel ouvert une tranchée exigeant une extraction de vingt millions de mètres cubes et des talus atteignant en certains points une hauteur de cent quarante mètres.

Un climat malsain, de vastes marécages, des forêts vierges encombrées de lianes inextricables, les pluies diluviennes qui durent généralement depuis le mois de mai jusqu'à la fin de novembre contribuaient encore à rendre douteuse la possibilité de l'entreprise.

Rien n'arrêta M. de Lesseps, persuadé qu'il vaincrait à coups de millions tous les obstacles de la nature.

Sans perdre un instant, il tenta de constituer une société au capital de 400 millions, représentés par huit cent mille actions de 500 francs. Pour faire face aux frais considérables qu'exigeait une pareille émission, il traita avec un syndicat de financiers qui avança 2 millions à condition qu'en cas de réussite ils seraient remboursés avec prime; dans le cas contraire, le syndicat perdrait son avance. La souscription, ouverte en Europe et en Amérique les 6 et 7 août 1879, échoua complètement : soixante mille actions seulement furent souscrites. Mais les syndicataires, bien loin de perdre leur mise, furent plus tard largement indemnisés par M. de Lesseps toujours prodigue de l'argent des actionnaires.

Ce premier échec ne découragea nullement M. Ferdinand de Lesseps; comprenant que son nom, quelque magique qu'il fut, ne suffisait pas à attirer les millions, il résolut d'employer d'autres moyens pour allécher les capitalistes hésitants.

Nous allons le voir recourir dans ce but aux mensonges les plus audacieux et aux plus condamnables manœuvres avec la complicité de la Presse, si puissante pour le mal comme pour le bien, dont le rôle est si beau quand elle lutte pour des idées, et si méprisable lorsqu'après avoir touché le prix d'une infâme prostitution elle trompe les lecteurs qu'elle a mission d'éclairer.

Journalistes vendus et financiers sans scrupules vont devenir ses auxiliaires, ses rabatteurs; quand les petits capitalistes, étourdis par une assourdissante réclame, seront venus se jeter dans les filets, on se partagera leurs dépouilles.

Telle a été la coupable conduite de M. Ferdinand de Lesseps; c'est parce qu'il a eu recours à de semblables procédés que son nom reste justement flétri, car s'il eut agi loyalement et de bonne foi, si on n'avait à lui reprocher que des légèretés, des imprudences et des erreurs, s'il se fut montré sincère et désintéressé comme un homme uniquement guidé par la noble ambition d'accomplir une grande œuvre humanitaire, tout le monde se serait incliné respectueusement devant le glorieux vaincu et la défaite de Panama n'aurait pas déshonoré le vainqueur de Suez.

CHAPITRE II

Mensonges et manœuvres pour obtenir la souscription du capital social

M. Ferdinand de Lesseps éprouva cependant quelques hésitations avant de faire le premier pas dans la voie fatale; ce fut M. Lévy-Crémieux, vice-président de la Société Franco-Egyptienne, qui lui donna la poussée décisive.

Celui-ci lui expliqua le mécanisme des grandes émissions et lui fit voir que, pour réussir, il était indispensable de mettre dans son jeu les deux puissances du jour : la Finance et la Presse.

M. de Lesseps comprit et ne tarda pas à se montrer digne de son initiateur.

Il commença par fonder, le 1ᵉʳ Septembre 1879, le *Bulletin du Canal Interocéanique*, journal officiel de la Compagnie, destiné à faire mousser l'entreprise et à chauffer l'enthousiasme.

Ensuite, il accompagna dans l'isthme une Commission technique chargée de faire des études sur place et de donner des chiffres précis.

Cette Commission évalua le coût

des travaux proprement dits à 843 millions, ce qui revenait, avec les accessoires, au chiffre de 1 milliard 200 millions indiqué par le Congrès. Elle estima que le canal pourrait être achevé en huit années.

M. de Lesseps réduisit arbitrairement le chiffre de la Commission à 658 millions, en opérant des retranchements sur tous les chapitres; mais comme ce chiffre était encore de nature à effrayer les souscripteurs, il imagina autre chose.

MM. Couvreux et Hersent, entrepreneurs célèbres par leurs travaux du port d'Anvers, avaient été chargés d'établir un devis, en même temps que la Commission technique procédait aux études.

Ce devis, qui ne s'élevait qu'à 530 millions, fut inséré dans le *Bulletin* du 15 Octobre 1880, et, quelque temps après, on fit annoncer dans différents journaux que MM. Couvreux et Hersent s'étaient chargés d'exécuter le canal à forfait pour 512 millions; en y ajoutant les intérêts du capital pendant la construction, les frais d'administration et les dépenses diverses, le canal ne devait pas coûter plus de 600 millions.

Or, le forfait Couvreux et Hersent n'a jamais existé: c'était une manœuvre pour inspirer confiance aux souscripteurs.

A mesure qu'on réduisait le coût des travaux, on exa   t le transit en le

portant à sept millions de tonnes.

Tous ces mensonges étaient savamment distillés dans les grandes feuilles de Paris, telles que le *Journal des Débats* et *La République Française*. Puis, le *Bulletin du Canal* les reproduisait comme émanant de journaux aussi sérieux que désintéressés.

De l'isthme de Panama, M. de Lesseps se rendit aux Etats-Unis afin d'y organiser un comité de banquiers Américains ayant uniquement pour objet de faire croire au public français que les capitaux américains, représentés par des maisons de la plus haute honorabilité, soutenaient l'œuvre et étaient prêts à lui donner leur concours.

Le prestige d'un nom connu étant nécessaire, on offrit au général Grant la présidence de ce comité. Sur son refus, on s'adressa à M. R. W. Thomson, alors ministre de la marine.

Celui-ci accepta et donna sa démission de ministre pour occuper un poste moins honorable, il est vrai, mais plus lucratif; ses appointements furent fixés à 125.000 francs par an.

Les trois maisons de banque composant le comité reçurent chacune 250.000 francs par an pour prix de leur complaisance.

Après avoir ainsi préparé ses batteries dans le Nouveau-Monde, M. de Lesseps, dont les faits et gestes, au cours de ce voyage, avaient été pompeusement racontés dans le *Bulletin*, revint en France pour y surveiller les derniers préparatifs.

Afin de lancer l'émission à grands frais de publicité, on organisa un syndicat de financiers prenant cinquante-neuf parts de 40.000 francs; chaque part obligeait à un versement de 40.000 francs qui étaient perdus en cas d'insuccès, et qui devaient être remboursés avec une prime de 200.000 francs en cas de réussite.

Ces dispositions prises, et le public paraissant suffisamment allumé par le concert d'articles élogieux publiés dans toute la presse et colportés par le *Bulletin* jusqu'au fond des moindres villages, on résolut d'engager la bataille.

L'acte de Société fut passé le 20 octobre 1880 en l'étude de Mᵉ Champetier de Ribes, notaire à Paris.

Le capital social était fixé à 300 millions divisé en 600.000 actions de 500 francs. Dix mille de ces actions furent réservées pour solder, à concurrence de moitié, l'acquisition faite à la Société civile Wiss, Turr et Reclus de la concession que lui avait accordé le gouvernement Colombien.

On demandait donc au public 295 millions.

La souscription fut annoncée pour les 7, 8 et 9 octobre.

M. de Lesseps donna le dernier coup de grosse caisse en publiant, la veille, dans le *Bulletin* la proclamation suivante :

Mes prévisions se sont complétement réalisées :

Une commission technique internationale, réunie sur les lieux mêmes, à Panama, a confirmé la praticabilité du canal maritime.

Les entrepreneurs, MM. Couvreux et Hersent, ont présenté leur devis et déclaré que l'exécution du canal ne coûterait que 500 millions de francs.

L'évaluation d'un trafic annuel assurant 90 millions de francs de revenus sur six millions de tonnes est considérée comme inférieure à la réalité.

Les revenus seraient donc plus importants qu'on ne l'avait supposé.

La compagnie universelle sera constituée avec un capital de 300 millions de francs.

La dépense totale étant calculée devoir s'élever à 600 millions, les sommes nécessaires à l'achèvement de l'entreprise donneront lieu, au fur et à mesure, à l'émission d'obligations, pour que les bénéfices réservés aux actionnaires soient accrus.

Fidèle à ma promesse, un droit de souscription privilégiée, irréductible, est réservé aux premiers souscripteurs de Panama, ainsi qu'aux actionnaires et délégataires du canal de Suez.

Ferdinand DE LESSEPS.

CHAPITRE III

Coûteux succès de l'émission

Grâce à ces mensonges et à ces manœuvres auxquels la personnalité de M. de Lesseps et le souvenir de Suez ajoutaient un surcroît de crédit, la souscription fut deux fois couverte.

Ce brillant succès coûta cher, car on n'avait rien négligé pour l'obtenir. On eut à payer :

Au Comité américain............Fr.	12.000.000
Au Syndicat français...............	11.800.000
Aux établissements de crédit.......	1.865.016
Pour commissions de placement.....	4.224.958
Pour frais de publicité.............	1.595.573
Pour frais divers...................	756.202
Total......Fr.	32.241.779

Trente-deux millions deux cent quarante-et-un mille sept cent soixante-dix-neuf francs ! C'était un joli début dans la voie des gaspillages et des largesses.

On ne s'en tint pas là.

Pendant qu'on prodiguait les millions, on songea aux syndicataires de l'émission de 1879; ils avaient avancé deux millions qu'ils devaient considérer comme perdus, d'après les conventions, l'émission n'ayant pas réussi.

Mais ils représentaient la fine fleur de la haute banque cosmopolite et juive ; ils s'appelaient : Bamberger, Cahen d'Anvers, Camondo, Ephrussi, Erlanger, Lebaudy, Levy-Crémieux, Hugo Oberndœrffer, Péreire, Reinach, etc., etc.

Comme il eut été imprudent de mécontenter ces puissants financiers dont l'hostilité pouvait être très nuisible, on leur rendit leur argent, et même, comme nous allons le voir, beaucoup plus que leur argent.

L'article 60 des statuts de la Société, relatif au partage des bénéfices de l'entreprise, réservait 15 p. 100 aux fondateurs, et l'article 7 disposait que la répartition de ces 15 p. 100 serait faite par les soins de M. de Lesseps.

Pour permettre d'escompter immédiatement cet avantage, on créa 900 parts de fondateurs qui furent distribuées de la manière suivante :

Au Syndicat de 1879....................	400
Au Syndicat de 1880....................	59
A M. Ferdinand de Lesseps...............	90
A M. Charles de Lesseps.................	31
A M. Levy-Crémieux.....................	320
TOTAL.......	900

Chaque membre du syndicat de 1879 reçut donc, outre le remboursement de ses 5.000 francs, un cadeau qui n'était pas à dédaigner, les parts de fondateurs ayant rapidement atteint en bourse une valeur de 75.000 francs.

Ceux qui possédaient plusieurs parts du syndicat de 1879 furent gratifiés d'autant de parts de fondateurs; le fameux Hugo Oberdoerffer, par exemple, dont nous retrouverons la main dans la caisse du Panama, eut droit à dix parts de fondateurs qui lui permirent d'empocher 750.000 francs en attendant mieux.

Les membres du syndicat de 1880 ne furent pas moins bien traités; chacun d'eux toucha d'abord les 40.000 fr. qu'il avait avancés, puis une prime de 200.000 francs et enfin une part de fondateur.

Quant à MM. de Lesseps et Lévy-Crémieux, ils ne gardèrent pas pour eux seuls les nombreuses parts qui leur furent officiellement attribuées; beaucoup d'entr'elles servirent à rémunérer discrètement des personnages désireux de rester dans l'ombre.

Ainsi que le constate l'expert Flory, dans son rapport, la création des parts de fondateurs a procuré aux bénéficiaires, d'après le cours auquel elles ont été cotées en 1881, un avantage total, de 67.500.000 francs.

Récapitulons ce chapitre des premières prodigalités de la Société du Canal :

Frais de l'émission de 1880 ...... Fr.	32,941,779
Remboursé aux syndicataires de 1889	2,000,000
900 parts de fondateurs..............	67,500,000
Total.........Fr.	101,741,779

Dira-t-on qu'une partie de cette énorme dépense était nécessaire ?

Une petite partie, oui. Il est incontestable que, pour lancer une émission, il faut annoncer la souscription dans les journaux et par voie d'affiches, imprimer des titres, payer une commission aux maisons de banque qui prêtent leurs guichets; tous ces frais sont indispensables.

Mais soudoyer la Presse pour qu'elle trompe le public, fonder un journal spécialement destiné à répandre le mensonge, organiser des syndicats de banquiers auxquels on attribue de gros bénéfices pour en faire des complices intéressés, ce sont là des agissements aussi coupables qu'onéreux.

Que M. de Lesseps et ses amis se soient réservés quinze pour cent sur les bénéfices que rapporterait le canal, rien n'était plus légitime. Ce qui constituait au contraire une escroquerie, c'était de fabriquer des titres représentant ce bénéfice éventuel, de les distribuer à des compères et de les écouler en Bourse à un prix exagéré, en faisant mousser frauduleusement l'entreprise.

En résumé, sur les 101 millions répandus en pluie d'or à l'occasion de l'émission de 1880, une dizaine tout au plus a servi à payer des dépenses utiles.

Le reste a été partagé comme un butin entre les flibustiers qui s'étaient associés pour faire le coup.

CHAPITRE IV

Constitution de la Société.

La première assemblée générale constitutive se tint le 21 janvier 1881, au Cirque d'hiver.

M. Ferdinand de Lesseps y lut un rapport dans lequel il affirmait de nouveau que le Canal ne coûterait que 600 millions et serait achevé en sept ou huit années.

On le nomma président-directeur de la Société aux appointements de 125.000 francs, et son fils aîné, Charles de Lesseps, sous-directeur, avec 25.000 francs par an.

La Société fut, pour le surplus, ainsi composée :

Un conseil d'administration de 21 memb. Fr. 151.000
Un comité de direction de six membres.. 81.000
Une commission supérieure consultative
   des travaux........................... 40 000
Un ingénieur-conseil 30.000
Un entrepreneur-conseil 30.000
Un secrétaire-général................... 18 000

Les frais de l'administration centrale de Paris s'élevèrent d'abord à 1.200.000 francs par an et atteignirent progressivement deux millions.

Les bureaux installés à Panama furent encore plus dispendieux ; il y eut là bas un directeur, des chefs de division, des adjoints, qui touchèrent d'énormes appointements. L'entretien de cet état-major, allant toujours en augmentant, arriva à couter annuellement treize millions.

N'oublions pas qu'il y avait en outre, aux Etats-Unis, un comité américain dont le président recevait 125.000 francs par an, sans se donner beaucoup de mal, car ce comité, dont l'existence avait uniquement pour but de jeter de loin un peu de poudre aux yeux, ne se réunissait que très rarement.

Il semble que, dès le début, on se soit fait un jeu de lancer l'argent à pleines mains par toutes les fenêtres.

On acheta à la Société Turr et Reclus, au prix de dix millions, la concession qu'elle avait obtenu du Gouvernement Colombien; cette somme fut versée moitié en espèces, moitié en actions entièrement libérées. On remboursa en outre à cette Société le cautionnement de 750.000 francs qu'elle avait dû fournir.

Une acquisition bien autrement couteuse fut celle du Panama Rail-Road, chemin de fer qui longe le tracé du Canal, de Colon à Panama.

Cette ligne était exploitée par une Compagnie américaine constituée au capital de 35 millions divisés en 70.000 actions de 500 francs.

Avec un peu d'habileté et de décision, on pouvait acquérir ces actions au prix maximum de mille francs; mais les pourparlers engagés furent si maladroitement conduits que les actionnaires eurent le temps d'organiser un syndicat à la hausse, qui accapara 68.534 actions et refusa de les céder au-dessous de 1.250 francs. Il fallut en passer par ces exigences, si bien que l'achat de ces actions, en y ajoutant certaines dépenses accessoires, coûta plus de cent millions.

De graves indices ont fait soupçonner que certains agents de la Société du Canal s'étaient entendus avec des spéculateurs américains pour acheter les actions en sous main au prix de mille francs et les revendre ensuite 1250 francs, réalisant ainsi un bénéfice de dix-sept millions.

M. le juge d'instruction Prinet a adressé aux autorités judiciaires américaines une commission rogatoire pour éclaircir ce point, mais il est resté obscur comme bien d'autres. Dans cette affaire de Panama, il n'est pas rare de voir filer les millions sans pouvoir en retrouver la trace.

CHAPITRE V

Travaux préparatoires

Nous avons vu qu'on avait trompé les souscripteurs, en affirmant dans différents journaux que MM. Couvreux et Hersent s'étaient engagés à exécuter le canal à forfait moyennant 512 millions. M. de Lesseps, bien loin de démentir ces assertions mensongères, les avait reproduites dans le *Bulletin*.

Jamais il n'avait été question de forfait entre la Compagnie et ces deux entrepreneurs ; ils avaient simplement fourni un devis, sans prendre aucun engagement.

Ce fut seulement le 12 mars 1881 qu'un traité fut signé entre M. Ferdinand de Lesseps, agissant au nom de la Compagnie du canal, et MM. Couvreux et Hersent.

Aux termes de ce contrat, ceux-ci s'engageaient à organiser l'entreprise et à faire exécuter tous les travaux pour le compte de la Compagnie, jusqu'au complet achèvement du canal maritime.

L'exécution des travaux était divisée en deux parties :

1° La période d'organisation pendant laquelle la plus grande partie du matériel et des installations devait être exécutée et les travaux attaqués sur plusieurs points, de telle sorte qu'une exacte appréciation des dépenses permit d'établir des prix unitaires;

2° La période d'entreprise proprement dite à régler par une convention spéciale basée sur les prix unitaires résultant des travaux déjà exécutés.

MM. Couvreux et Hersent se mirent à la besogne, mais, au bout d'un an, effrayés des difficultés qu'ils rencontraient, ils résolurent de rompre leur contrat. Le 31 mars 1882, ils écrivirent à M. de Lesseps une longue lettre dans laquelle, pour se dégager de leurs obligations, ils prétendaient que la Compagnie avait intérêt à adopter le système de la division des entreprises, en confiant les travaux à un grand nombre de petits entrepreneurs opérant sous sa direction.

M. Ferdinand de Lesseps, désireux d'éviter un procès qui eût amené de fâcheuses révélations, ne formula aucune objection à la résiliation du traité, et voulant à tout prix conserver de bons rapports avec MM. Couvreux et Hersent par crainte qu'ils ne nuisissent à l'entreprise, en dévoilant ses difficultés, il leur accorda généreusement une rémunération de 1.200.000 fr.

Sur cette somme, ils réalisèrent, d'après l'aveu de M. Hersent lui-même, un bénéfice net de 520.000 francs.

En outre, M. Hersent fut nommé

entrepreneur-conseil de la Compagnie aux appointements de 20.000 fr. pan an.

Pendant cette première période de travaux préparatoires, on avait procédé aux installations, transporté les machines et le matériel, tracé la ligne du canal, mais le premier coup de pioche n'était pas encore donné, deux ans après la constitution de la Société.

En revanche, on avait beaucoup travaillé aux constructions de luxe : à Colon, un hôtel somptueux, qui n'avait pas coûté moins de 1.100.000 fr., abritait les agents de la Compagnie ; à Panama, le directeur des travaux, M. Dingler, s'était fait édifier un palais avec d'immenses écuries logeant cent chevaux de maître. Sur les coteaux environnants, s'élevait la villa de madame la Directrice, entourée d'eaux vives, embaumée de fleurs rares, ombragée d'arbres apportés de la forêt vierge, embellie de toutes les merveilles que peut rêver la plus capricieuse des sultanes.

Une large route y conduisait, sans cesse sillonnée par les équipages que l'on mettait gracieusement à la disposition des visiteurs. Cette route occasionna une énorme dépense par suite des indemnités qu'il fallut verser aux propriétaires dont les domaines se trouvaient sur le parcours.

Rien ne paraissait trop coûteux du

moment qu'on payait avec l'argent des actionnaires. A Panama comme à Paris, c'était une orgie de gens se vautrant dans les millions, se roulant dans l'or, pataugeant dans la caisse, y puisant à pleins seaux avec une aussi complète insouciance que si la crédulité des dupes dût éternellement la remplir.

CHAPITRE VI

Premier emprunt

Les actionnaires ayant versé, en souscrivant, le quart de leur action, la Compagnie avait encaissé de ce chef 73.750.000 de francs.

Cette somme, fortement entamée par les frais d'émission, fut rapidement absorbée par des gaspillages de toutes sortes, si bien que, le 2 janvier 1882, la Compagnie fit l'appel du deuxième quart.

En y ajoutant 1.080.293 francs provenant du placement des fonds disponibles, on trouve qu'elle avait encaissé, au 31 juin 1882, une somme totale de 148.580.293 francs.

A la même date, les dépenses se décomposaient ainsi :

Frais d'émission, intérêt aux actions, à-compte sur la concession, contrôle .... Fr.	45.278.321
Frais généraux dans l'isthme.........	9.525.120
Constructions et matériel...........	12.724.735
A-compte sur les actions du Panama-Rail-Road..........................	35.839.638
Frais généraux à Paris..............	2.444.737
Travaux exécutés...................	1.481.474
Total.....Fr.	107.294.025

L'actif en caisse était donc de 41.286.268 francs.

Mais il restait à payer :

Sur le prix de la concession.....Fr.	4.000.000
Sur les actions de Panama-Rail-Road.	58.010.586
Total......Fr.	62.010.586

La Compagnie se trouvait par conséquent en déficit de 20.754.318 francs, alors que les travaux étaient à peine commencés après une dépense de 107 millions.

Dans la nécessité de recourir de suite à l'emprunt, on convoqua l'assemblée générale des actionnaires. A la réunion qui eut lieu le 20 juin 1882, M. Ferdinand de Lesseps affirma de nouveau que 600 millions seraient suffisants pour faire le canal, mais comme l'acquisition des actions du Panama-Rail-Road s'élevait, avec diverses charges supplémentaires, à 109.375.000 francs, la somme dont on avait prévu l'emprunt n'était plus de 300 millions, mais de 409.375.000 francs.

Bien que la totalité de cette somme ne fut pas immédiatement nécessaire, M. de Lesseps demanda l'autorisation de l'emprunter, étant entendu qu'on n'émettrait de suite que 250.000 obligations 5 p. 100 à 437 fr. 50, remboursables à 500 francs, qui fourniraient 109.375.000 francs.

L'Assemblée générale ayant donné son approbation, l'émission des 250.000 obligations fut annoncée pour le 7 septembre 1882.

Cette émission fut préparée, comme celle de 1880, à grand renfort de réclame. La Presse, gorgée d'or, se mit à chanter les louanges du Grand Français et recommença à affirmer que le canal serait terminé en 1888, qu'il ne coûterait que 600 millions et donnerait d'immenses profits, le trafic étant évalué à un minimum de dix millions de tonnes. Le *Bulletin* reproduisit pieusement ces articles qui semblaient résumer l'opinion unanime de toute la Presse, animée d'une conviction aussi sincère que désintéressée.

M. Lévy-Crémieux chargé, comme en 1880, de lancer l'émission, organisa un syndicat de banquiers qui garantit la souscription de 150.000 obligations, moyennant une prime de vingt francs par action; si, par exemple, le public ne souscrivait que 100.000 obligations, le syndicat était obligé d'en prendre 50.000 à son compte; si les 150.000 obligations étaient souscrites, le syndicat touchait une prime de trois millions.

A côté de cette convention, quelque peu aléatoire, le syndicat en fit une autre, absolument léonine.

Il stipula une option de quinze francs

sur les 60.000 obligations suivantes, c'est-à-dire que, si le public souscrivait 210.000 titres, le syndicat, après avoir touché une prime de trois millions sur les 150.000 premiers, avait ensuite le choix, ou de prendre les 60.000 autres, ou de se faire payer une somme de 900.000 fr. Il n'y avait pour lui, dans cette convention, aucun risque à courir.

M. Lévy-Crémieux fit la même stipulation à son profit personnel pour les 40.000 derniers titres et se fit allouer en outre une commission extraordinaire de 500.000 francs.

L'émission ayant complètement réussi, le Syndicat réalisa un bénéfice de 3.900.000 fr. sur lesquels M. Lévy-Crémieux toucha, pour sa part syndicataire, 1.360.000 francs.

En y ajoutant les 600.000 fr. que lui rapporta l'option sur les 40.000 derniers titres et la commission extraordinaire de 500.000 fr., on voit que, sur cette seule émission, ce financier interlope réalisa un bénéfice de 2.460.000 francs.

La Compagnie du canal paya en outre 1.365.347 fr. pour frais de publicité, et 1.464.308 fr. pour commissions de placement et frais divers, en sorte que cette émission coûta au total 7.820.655 francs.

En admettant que, sur cette somme, 829.055 fr. aient servi à des dépenses utiles, telles que frais d'impressions, affiches et insertions, sept millions ont été la proie des journalistes et des financiers qui ont mis tout en œuvre pour pousser les petits capitalistes dans les filets de la Compagnie de Panama.

CHAPITRE VII

Deuxième emprunt

Un an après, le 7 septembre 1883, le Conseil d'administration décidait de procéder à une nouvelle émission d'obligations pour une somme de 171 millions, à valoir sur les 300 millions restant à emprunter d'après l'autorisation donnée par l'Assemblée générale des actionnaires, dans la séance du 29 juin 1882.

On allait offrir au public 600.000 obligations 3 p. 100 à 285 francs, remboursables à 500 francs en 75 ans.

Sur la proposition de M. Charles de Lesseps, le Conseil d'administration ouvrit un crédit de 10.800.000 francs pour les frais d'émission.

Les journaux, stimulés dans leur ardeur par une nouvelle distribution de billets de banque, recommencèrent à chanter de plus belle les louanges de la Compagnie de Panama et de M. Ferdinand de Lesseps qui recueillait modestement les fleurs dont on le couvrait pour les offrir en gerbe aux lecteurs du *Bulletin*.

Puis, selon sa coutume, le Grand Français donna le dernier coup de trompette pour enlever les hésitants.

L'émission devant avoir lieu le 3 octobre 1883, le *Bulletin* du 1ᵉʳ octobre publia la lettre suivante :

Monsieur,

Nous avons la certitude d'achever et d'inaugurer le Canal maritime de Panama en 1888.

Il nous est permis, en outre, d'espérer une exécution plus rapide, une inauguration plus rapprochée.

Ferdinand de Lesseps.

Ainsi donc, pas de doute possible; le canal sera achevé et inauguré en 1888; c'est le Grand Français lui-même qui l'affirme; il en a la certitude absolue. Braves gens qui avez travaillé depuis l'enfance jusqu'à la vieillesse pour amasser un petit pécule, n'hésitez pas à le lui confier; pour 285 francs que vous lui prêterez, il vous en remboursera 500. C'est un placement de père de famille; profitez de l'occasion.

M. Lévy-Crémieux, procédant comme pour l'émission précédente, avait organisé un syndicat garantissant la souscription de 200.000 obligations moyennant une prime de 15 francs par titre. En outre, le syndicat s'était fait accorder à option les 150.000 obligations suivantes à raison de 10 francs par titre.

On avait donné le reste à M. Lévy-Crémieux à option de 10 francs sur 100.000 obligations et de 3 francs sur les 150.000 derniers titres.

La souscription ayant été entièrement

couverte, le syndicat réalisa un bénéfice de 4.500.000 francs sur lesquels M. Lévy-Crémieux reçut pour sa part 1.675.000 fr. En y ajoutant les 1.450.000 francs qu'il toucha pour ses options, il réalisa un bénéfice de 3.125.000 francs.

Ce ne fut pas tout : il palpa encore un pot-de-vin de 375.000 francs sur une commission de 1.690.185 francs allouée à huit banques par son intermédiaire, en sorte que l'ensemble de l'opération rapporta à ce juif rapace 3.500.000 francs.

Les frais de publicité atteignirent 1.501.694 francs.

Avec les quelques centaines de mille francs qui servirent à rémunérer différents concours, le total des dépenses de cette émission s'éleva à 10.708.078 fr.

Les vautours de la finance engloutirent presque tout ce gâteau dont les plumitifs de la Presse becquetèrent les miettes, bonnes et grosses miettes, il est vrai, qui n'étaient point à dédaigner.

CHAPITRE VIII

Troisième emprunt.

Il restait encore 120 millions à demander au public pour parfaire l'emprunt autorisé par l'assemblée générale des actionnaires.

Le 5 juin 1884, le Conseil d'administration décidait d'émettre 387.387 obligations 4 0/0 offertes à 333 francs et remboursables à 500 francs en 75 ans. En même temps, il ouvrait un crédit de 9.211.442 francs pour les frais d'émission. Le soin de prendre les mesures de détail devant assurer le succès était confié, comme d'habitude, au Comité de direction que présidait M. Charles de Lesseps, assisté de M. Marius Fontane, membre du Comité, et de M. Martin, secrétaire-général de la Compagnie.

Le premier acte de ce Comité fut naturellement de répandre une pluie d'or sur toutes les feuilles, grandes ou petites, politiques ou littéraires, quotidiennes ou hebdomadaires, depuis l'*Avenir Administratif* qui reçut 500 francs, jusqu'à *La Voix des communes* qui se contenta de 50 francs, en passant par *Le Petit Journal* dont le robuste appétit exigea 155.218 francs. Aussi célébrèrent-elles à l'unisson l'intérêt patriotique de l'œuvre et les avantages matériels qu'elle donnerait aux heureux souscripteurs.

Il va sans dire que le Bulletin reproduisit ces articles dithyrambiques qui semblaient inspirés par le plus pur enthousiasme mais dont on peut connaître aujourd'hui le tarif exact en consultant, à l'annexe du rapport de M. Flory, l'état général des parties prenantes dans les frais de publicité.

L'émission ayant été fixée au 25 septembre 1884, M. Ferdinand de Lesseps adressa, quelques jours auparavant, aux grands établissements financiers de Paris et aux correspondants de la Compagnie, une lettre publique dans laquelle il disait :

L'état de nos travaux, la disposition de nos chantiers et le matériel immense réuni dans l'isthme ne me laissent aucun doute sur l'achèvement du canal en 1888.

C'était toujours la même affirmation mensongère, audacieusement répétée à la veille de chaque émission.

Un syndicat de financiers, organisé cette fois encore par M. Lévy-Crémieux, garantit l'émission des 150.000 premières obligations moyennant une prime de 15 francs par titre. Les 150.000 obligations suivantes lui furent attribuées à option de 10 francs.

Malgré tous les moyens employés pour réchauffer un public déjà quelque peu refroidi, l'émission n'eut pas un succès complet : 318.425 titres seulement furent souscrits sur 387.387.

Le Syndicat n'en toucha pas moins une prime de 2.250.000 francs sur les 150.000 premières obligations, et 1.063.105 francs sur les 150.000 suivantes.

M. Lévy-Crémieux reçut pour sa part syndicataire 818.431 francs, puis une allocation de 800.000 francs et enfin 48.431 francs pour concours de placement, soit au total 1.696.862 francs.

Le chapitre des dépenses diverses de cette émission contient, en outre, les mentions suivantes :

Bonification aux établissements de crédit.................F.	503.663
Allocation à M. de Reinach.....	40.000
Id. à M. Darrieu.........	15.000
Id. à M. Denfert-Rochereau...................	15.800
Publicité...................	1.088.070
Concours divers..............	600.450
Commissions aux banquiers.....	1.687.638
Commissions sur versements....	238.913
Frais d'impression.............	561.582

En résumé, les frais de ce troisième emprunt s'élevèrent à 8.912.455 francs dont les corsaires de la Bourse eurent la plus large part.

La Compagnie écoula au rabais les 69.142 titres qui n'avaient pas été souscrits, en traitant avec un syndicat qui en prit ferme 23.047 au prix de 305 francs, c'est-à-dire avec une réduction de 28 fr.

sur le prix d'émission; le reste lui fut cédé à option.

Cette émission, en partie avortée, ne produisit que 125.850.074 francs, au lieu de 120 millions qu'on en attendait.

La différence était minime; ce qu'il y avait de grave, c'est qu'il devenait évident que les souscripteurs n'avaient plus une entière confiance.

La petite épargne commençait à être épuisée par de trop fortes saignées, les bas de laine s'ouvraient moins facilement et on pouvait prévoir qu'ils se fermeraient tout à fait le jour où M. de Lesseps voudrait y introduire de nouveau ses larges mains.

CHAPITRE IX

Premières démarches auprès du Gouvernement.

Après ce troisième emprunt, la Compagnie du Canal se trouvait avoir encaissé les sommes suivantes :

Moitié du capital social....F.	150.000.000
Emission du 7 septembre 1882.	109.375.000
Emission du 8 octobre 1883...	171.000.000
Emission du 25 septembre 1884	125.850.674
Total.........	556.225.674

Cette énorme somme fut rapidement absorbée, car la caisse de la Compagnie de Panama était comme le tonneau sans fond des Danaïdes : on avait beau y verser des torrents d'or, elle ne tardait pas à être vide.

Dès le commencement de l'année 1885, les besoins d'argent se firent de nouveau impérieusement sentir.

Comment s'en procurer ? Une nouvelle émission réussirait-elle ? C'était douteux, étant donné le maigre succès de la dernière, bien qu'on eût offert aux souscripteurs, au prix de 333 francs, des titres remboursables à 500 francs et rapportant un intérêt de 6 0/0.

Le public étant devenu méfiant, il fallait un nouvel appât pour le faire mordre à l'hameçon.

M. de Lesseps songea à l'appât des valeurs à lots, sachant très bien, dans sa vieille expérience, qu'il n'y a pas de meilleur moyen d'attirer l'argent que de faire briller aux yeux des petits capitalistes des gros lots de cent ou de cinq cent mille francs.

Pour protéger les naïfs contre leurs propres entrainements, la loi de 1836 a interdit les loteries, mais elles peuvent être autorisées exceptionnellement lorsqu'il s'agit de favoriser une œuvre de charité ou d'intérêt national. En 1868, notamment, on avait autorisé l'émission de valeurs à lots pour achever le canal de Suez.

Le percement de l'isthme de Panama n'était-il pas au même degré une œuvre humanitaire dans laquelle l'honneur et l'argent de la France se trouvaient engagés ? Le Gouvernement pouvait-il refuser quelque chose à M. Ferdinand de Lesseps qui venait d'être reçu membre de l'Académie Française, et dont la presse entière célébrait la gloire dans un concert unanime d'éloges hyperboliques ?

Evidemment non ; le Grand Français n'avait qu'à se montrer pour vaincre, qu'à demander pour obtenir. Plein d'assurance, ne doutant pas du succès, il donna l'ordre d'atteler et se fit conduire à l'hôtel de la place Beauveau.

Malheureusement pour lui, il eut la mauvaise chance d'y rencontrer un honnête homme, chose rare et à laquelle il n'était pas habitué.

M. Allain-Targé, alors ministre de l'Intérieur, le reçut avec tous les égards dus à un tel personnage ; il lui exprima toute l'admiration qu'il professait pour sa personne et pour son génie, mais lui avoua qu'il n'avait qu'une médiocre confiance dans la réussite de son entreprise.

M. de Lesseps, qui n'était pas venu chercher de l'eau bénite de cour, ne goûta nullement la conclusion ; il en fut vivement choqué, malgré les précautions oratoires par lesquelles on s'était efforcé de lui en adoucir l'amertume :

— Eh quoi ! Monsieur le Ministre, s'écria-t-il, vous ignorez donc que l'état d'avancement des travaux, l'immense matériel transporté dans l'isthme, les traités passés avec de puissants entrepreneurs, assurent l'achèvement du Canal pour l'année 1888 ! Oui, nous touchons au but, le principal effort est accompli, dans trois ans la communication sera ouverte entre les deux Océans, dans trois ans j'aurai doté le commerce du Monde d'une voie nouvelle. Et lorsque je suis sur le point de terminer cette œuvre grandiose, lorsque toutes les nations jalousent la gloire qui en rejaillira sur mon Pays, vous seul n'avez pas confiance, vous seul me refusez votre concours !

— Non, je n'ai pas confiance, répondit M. Allain-Targé, et, au surplus, j'estime que le Gouvernement ne doit pas intervenir dans les affaires d'une Société privée.

Comprenant que toute son éloquence ne convaincrait pas l'homme froid et précis qu'il avait devant lui, M. de Lesseps essaya d'un autre moyen pour le séduire.

— Vous savez, Monsieur le ministre, insinua-t-il d'une voix doucereuse, que la Compagnie de Panama a dû s'assurer le concours d'un grand nombre de journaux, autant dire de toute la Presse. Ce concours, dont je dispose, peut vous être très précieux pour les élections qui approchent.

M. Allain-Targé faisant la sourde oreille, M. de Lesseps reprit d'un ton menaçant :

— Prenez garde, M. le ministre; si la République refuse ce que l'Empire a accordé, si elle tue l'entreprise de Panama, alors que l'Empire a sauvé celle de Suez, je serai bien forcé de faire retomber la responsabilité sur qui de droit. J'ai derrière moi des intérêts considérables et toute la Presse. Prenez garde qu'au lieu du concours que je vous offrais, je ne sois obligé de vous rendre responsable devant le Pays de l'échec de mon entreprise patriotique et de la ruine des milliers de petits capitalistes qui y ont engagé leur épargne.

Dédaignant de relever l'insolence d'un pareil langage, M. Allain-Targé répondit simplement qu'il examinerait la question et qu'il la soumettrait au Conseil des ministres

M. de Lesseps se retira furieux en déclarant au ministre qu'il allait le mettre en demeure par une demande officielle.

Quelques jours après, M. Lévy-Crémieux vint faire auprès de M. Allain-Targé une nouvelle démarche.

— Les élections vont bientôt avoir lieu, lui dit-il, et vous avez déjà une très mauvaise presse. Vous ne pouvez pas négliger le concours de la Compagnie de Panama qui tient tous les journaux dans ses mains. Prenez-y bien garde; elle va diriger contre vous une campagne acharnée. Mieux vaudrait nous entendre. Il vous faut des fonds secrets pour les élections; vous n'en avez pas assez; la Compagnie serait enchantée de vous donner quelques centaines de mille francs pour vous aider.

M. Allain-Targé congédia son interlocuteur en lui disant qu'il n'avait pas l'habitude de recourir à de semblables procédés électoraux.

Ainsi qu'il l'avait annoncé, M. de Lesseps adressa au Gouvernement, le 27 mai 1885, une lettre par laquelle il sollicitait l'autorisation d'émettre 600 millions de valeurs à lots.

Le Conseil des ministres, alors présidé par M. Brisson, rejeta la demande.

CHAPITRE X

Assemblée générale du 25 juillet 1885

Ayant échoué auprès du Gouvernement, M. de Lesseps se retourna prestement d'un autre côté.

En 1880, il avait lancé l'émission du capital social en faisant miroiter le prétendu forfait Couvreux-Hersent. Dans la situation critique où il se trouvait en 1885, il eut recours à un moyen analogue.

Après avoir passé avec une Compagnie Anglo-Hollandaise, connue sous la raison sociale Cuttbill, de Lungo, Watson et Van Hattum, un traité qui, disons-le de suite entre parenthèses, fut résilié un an après moyennant paiement par la Compagnie de Panama d'une indemnité de six millions, il fit annoncer dans le *Bulletin* que les entrepreneurs Anglo-Hollandais, pleins de confiance dans l'œuvre entreprise, y avaient engagé soixante millions.

Cette société Anglo-Hollandaise, principalement chargée du percement de la Culebra, devait couper la montagne comme une motte de beurre à l'aide de puissants excavateurs construits à Liége et qu'on transporta à Paris à grands frais pour frapper l'imagination des gogos.

Le public fut convié à venir voir fonctionner ces prodigieuses machines qui, d'après les affirmations de certains journaux, pourraient achever le Canal en quelques mois.

Il faudrait, dit le *Petit Journal*, un train de marchandises de trois kilomètres et demi de longueur pour enlever ce qu'un excavateur creuse en un jour.

En quatre jours et demi, les quatre excavateurs creuseraient un bassin capable de recevoir un vapeur de 15 mètres de longueur et 20 mètres de largeur.

Dix excavateurs semblables creuseraient chaque jour 10 kilomètres de canal ayant 10 mètres de largeur, 4 mètres au plafond et 3 mètres de profondeur.

M. de Lesseps vint en grande cérémonie visiter ces fameux excavateurs. Les ovations dont il fut l'objet, les acclamations des ouvriers, les bouquets que lui offrirent de rougissantes jeunes filles, servirent le lendemain de thème à des articles sensationnels, dans lesquels cette comédie, soigneusement réglée d'avance, était représentée comme une manifestation spontanée et éclatante de l'enthousiasme populaire.

Après avoir ainsi préparé l'opinion publique, M. de Lesseps convoqua pour le 25 juillet 1885 l'assemblée générale des actionnaires, afin de lui demander l'autorisation de contracter un nouvel emprunt de 600 millions.

Pour tout autre, la situation eût été embarrassante, car après avoir répété à maintes reprises que le canal ne coûterait que 600 millions, il fallait avouer que le double de cette somme serait nécessaire.

M. Ferdinand de Lesseps ne fut pas embarrassé pour si peu ; au lieu de reconnaître qu'il s'était trompé, il affirma avec un imperturbable aplomb que, dans le prix de 600 millions, il n'avait compris que le creusement, sans tenir compte des dépenses accessoires et des charges sociales, mais que le Congrès, dont il ne faisait qu'exécuter les décisions, avait évalué la dépense à 1,070 millions. Jamais il ne s'était permis de contredire ces premières prévisions dont les événements confirmaient l'exactitude.

Pour qui se rappelait les précédentes affirmations de M. de Lesseps, une telle pilule était difficile à avaler.

Cependant, dans ce troupeau d'actionnaires hypnotisés par les jongleries fantasmagoriques de ce merveilleux charlatan, il ne s'en trouva qu'un seul pour protester contre son boniment fantaisiste.

— Comment ! s'écria-t-il, vous nous avez affirmé à maintes reprises, et notamment au mois d'août 1880, pour nous faire souscrire les actions, que MM. Couvreux et Hersent s'étaient engagés à creuser le canal à forfait moyennant 512 millions et que la dépense totale ne s'élèverait qu'à 600 millions, et maintenant vous venez nous parler de 1.070

millions ! Vous nous avez donc trompé jusqu'ici, et vous nous trompez encore aujourd'hui. En effet, les 300 millions de capital social et les 300 millions dont l'emprunt a été autorisé par l'Assemblée générale du 29 juin 1882 font 600 millions, sans compter les 109 millions destinés à l'achat du Panama-Rail-Road. Il ne vous manquerait donc que 470 millions pour parfaire le chiffre de 1.070 millions. Si vous en demandez 600, c'est que le canal doit coûter 1.200 millions. La vérité est que vous n'en viendrez pas à bout même avec deux milliards, car il reste 200 millions de mètres cubes à extraire. Vous feriez mieux de l'avouer franchement, plutôt que de nous leurrer encore de vaines promesses. Il est temps de voir clair dans vos agissements ; je demande une enquête.

Ce discours souleva dans la salle une violente tempête qui ne se calma que lorsque M. Charles de Lesseps, voulant se donner le facile avantage de persifler son adversaire, imposa silence à l'Assemblée, frémissante du sacrilège commis contre son idole.

— Monsieur, dit-il d'un ton railleur, je vous suis bien reconnaissant de n'avoir parlé que de deux milliards et de 200 millions de mètres cubes ; rien ne vous obligeait à vous arrêter en si beau chemin. Merci de votre modération. Vous comprenez que je ne puis pas m'attarder à discuter les chiffres qui jaillissent de votre cerveau. Certes, mon père et moi regrettons infiniment que vous ne nous fassiez pas l'honneur de nous accorder votre confiance, mais du moment que vous vous défiez, je n'ai qu'un conseil à vous donner, c'est de vendre vos actions. Au prix où elles sont cotées, ce sera tout bénéfice.

Cette réplique gouailleuse provoqua de longs éclats de rire et de frénétiques applaudissements. Quelques énergumènes, montés sur leur chaise, se mirent à invectiver l'interrupteur en lui criant : « A l'eau ! A la porte ! A bas le Prussien ! » La police fut obligée de le protéger contre certains exaltés qui voulaient lui faire un mauvais parti sous prétexte qu'il devait être payé par les ennemis de la France pour dénigrer la grande œuvre nationale.

Après l'expulsion de ce gêneur, l'emprunt de 600 millions fut voté à l'unanimité, sans discussion, dans un emballement superbe, aux cris mille fois répétés de : « Vive M. de Lesseps ! »

Les journaux du lendemain relatèrent cet incident en célébrant le tact, la courtoisie, l'esprit de M. Charles de Lesseps et en accablant de leurs railleries les mieux aiguisées l'actionnaire récalcitrant.

Quelques jours après, le Conseil d'administration décidait d'appeler le troisième quart sur les actions. La Compagnie encaissa ainsi une nouvelle somme de 73.750.000 francs qui lui servit à parer aux besoins les plus pressants.

CHAPITRE XI

Cornélius Herz.

Bafouer un honnête homme et voler un emprunt de 600 millions était aisé ; c'est dans la réalisation de cet emprunt que consistait la difficulté. On ne pouvait réussir qu'avec l'appât des valeurs à lots, et, pour émettre des valeurs à lots, il fallait une autorisation que le Gouvernement avait nettement refusée.

M. Charles de Lesseps se creusait la tête pour trouver un moyen de sortir de ce cercle vicieux, lorsqu'un aventurier cosmopolite, le docteur Cornélius Herz, vint lui faire ses offres de service.

Né en 1845, à Besançon, de parents bavarois, Cornélius Herz fit ses premières armes dans une petite pharmacie où il remplissait les modestes fonctions de garçon apothicaire ; tout en nettoyant les bocaux et en préparant les onguents, il acquit des connaissances toxicologiques dont ses ennemis durent parfois se défier.

Pendant la guerre, il entra dans les ambulances, puis, la paix faite, il partit pour San-Francisco où il exerça successivement la profession de médecin et le métier de directeur de théâtre.

N'ayant réussi qu'à faire des dupes, il

quitta l'Amérique pour échapper aux poursuites de ses créanciers et revint en France.

Arrivé à Paris sans argent et sans relations, il manœuvra si bien qu'au bout de peu d'années il était mêlé à une foule d'opérations financières, intimement lié avec les personnalités les plus influentes, gros actionnaire du journal *La Justice* et grand officier de la Légion d'honneur.

La provenance mystérieuse de ses ressources, son existence équivoque, l'étrangeté de ses allures, l'ont fait soupçonner d'être un espion à la solde de l'Allemagne ou de l'Angleterre.

Quoiqu'il en soit, il est inexplicable que ce louche personnage ait été nommé chevalier de la Légion d'honneur en 1879 par M. Waddington, officier en 1881 par M. Jules Ferry, commandeur en 1883 par le même Jules Ferry et grand officier en 1886 par M. de Freycinet. Les généraux qui ont versé leur sang sur tous les champs de bataille sont loin d'avoir eu un avancement aussi rapide.

Connaissant à fond le monde politique, sachant le nombre et le tarif des consciences à vendre, Cornélius Herz déclara à M. Charles de Lesseps que moyennant une somme de 10 millions il se faisait fort d'obtenir le vote d'une loi autorisant l'émission des valeurs à lots.

M. Charles de Lesseps accepta cette proposition et signa, au nom de la Compagnie de Panama, un traité d'après lequel celle-ci s'engageait à verser 10 millions au docteur Cornélius Herz le jour où l'autorisation d'émettre des valeurs à lots serait accordée.

Le baron de Reinach, qui avait remplacé, en qualité de conseil financier de la Compagnie, son coréligionnaire Levy-Crémieux, mort d'une indigestion de millions, cautionna cet engagement.

Comme entrée de jeu, Cornélius Herz se fit avancer 100.000 fr. le 11 septembre et 500.000 fr. le 2 décembre 1885.

CHAPITRE XII

La comédie du pétitionement.

La Compagnie de Panama, opérant parallèlement à Cornélius Herz, continua de son côté à mettre tout en œuvre pour forcer la main au Gouvernement.

Entre autres moyens, elle imagina de faire croire à un grand mouvement d'opinion, en provoquant l'envoi à la Chambre des députés d'une quantité de pétitions d'actionnaires ou d'obligataires demandant, pour la Compagnie, l'autorisation d'émettre des valeurs à lots.

Un banquier de Nyons, M. Ferdinand Martin, largement rétribué pour cette besogne, se mit à récolter des signatures dans toute la France.

La première pétition, qui coûta dix mille francs à la Compagnie, fut naturellement signée dans la ville de Nyons.

En voici le texte :

A Monsieur le Président et à Messieurs les membres de la Chambre des Députés.

Messieurs,

M. Ferdinand de Lesseps, président de la Compagnie du canal interocéanique de Panama, a sollicité du gouvernement de la République française l'autorisation d'emprunter les sommes qui lui sont nécessaires pour terminer son œuvre au moyen d'une émission de valeurs à lots.

Les soussignés, porteurs d'actions ou d'obligations de cette Compagnie, absolument convaincus qu'une pareille mesure contribuerait puissamment à l'exécution rapide de cette grande entreprise, vous prient, Messieurs, en considération des intérêts engagés et de l'importance de l'œuvre, de vouloir bien décider que cette autorisation sera accordée à M. Ferdinand de Lesseps.

Vos très respectueux serviteurs.

(Suivent 168 signatures légalisées d'habitants de Nyons).

M. Ferdinand Martin adressa une copie de cette pétition à M. Ferdinand de Lesseps en y joignant la lettre suivante :

Nyons, le 23 novembre 1885.

Monsieur,

J'ai le grand honneur de vous donner communication de la pétition ci-jointe que mes amis et moi, tous porteurs de titres de Panama, avons adressée à MM. les Députés.

Nous avons pensé, Monsieur, qu'il était bon d'affirmer hautement la confiance que nous inspirent votre grand nom, votre passé et les immenses services rendus par vous à la civilisation, au commerce et aux intérêts français.

Veuillez agréer, Monsieur, l'hommage de mon profond respect.

Ferdinand MARTIN,
Banquier à Nyons (Drôme),
Délégué des pétitionnaires de l'arrondissement de Nyons.

M. Ferdinand de Lesseps répondit gravement à son compère :

>   Paris, le 21 novembre 1885.
>
> Monsieur,
>
> Vous avez bien voulu me communiquer une pétition qui vient d'être adressée à la Chambre des députés par un grand nombre de porteurs d'actions et d'obligations de la Compagnie de Panama, habitant l'arrondissement de Nyons.
>
> *Cet acte d'initiative* de la part de nos associés m'est très précieux, et je vous prie de leur en adresser mes remerciements.
>
> Il est un témoignage nouveau de leur confiance dans l'avenir de l'entreprise. Il a bien la signification que vous indiquez.
>
> Veuillez agréer, etc.
>
>   Ferdinand de Lesseps.

Les deux Ferdinand ont dû bien rire en échangeant ces lettres !

Elles furent reproduites, avec la pétition, dans le *Bulletin* et dans une quantité de journaux qui firent valoir cette manifestation *spontanée* et conseillèrent à leurs lecteurs de suivre ce noble exemple.

On parvint ainsi à faire apposer douze mille signatures sur deux mille pétitions qui s'abattirent comme une avalanche sur le Palais-Bourbon.

La commission parlementaire qui eut à les examiner nomma comme rapporteur M. Richard, député de la Drôme.

Celui-ci, intime ami de M. Ferdinand Martin et de M. Charles de Lesseps, rédigea son rapport d'après les documents qui lui furent fournis par la Compagnie et reproduisit complaisamment toutes les assertions mensongères qu'ils contenaient : le Canal ne coûtera que 1.070 millions; il sera terminé en 1888 ou en 1889 si l'argent ne manque pas; il donnera un revenu annuel de 96 millions, sans compter le produit de l'exploitation des 500.000 hectares de terrain, avec les mines qu'ils contiennent, concédées gratuitement par le Gouvernement colombien, ni le produit de l'exploitation (vente et location) des 10.000 hectares, propriété de la Compagnie à Colon, Panama et le long du canal.

Les porteurs de titres, écrit ensuite le rapporteur, absolument convaincus que l'autorisation demandée par M. de Lesseps d'emprunter les sommes qui lui sont encore nécessaires pour terminer son œuvre, au moyen d'une émission de valeurs à lots, contribuerait puissamment à l'exécution rapide de cette grande entreprise, ont prié la Chambre, en considération de leurs intérêts engagés et de l'importance de l'œuvre, de vouloir bien accorder cette autorisation à M. de Lesseps.

Le pétitionnement a pris naissance à Nyons; M. Ferdinand Martin, banquier de cette ville, s'en est fait *spontanément* l'initiateur; sa pétition était à peine signée de quelques intéressés que le mouvement s'est propagé par toute la France.

Plus de deux mille pétitions, couvertes de près de douze mille signatures, représentant au moins deux cent mille titres, sont déjà parvenues à la première commission des pétitions.

Il est difficile de ne pas tenir compte d'un pareil mouvement.

Les pouvoirs publics sont saisis de la question ; il est nécessaire qu'ils prennent une décision. Quelle sera-t-elle ?

La Commission estime qu'elle doit être favorable.

Elle croit l'entreprise bonne, utile, fructueuse.

M. Richard communiqua son rapport à M. Marius Fontane qui lui fit subir quelques retouches et y ajouta la phrase suivante :

Elle la voit loyale, honnête et honnêtement conduite.

La Commission, après lecture, adopta le rapport ainsi revu et augmenté, mais sous la réserve expresse que le dépôt en serait différé jusqu'à plus ample information.

Au mépris de cette réserve, M. Richard le déposa sur le bureau de la Chambre le 8 avril 1886.

Le *Bulletin* du 15 avril le publia intégralement avec des commentaires tendant à faire croire que la Commission parlementaire avait étudié la question à fond et émis un avis favorable en pleine connaissance de cause.

CHAPITRE XIII

Mission et rapport Rousseau.

Trompé par cette agitation factice de l'opinion publique, violemment pris à partie par les journaux à la solde de M. de Lesseps, harcelé par les sollicitations incessantes d'un grand nombre de financiers et d'hommes politiques, le Gouvernement se laissa ébranler dans sa résistance aux demandes de la Compagnie.

Pour obtenir un moment de répit, il voulut tout au moins faire preuve de bonne volonté. Le Conseil des ministres, avant de se prononcer sur le fond de la question, décida de confier à un ingénieur de l'État la mission de se rendre dans l'Isthme et de faire ensuite un rapport sur l'état des travaux et la possibilité d'achever le canal.

Ce fut une faute, car en consentant à s'immiscer dans une entreprise privée, le Gouvernement engageait sa responsabilité et s'exposait à se trouver plus tard dans l'alternative d'accorder son concours à la Compagnie pour essayer de la sauver ou de lui donner le coup de grâce par un refus qui semblerait motivé par le résultat de l'enquête.

M. Armand Rousseau, ingénieur en

chef des ponts et chaussées, désigné par arrêté du 24 décembre 1885, quitta Saint-Nazaire le 6 janvier 1886. Sur le même paquebot s'embarquait une commission envoyée par la Compagnie et comprenant, entre autres personnes, MM. Charles de Lesseps, Jacquet, inspecteur général des ponts et chaussées, et Boyer, ingénieur en chef.

M. Ferdinand de Lesseps partit à son tour quelques jours après, en annonçant qu'il allait inaugurer la période d'exécution finale des travaux. Il était accompagné des délégués que les Chambres de commerce de Marseille, de Rouen, de Saint-Nazaire et de Bordeaux avaient eu la naïveté de désigner pour assister à cette inauguration, nouvelle farce imaginée par l'illustre charlatan.

A cette époque, la Compagnie venait d'adopter dans l'Isthme une troisième méthode de travail. Après la retraite de MM. Couvreux et Hersent, les travaux avaient été confiés à une quantité de petits entrepreneurs qui travaillaient soit au cube, soit à la tâche, soit en régie sous la surveillance directe des agents de la Compagnie. On s'aperçut bientôt que ce mode d'exploitation présentait deux graves inconvénients : d'abord, il laissait à la Compagnie un risque illimité de dépenses ; ensuite, ces petits entrepreneurs, disposant de moyens insuffisants, menaient les travaux avec une telle lenteur qu'il était impossible d'en prévoir la fin.

On résilia donc les contrats passés avec eux, non sans leur payer de grosses indemnités, et on adopta le système des grandes entreprises.

Tous les travaux à effectuer furent partagés entre six grands entrepreneurs :

1º American Contracting and Dredding et Cie ;

2º Jacob ;

3º Vignaud, Barbaud, Blanleuil et Cie ;

4º Société des travaux publics et constructions ;

5º Artigues, Sonderegger et Cie ;

6º Baratoux, Letellier et Cie.

Ces entrepreneurs s'engageaient à achever leurs travaux dans un délai déterminé et à des prix fixés par les contrats ; ils se chargeaient des installations, des transports, de la mise en œuvre du matériel, du recrutement des ouvriers, en un mot du principal et de l'accessoire de tous les travaux de terrassement et de creusement.

Nous verrons par la suite comment ces grands entrepreneurs se sont comportés, le peu de résultats qu'ils ont donné et les sommes énormes que plusieurs d'entre eux ont extorquées à la Compagnie. Au moment de l'arrivée de M. Rousseau, ils ne faisaient que commencer leurs opérations.

Après une étude consciencieuse, quoique rapide, de la situation, M. Rousseau revint en France et rédigea un rapport dans lequel il constatait :

1° Qu'après avoir dépensé 438 millions, on n'avait extrait que 4.090,000 mètres cubes sur 103 millions et qu'il en restait, par conséquent, 98.910.000 à extraire, c'est-à-dire la presque totalité;

2° Que les dépenses restant à effectuer pour achever le canal s'élèveraient au moins à 874.560.000 francs, sans compter les frais d'installation des nouvelles entreprises, les règlements des entreprises en cours et les imprévus;

3° Que, par suite, un nouvel emprunt de 600 millions ajouté aux ressources actuelles de la Compagnie, évaluées à 153.750.000 francs, y compris le quatrième quart à appeler sur les actions, serait insuffisant pour achever le canal; qu'il faudrait encore 120 millions au minimum et probablement beaucoup plus.

4° Que l'insalubrité du climat amenait parmi les travailleurs une mortalité annuelle de sept pour cent.

M. Rousseau reconnaissait la possibilité de creuser le canal, mais il ajoutait que son achèvement avec les ressources prévues et dans les délais annoncés était plus que problématique, à moins que la Compagnie ne se décidât à apporter dans ses projets des réductions et des simplifications importantes; puis il concluait ainsi :

En conséquence, j'estime qu'avant d'engager devant les Chambres la discussion de la demande d'emprunt, le Gouvernement doit inviter la Compagnie de Panama à prendre l'avis de sa commission consultative supérieure sur les deux questions suivantes :

1° La réalisation du programme que la Compagnie s'est tracé ne soulève-t-elle pas, au point de vue technique, des difficultés insurmontables ? Peut-on espérer sérieusement que ce programme sera réalisé dans les conditions que l'on annonce au public en l'invitant à souscrire l'emprunt ?

2° Ne serait-il pas possible, au point de vue technique, d'apporter au projet des changements et des simplifications qui faciliteraient l'achèvement de l'œuvre ?

Ce rapport peu rassurant, quoique son auteur eut essayé d'en atténuer le mauvais effet en célébrant le caractère grandiose de l'entreprise et la haute situation des hommes qui y collaboraient, fut adressé au ministre des Travaux publics le 30 avril 1886.

Les rapports de MM. Boyer et Jacquet n'étaient pas moins inquiétants, bien que la Compagnie de Panama leur eût donné de gros honoraires pour se les rendre favorables.

M. Boyer, après avoir fait des réserves sur la possibilité de pratiquer une tranchée à travers la Culebra, évaluait la dépense totale à 1 milliard 800 millions et ne prévoyait pas l'ouverture avant le milieu de l'année 1893.

M. Jacquet émettait la même opinion et conseillait de renoncer au canal à niveau pour faire un canal à écluses qui n'offrirait pas les mêmes difficultés et serait moins coûteux.

La Commission consultative technique, invitée a donner son avis, ne put pas nier les difficultés que soulevait la réalisation du programme arrêté par la Compagnie, mais elle exprima la conviction que ces difficultés seraient surmontées et que les 600 millions fournis par l'emprunt projeté seraient au moins suffisants pour conduire l'entreprise à un degré d'avancement qui ne laisserait aucun doute sur le succès final et permettrait de l'assurer au moyen d'un dernier effort mesurable avec précision.

On sait que les membres de cette Commission si optimiste se partageaient une allocation fixe de quarante mille francs, sans compter le casuel.

Nota. — La commission dont il s'agit se composait des notabilités scientifiques et administratives suivantes :

MM. Boulan, ingénieur des Mines.

Daubrée, membre de l'Institut, directeur de l'école des Mines.

Dirks, ingénieur en chef du Waterstaat (Hollande);

De Fourcy, inspecteur général des Ponts et Chaussées;

Gioia, ingénieur italien;

Jurien de la Gravière, membre de l'Institut;

Lalanne, membre de l'Institut, inspecteur général des Ponts et Chaussées;

Laroche, ingénieur en chef des Ponts et Chaussées;

Larousse, ingénieur hydrographe;

Oppermann, ingénieur des Mines;

Pascal, inspecteur général des Ponts et Chaussées;

Ruelle, ingénieur en chef des Ponts et Chaussées;

Voisin-Bey, inspecteur général des Ponts et Chaussées.

CHAPITRE XIV

Le crime du ministre Baïhaut.

Le jour même où l'ingénieur Rousseau s'embarquait pour l'Isthme, le cabinet Brisson était renversé. Les intrigues de la Compagnie de Panama ne furent certainement pas étrangères à sa chute.

Le ministère qui lui succéda eut pour président du Conseil M. de Freycinet, intime ami de Cornélius Herz, et pour ministre des travaux publics, M. Baïhaut.

L'homme qui devait terminer sa carrière politique dans la prison centrale d'Etampes, naquit à Paris le 2 avril 1843, entra à l'école polytechnique et en sortit avec le titre d'ingénieur. Il fut successivement élu député de la Haute-Saône en 1877, 1881, 1885, 1889 et siégea toujours dans les rangs de la majorité gouvernementale; jouissant d'une grande influence, nommé à maintes reprises membre de la Commission du budget, il fit partie, de 1882 à 1885, des trois cabinets Duclerc, Fallières et Jules Ferry en qualité de sous-secrétaire d'Etat aux travaux publics.

Il se trouvait précisément sous-secrétaire d'Etat de M. Raynal à l'époque où furent signées les fameuses conventions qui pèsent si lourdement sur notre budget.

Lorsqu'en 1889, M. Raynal, accusé par Numa Gilly de divers tripotages, poursuivit celui-ci devant la Cour d'assises de la Gironde, M. Baïhaut, appelé en témoignage, fit la déposition suivante :

> Depuis dix ans, je n'ai cessé de m'occuper de la question des chemins de fer. Il m'est donc loisible de parler des conventions en connaissance de cause. J'ai souvent entendu prétendre que les conventions avaient porté atteinte aux droits de l'État : mon opinion est absolument contraire à ce jugement. Je n'aurais pas hésité à cette époque à me séparer de M. Raynal, dont j'étais sous-secrétaire d'État, si j'en avais pensé autrement. Je déclare que je tiens à honneur d'avoir été le collaborateur de M. Raynal.

Cette déposition d'un témoin qui passait alors pour digne de foi produisit une profonde impression et M. Raynal gagna son procès.

M. Baïhaut n'était point alors un mince personnage; il joignait aux titres de député et d'ancien ministre des travaux publics celui de vice-président de la Société nationale d'encouragement au bien, ce qui lui fournissait de temps en temps l'occasion de faire l'éloge de la probité et de couronner la vertu.

Aux élections de 1889, il avait rédigé une circulaire électorale dans laquelle il disait :

> La vigueur s'impose ; les fonctionnaires

doivent être choisis parmi les républicains dévoués ; il est juste de réprimer les excès d'une presse qui ne craint pas de calomnier et de salir les meilleurs citoyens.

Cet adversaire de la liberté de la presse avait de bons motifs pour vouloir la museler ; sans elle, il siégerait encore dans les rangs de la majorité opportuniste au lieu de subir à Etampes la peine qui lui a été infligée par la Cour d'assises de la Seine.

Etant ministre des travaux publics au mois d'avril 1886, c'est à lui que M. Rousseau adressa son rapport.

Ce rapport, fait par un fonctionnaire envoyé en mission officielle aux frais des contribuables, appartenait à tout le monde ; on avait le devoir de le publier pour éclairer les souscripteurs.

M. Baïhaut s'en garda bien ; il commença par en communiquer les passages les plus pessimistes au journal *Le Temps*, après avoir spéculé à la baisse sur les titres de la Société, ce qui lui permit de réaliser un gros bénéfice.

Puis il exaspéra les désirs de la Compagnie de Panama en résistant pendant plus d'un mois aux sollicitations de ses émissaires.

Enfin, il chargea un de ses amis, M. Blondin, employé supérieur au Crédit Lyonnais, de dire à M. Charles de Lesseps qu'il exigeait un pot-de-vin d'un million pour déposer le projet de loi ayant pour but d'autoriser l'émission des valeurs à lots.

M. Charles de Lesseps, qui en avait déjà vu bien d'autres, ne manifesta aucun étonnement; le prix demandé ne lui parut nullement exagéré; il l'accepta sans marchander.

Mais comme il était défiant, il ne voulut pas payer d'avance.

On convint que le million serait versé de la manière suivante : 375.000 fr. le jour du dépôt du projet de loi, 125.000 fr. après le vote de la Chambre et 500.000 fr. avant l'émission.

Le marché conclu, M. Baïhaut s'empressa de déposer le projet de loi afin d'encaisser le premier acompte.

Ce dépôt fut effectué sur le bureau de la Chambre le 17 juin 1886.

Le même jour, M. Charles de Lesseps remit au ministre concussionnaire les 375.000 francs qui constituaient le premier versement stipulé, en trois bons au porteur de 230.000 fr.; 20.000 fr. et 125.000 fr.

Ces trois bons furent touchés à la caisse de la Compagnie de Panama.

Ils étaient de la même espèce que ceux qui avaient servi précédemment à avancer 600.000 fr. à Cornélius Herz, c'est-à-dire sans souche, de manière à ce qu'il ne restât aucune trace de leur création.

Entièrement rassuré par ces précautions, Baïhaut continua à marcher la tête haute, pérorant à la tribune de la

Chambre ou aux réunions de la Société d'encouragement ou bien, étendant son égide protectrice sur les amis politiques soupçonnés de malversations et faisant condamner sans pitié les journalistes qui se permettaient d'émettre des doutes sur son intégrité.

M. Ferdinand de Lesseps soutint que la somme de 600 millions serait suffisante pour achever le canal à niveau et qu'il vaincrait les obstacles de l'isthme de Panama comme il avait vaincu ceux de l'isthme de Suez.

Ces déclarations contradictoires n'ayant pas satisfait la majorité de la Commission, celle-ci, dans sa séance du 8 juillet, décida, par six voix contre quatre et une abstention, qu'il serait écrit à M. de Lesseps pour lui demander officiellement communication :

1° Des contrats ;

2° Des traités Couvreux et Hersent ;

3° Des règlements des comptes des entrepreneurs ;

4° De la justification des convocations de l'assemblée des actionnaires ayant voté l'émission des valeurs à lots ;

5° Du bilan à la date du 30 juin 1886.

MM. Germain Casse, Marmonier, Salis, Cordier, Le Guay et Barbe, hostiles à la Compagnie, votèrent cette proposition. Les deux derniers ont bien changé depuis, et pour cause.

MM. Richard, Compayré, Pernolet et Proal votèrent contre.

M. Andrieux s'abstint.

La légitime curiosité de la Commission parut fort indiscrète à la Compagnie de Panama qui avait toutes sortes de raisons pour ne pas se prêter à l'examen de ses livres. A cette époque, son bilan se résumait comme suit :

Ressources réalisées... Fr. 660.333.953
Dépenses................ 640.156.446
Actif disponible.........   20.177.507

Ainsi, sur les 660 millions encaissés, on en avait dépensé plus de 640 et il n'en restait guère que 20 en caisse alors que les travaux étaient à peine commencés.

M. Ferdinand de Lesseps, ne voulant à aucun prix révéler une telle situation, adressa aussitôt aux actionnaires, obligataires et correspondants de la Compagnie de Panama la lettre suivante :

Messieurs,

J'apprends la décision prise, hier, par la commission parlementaire chargée d'examiner le projet de loi par lequel le Gouvernement de la République proposait de m'autoriser à émettre 600 millions en obligations à lots. Six députés, sur onze saisis du projet de loi, ont pris une décision dont la conséquence est de renvoyer à la session d'automne, c'est-à-dire en octobre ou novembre, la solution à intervenir.

Est-ce par de tels atermoiements, par de telles lenteurs que l'on facilitera à nos travailleurs, là-bas, l'exécution du Canal pour 1889 !

Faut-il attendre encore quatre mois et perdre un temps précieux ? Faut-il livrer la destinée de notre œuvre aux incidents imprévus de la politique ? Faut-il risquer l'intérêt de nos 350.000 actionnaires ou obligataires ? Je ne le pense pas.

On m'ajourne, je n'accepte pas l'ajournement.

Fidèle à mon passé, lorsqu'on veut m'arrêter, je marche! Non pas seul, certes, mais avec 350.000 Français partageant ma confiance patriotique.

Je crois, personnellement, que les 600 millions suffiront pour assurer l'achèvement du canal maritime avant la fin de 1889.

Puisque des représentants de mon pays, puisque six députés, par leur attitude, m'empêchent d'aller de l'avant, de marcher avec vous à la conquête pacifique entreprise par la France dans l'isthme de Panama, nous passerons par dessus l'obstacle, nous irons ensemble à cette deuxième victoire, nous émettrons les 600 millions nécessaires, au moyen d'obligations nouvelles.

Je ne saurais terminer sans exprimer ma gratitude aux Ministres qui, après avoir reçu communication du rapport de M. Rousseau, ont *loyalement* présenté aux Chambres le projet de loi auquel les lenteurs d'une commission parlementaire n'ont pas permis d'aboutir en temps utile.

Veuillez agréer, Messieurs, la nouvelle assurance de mon dévouement.

Ferdinand de Lesseps.

Copie de cette lettre fut adressée à la Commission qui protesta contre les accusations de M. de Lesseps en disant qu'elle n'avait pas voulu l'ajourner, mais seulement se renseigner avant de prendre une décision.

Le Gouvernement, d'accord avec la Compagnie, retira le projet de loi d'autant plus volontiers que M. Salis menaçait de soulever un grand scandale en dénonçant du haut de la tribune la spéculation favorisée par la communication de certains passages du rapport Rousseau au journal *Le Temps*.

La presse stipendiée fut unanime à vilipender la Commission et à féliciter le *Grand Français d'avoir envoyé promener la demi-douzaine de députés tatillons et bavards qui, par leurs discussions oiseuses, retardaient l'achèvement de son œuvre patriotique.*

Quant au ministre Baïhaut, il dut renoncer à l'espoir d'encaisser le complément du million promis, mais il se consola en conservant les 375.000 francs qu'il avait palpés et que M. Charles de Lesseps eut la générosité de ne pas lui réclamer.

CHAPITRE XVI

Quatrième et cinquième emprunts.

Au mois d'avril 1886, le Conseil d'administration, se basant sur la décision de l'assemblée générale des actionnaires du 25 juillet 1885, donnant tout pouvoir pour se procurer par voie d'emprunt une somme de 600 millions, avait résolu de créer 362.613 obligations de 500 francs 4 0/0. émises à 333 francs, qui devaient produire environ 120 millions. Mais pour ne pas risquer l'échec d'une souscription publique, ces titres furent mis en vente à la Bourse ou aux guichets des établissements de crédit. Bien qu'on eût distribué deux millions à la presse et à la finance pour obtenir son concours, cet emprunt n'avait produit que 19.340.093 francs.

Une telle somme dans la caisse de la Compagnie de Panama, c'était comme une goutte d'eau dans le désert : sitôt tombée, sitôt bue.

Ayant vainement essayé, pour se procurer de nouvelles ressources, d'obtenir l'autorisation d'émettre des valeurs à lots, le Conseil d'administration appela le dernier quart sur les actions et encaissa ainsi 73.750.000 francs.

Puis on convoqua, le 29 juillet 1886, une Assemblée générale des actionnaires devant laquelle M. de Lesseps annonça que le Canal coûterait, non plus 1.070 millions comme il l'avait affirmé à l'assemblée précédente, mais 1.200 millions.

Personne ne se leva pour lui reprocher ses contradictions et ses mensonges; chacune de ses paroles souleva de chaleureux applaudissements et il fut l'objet d'une ovation dont les journaux du lendemain firent complaisamment le récit pour préparer l'émission fixée au 3 août.

Cette émission comprenait 500.000 obligations 6 0/0 de 1.000 francs, offertes à 450 francs, c'est-à-dire que pour allécher les souscripteurs on leur offrait, moyennant 450 francs, un titre rapportant 6 0/0 d'intérêt et remboursable à 1.000 francs. On devait se procurer ainsi 225 millions. Le Conseil d'administration vota un crédit de 15 millions pour rémunérer les nombreux concours dont on avait besoin.

M. Lévy-Crémieux étant mort, le baron de Reinach, investi de son emploi, devint, à partir de ce moment, le grand lanceur des émissions, organisant les syndicats, alimentant le zèle des amis, achetant le silence des adversaires, distribuant à profusion les billets de banque et les chèques aux journalistes, aux hommes politiques et même aux femmes du monde chargées de faire de la propagande dans les salons.

Tandis que le baron de Reinach accomplissait avec adresse son œuvre de séduction, l'agence Batiau et Privat était chargée, à forfait, de distribuer des allocations à tous les journaux ; chacun d'eux reçut, à la veille de chaque émission, une somme plus ou moins élevée selon l'importance de son tirage ou l'influence de son directeur politique.

Ceux qui trouvaient qu'on ne les achetait pas à leur juste valeur, allaient se plaindre à M. Charles de Lesseps qui s'empressait de leur donner satisfaction par un chèque supplémentaire.

Aux personnages prudents qui craignaient de se compromettre, on délivrait des bons anonymes sur la caisse des fonds secrets, car il y avait des fonds secrets à la Compagnie de Panama comme au ministère de l'Intérieur.

Aussi n'y eut-il aucune dissonance dans la presse ; les journaux furent tous d'accord pour persuader au public qu'en confiant son argent à la famille de Lesseps il faisait un admirable placement.

Pour donner un échantillon des articles qui se publiaient à la veille de l'émission du 3 août 1886, nous ne pouvons mieux faire que d'en citer un qui empruntait à la signature de son auteur, M. le député Burdeau, aujourd'hui président de la Chambre, une autorité toute particulière.

M. Burdeau écrivait à la date du 30 juillet 1886 dans *Le Globe*, journal qui est noté dans le rapport de M. Flory comme ayant reçu 6.000 francs sur les sommes distribuées à l'occasion de l'émission du 3 août :

> Je n'ai pas l'intention ici de faire une réclame à l'émission de titres que prépare M. de Lesseps. Ce serait chose probablement superflue : depuis que le Grand Français, s'impatientant des lenteurs de la Commission parlementaire, l'a laissée pérorer à son aise pour marcher de l'avant, cette résolution hardie paraît avoir interloqué ses adversaires, qui étaient prêts à le combattre dans les couloirs de la Chambre, non devant le tribunal de l'opinion publique.

Voilà avec quel dédain M. Burdeau traitait les collègues qui n'avaient pas voulu autoriser une émission de 600 millions de valeurs à lots sans voir clair dans les affaires de la Compagnie de Panama !

Le député du Rhône exprime ensuite l'avis qu'il n'y a rien d'excessif à admettre que le Canal sera inauguré en 1889 pour l'anniversaire de la Révolution française, puis il ajoute :

> Les nouveaux clients que la Compagnie se fera le 3 août prochain auront l'agrément de toucher 6,66 0/0 de leur argent, ce qui est un joli denier, et l'espérance fondée de voir leurs titres doubler de valeur dès que la prospérité du Canal sera assurée par un transit de 5 à 6 millions de tonnes seulement, ce qui sera peut-être le chiffre de début. Quant aux hésitations de la Commission que présidait M. Casse, il n'en reste plus rien ; ou plutôt si :

il en reste ce résultat imprévu que les obligations qu'on va émettre seront données à des conditions plus avantageuses pour le public qu'elles ne l'eussent été sans cela.

On comprend l'influence que devaient avoir sur les petits capitalistes des assertions de cette nature, émanant d'un financier et d'un économiste aussi éminents que le député Burdeau.

En ce qui concerne les syndicats, le baron de Reinach eut une conception géniale : les syndicats organisés par M. Lévy-Crémieux comportaient un léger risque, puisqu'ils prenaient ferme une partie de l'émission; le baron de Reinach imagina des syndicats de publicité dans lesquels on ne risquait rien du tout; on avançait, ou on était censé avancer 2 fr. 50 pour chaque obligation à émettre; ces 2 fr. 50 donnaient droit à une forte prime après la souscription.

C'était un moyen déguisé de rémunérer des concours politiques ou financiers.

A côté du syndicat, il y eut encore le système des options qui assurait également un bénéfice sans faire courir aucun risque.

Malgré cet ensemble de moyens plus ou moins frauduleux, l'émission du 3 août 1886 ne fut pas entièrement couverte. Le public ne souscrivit que 458.802 obligations qui firent entrer dans la caisse de la Compagnie 206.460.000 fr.

Les frais d'émission se répartirent de la manière suivante :

Bénéfice du Syndicat.....F.	5.336.412
Options.................	424.800
Publicité................	2.567.817
Commissions de placement..	2.378.871
Commissions sur versements	371.306
Impressions..............	684.726
Total..........	11.763.932

Quelques jours après cette nouvelle escroquerie de 200 millions, M. Ferdinand de Lesseps, dans un banquet offert au ministre de Colombie, se félicitait de la confiance avec laquelle les petites gens lui apportaient leurs économies, et donnait rendez-vous aux convives, dans trois ans, pour l'inauguration du Canal.

CHAPITRE XVII

Sixième emprunt.

Dans l'isthme, tandis que les travaux n'avançaient que très lentement, le gaspillage des millions devenait de plus en plus fantastique; chacun, pressé de quitter ce pays malsain où la dyssenterie et les fièvres faisaient chaque jour de nombreuses victimes, ne songeait qu'à s'enrichir rapidement par n'importe quel moyen pour se rembarquer au plus vite. Seul, le pillage était organisé au milieu du désordre et du chaos.

Des grues à vapeur, transportées à grands frais, gisaient abandonnées dans la brousse; des dragues échouées pourrissaient dans la vase; un entrepreneur ensevelissait, sous les déblais, des wagons que la Compagnie avait négligé de retirer d'un terrain dont il avait besoin pour y déverser les terres provenant des fouilles; la Compagnie n'ayant pas de chalands pour décharger ses marchandises, les jetait dans les bateaux d'un industriel qui les lui revendait ensuite. On pourrait citer mille autres exemples de malversations et d'incurie.

Toutes ces dilapidations semblent mesquines si on les compare aux énormes extorsions des grands entrepreneurs eucouragés dans leur audace par la faiblesse de la Compagnie; à chaque instant, ils exigent des majorations sur les prix stipulés aux contrats, des indemnités, des allocations supplémentaires, et la Compagnie finit toujours par céder sous la menace de révélations scandaleuses ou sur la promesse d'un pot-de-vin.

La Société Vignaud, Barbaud, Blanleuil et C° donne une commission de 600.000 fr. à la Société des Dépôts et Comptes courants dans laquelle M. Charles de Lesseps était intéressé comme membre du conseil d'administration.

La même Société des Dépôts et Comptes courants reçoit de la Société des travaux publics et constructions un pot-de-vin d'un million dont M. Charles de Lesseps touche sa part.

La Société anglo-hollandaise Cutbill, de Lungo, Watson et Van Hattum distribue 600.000 francs de pots-de-vin, dont 383.266 fr. au baron de Reinach.

Lorsque MM. Artigue, Sonderegger et C° reprennent le traité de la Société anglo-hollandaise, ils obtiennent une augmentation de 1 fr. 40 par mètre cube, ce qui leur assure un bénéfice de 28 millions sur lesquels le baron de Reinach reçoit une commission proportionnée.

M. Etienne Martin, secrétaire général de la Compagnie, fut tellement révolté de cette extraordinaire majoration qu'il donna sa démission.

Le 15 février 1887, M. Charles de Lesseps fit, avec quelques autres délégués, un nouveau voyage dans l'isthme sous prétexte de se rendre compte de l'état d'avancement des travaux, mais en réalité pour se préparer un dossier et des moyens de défense en vue de la catastrophe qu'il prévoyait.

« Cela se voyait, écrivait M. Sonderegger, à la manière dont les délégués visitaient les chantiers, manière tout à fait secondaire. On a dépensé dans cette mission une quantité incalculable de diplomatie, de ruse, d'amabilité et de gentillesse, compliments sans fin et sans limites, mais bien peu d'efforts pour l'avancement des travaux. Cela me faisait l'effet des préparatifs qu'on prend avant un orage : on nettoie les paratonnerres et on cherche de bons conducteurs pour les éclairs..... »

Après avoir constaté de ses propres yeux le déplorable état de l'entreprise, M. Charles de Lesseps revint à Paris et fit un rapport des plus élogieux en affirmant de nouveau que le Canal serait terminé dans les délais.

Or, au 30 juin 1887, la situation se résumait ainsi :

Cubes extraits......	34.689.000 mètres.
Cubes restant à extr.	85.311.000 —
Sommes dépensées..	884.522.591 francs.
Actif disponible.....	113.108.606 —

Il fallait encore plus d'un milliard pour achever le Canal.

On fit croire que 400 millions suffiraient, et, le 8 juillet, M. Ferdinand de

Lesseps demanda au Conseil d'administration l'autorisation d'emprunter 200 millions au moyen d'obligations offertes à 440 francs, rapportant 30 francs, remboursables à 1.000 francs.

Le Conseil d'administration autorisa cet emprunt avec sa docilité habituelle et vota un crédit de 12 millions pour les frais.

Cette émission, qui eut lieu le 26 juillet 1887, fut préparée, comme la précédente, en achetant le concours de tous les journaux et en organisant un syndicat d'individus qui avançaient ou étaient censé avancer 2 fr. 50 par obligation pour les frais de publicité, avance sans nécessité puisque la Compagnie possédait à ce moment-là une centaine de millions en caisse; ce Syndicat n'avait d'autre utilité que de distribuer des pots-de-vin sous forme de participations.

La presse, bien gavée, se remit à entonner avec un parfait ensemble le chœur des louanges en l'honneur du Grand Français et de son œuvre patriotique.

M. Burdeau reprit la plume pour traiter de chicaniers les députés qui avaient hésité à accorder l'autorisation d'émettre des valeurs à lots, et de calomniateurs les rares écrivains indépendants qui se permettaient d'émettre des doutes sur le succès final.

Voici un extrait des articles publiés à cette époque par *l'éminent* député du Rhône, dans le journal *Le Globe*, qui venait de recevoir une nouvelle allocation de 6.000 francs à l'occasion de cette émission :

Les plus violents adversaires de Panama ne disent plus que l'œuvre est impossible ; au contraire, ils en parlent, presque à leur insu même, comme d'un travail dont le succès est dès à présent certain ; ils contestent les dates de l'ouverture du canal, ils discutent sur le coût de l'affaire que M. Leroy-Beaulieu évalue jusqu'à deux milliards. C'est donc qu'ils admettent que le canal s'ouvrira et que les difficultés sont une simple question d'argent.

Si pessimiste que soit ce chiffre de deux milliards, admettons-le, regardons-le en face et posons-nous cette simple question : « S'il était sûr, d'une part, que le Canal coûtera 2 milliards et, d'autre part, que ces 2 milliards rapporteront 6 0/0, faudrait-il y renoncer ? S'ils ne devaient rendre que 5 0/0, au début, faudrait-il encore le traiter de mauvaise affaire ? Si même le produit devait rester, pour les toutes premières années, de 4 0/0, serait-il sage et honnête d'en détourner l'épargne ?

Beaucoup de petits capitalistes, séduits par cette perspective attrayante de toucher un intérêt de 4 0/0 au début, puis de 6 0/0 sur un capital de 440 fr. remboursable à 1.000 francs, portèrent leur épargne à M. de Lesseps, et souscrivirent 258.887 obligations qui firent encaisser à la Compagnie de Panama une somme de 113.910.280 francs.

Bien que l'émission n'eût réussi qu'à moitié, c'était encore là un joli coup de filet.

Les membres du Syndicat se partagèrent 3.250.351 fr.; les distributions faites à la presse s'élevèrent à 2.361.000 fr.

CHAPITRE XVIII

Le traité Eiffel

M. Ferdinand de Lesseps, jusqu'ici cramponné avec un entêtement sénile à sa chimère d'un canal à niveau, n'avait jamais voulu entendre parler d'un canal à écluses ; mais les difficultés financières augmentaient, les travaux n'avançaient que lentement malgré les centaines de millions absorbés, en sorte que, voyant approcher avec inquiétude la date qu'il avait assignée à l'ouverture de la communication entre les deux océans, il finit par consentir à ce que la Commission supérieure consultative fût interrogée sur la question de savoir s'il serait possible d'établir provisoirement un canal à écluses, tout en poursuivant l'achèvement du canal à niveau.

La Commission répondit affirmativement à l'unanimité.

Etant donnée la prodigalité bien connue de la Compagnie de Panama, l'installation des écluses devait être l'occasion de gros bénéfices pour l'entrepreneur qui aurait la bonne fortune d'en être chargé.

M. Eiffel, qui était en train d'élever sa tour de 300 mètres et se trouvait aux prises avec de pressants besoins d'argent, s'aboucha avec le baron de Reinach et avec M. Adrien Hébrard, directeur du journal *Le Temps*, actuellement sénateur, et leur promit une forte commission si, par leur intermédiaire, il passait un contrat avec la Compagnie pour la construction et la pose des écluses.

Ces deux négociateurs n'eurent aucune peine à réussir ; si M. Eiffel brûlait d'envie de s'entendre avec M. de Lesseps pour attraper quelques millions, celui-ci ne désirait pas moins traiter avec l'*homme à la tour* dont le nom sonnait merveilleusement à l'oreille des gogos et constituait une gigantesque réclame.

Le 10 décembre 1887 fut signé entre la Compagnie de Panama et M. Eiffel un traité qui assurait à ce dernier des avantages si exorbitants que M. Camille Pelletan a pu dire avec raison qu'on avait payé bien cher chacune des lettres de ce nom fameux.

M. Eiffel obtenait la construction des huit écluses prévues et de tous les travaux accessoires dont la dépense totale était évaluée à 120 millions.

La Compagnie s'engageait à lui fournir le matériel nécessaire pour l'exécution des ouvrages d'art proprement dits ; si elle n'était pas à même de fixer l'entrepreneur dans les dix jours de sa demande, elle avait un autre délai de dix jours pour s'exécuter ; passé ce délai, elle devait payer une somme de

18 millions à M. Eiffel pour qu'il se procurât lui-même le matériel.

La Compagnie n'ayant pas fourni le matériel dans les délais, versa les 18 millions à M. Eiffel; or, il se trouvait qu'elle possédait précisément sur ses chantiers un matériel suffisant pour achever les huit écluses. M. Eiffel l'acheta pour la somme de 1.223.151 francs, réalisant ainsi un bénéfice immédiat de 16.776.849 francs. Voilà ce qu'on peut appeler une bonne opération, aussi simple que lucrative.

Mais ce n'est pas tout : la Compagnie devait donner 9.600.000 fr. à M. Eiffel pour la fourniture de la machinerie nécessaire à la manœuvre des portes; celui-ci commanda cette machinerie aux Forges et Chantiers de la Méditerranée, au prix de 1.570.000 francs, d'où un second bénéfice de plus de 8 millions.

Enfin, la Compagnie s'obligeait à avancer six millions à M. Eiffel en vue de faciliter la mise en marche des travaux et l'installation de ses chantiers.

Cet étonnant contrat, bien qu'il n'ait été exécuté qu'en partie, permit à M. Eiffel de réaliser un bénéfice de 33 millions, sur lesquels il remit 1.837.377 fr. au baron de Reinach et 1.769.415 francs à M. Adrien Hébrard pour leur commission.

En moins d'une année, du 15 décembre 1887 au 1er novembre 1888, la Compagnie versa 28 millions à M. Eiffel.

Cet argent, confié par les souscripteurs pour creuser un canal, servit à édifier la tour de fer qui domine tous les autres monuments du globe, de même que l'escroquerie de Panama dépasse par ses vastes proportions toutes les escroqueries des temps ancien et moderne.

Ce clou de trois cents mètres qui déshonore Paris, a été forgé avec les dépouilles des victimes; on devrait graver sur ses flancs les noms de tous les coupables, de tous les complices, depuis les journalistes qui ont vendu leur plume, jusqu'aux députés et sénateurs qui ont trafiqué de leur mandat; la liste en est si longue que le pilori géant se trouverait trop petit.

A Paris, où tant d'admirables monuments conservent l'impérissable souvenir des mémorables événements du passé, le Louvre, les Invalides, le Panthéon, la colonne Vendôme, l'Arc de Triomphe, la colonne de Juillet nous rappellent les fastes de la Royauté, les gloires de l'Empire, l'héroïsme des citoyens qui moururent en combattant pour la liberté.

Bien au-dessus des chefs-d'œuvre d'architecture élevés par des artistes de génie, la tour, baptisée du nom de son constructeur, dresse son maigre squelette, semblable de loin à un long tuyau d'usine.

Cette grêle carcasse sans goût et sans art, construite avec des millions volés, symbolise le régime actuel, le règne des financiers cosmopolites, le triomphe des politiciens dont le seul idéal est la pièce d'or ou le billet de banque.

Autrefois, l'argent ne donnait que des jouissances; aujourd'hui il procure tout, même l'honneur, qui s'achète comme le reste.

Eiffel, en commettant les délits qui l'ont conduit sur les bancs de la police correctionnelle, n'a pas seulement acquis un magnifique hôtel à Paris et un superbe château à Sèvres; il a aussi gagné la rosette d'officier de la Légion d'honneur.

Le comte Ferdinand de Lesseps, aujourd'hui possesseur d'une énorme fortune, est Grand Croix de la Légion d'honneur, quoique flétri par la justice, et membre de l'Académie française, bien qu'il n'ait jamais écrit que des prospectus charlatanesques. Chamarré d'une multitude de décorations nationales et exotiques, environné du respect béat des populations en extase devant ses brillants équipages, il termine paisiblement sa carrière dans son domaine seigneurial de La Chesnaye, tandis que des milliers de pauvres gens, dont il a dilapidé l'épargne, manquent de pain dans leurs vieux jours.

Telle est l'édifiante histoire que la tour Eiffel, issue de rapines et édifiée sur des ruines, rappellera aux générations futures...... si elle résiste aux vents et à la rouille.

CHAPITRE XIX

Dépôt de la proposition Michel.

Au mois de juillet 1886, M. de Lesseps, rompant brusquement avec la Commission parlementaire qui se permettait de lui demander des éclaircissements, avait fièrement déclaré qu'il se passerait du concours du Parlement et marcherait quand même à la victoire.

L'échec partiel des émissions du 3 août 1886 et du 26 juillet 1887 rabattit son outrecuidance.

Voyant que les souscripteurs devenaient de plus en plus rebelles à ses appels réitérés, il se décida à recommencer ses tentatives auprès du Gouvernement; le 15 novembre 1887, il écrivit à M. Rouvier, alors président du Conseil des ministres, pour solliciter de nouveau l'autorisation d'émettre des obligations à lots.

En même temps, il distribuait des subsides aux journaux pour faire appuyer ses démarches par une campagne de presse.

M. Burdeau, toujours prêt à prendre la plume en faveur de la Compagnie de Panama, écrivait dans *le Globe* du 18 novembre 1887 :

Refuser de voter l'émission, ce serait se rendre complice de l'avortement de l'entreprise... Je m'en tiens à la seule politique en matière d'affaires : laissez faire, laissez passer !

En général, les lanceurs d'affaires véreuses ne demandent pas autre chose; qu'on les laisse faire, que la Justice ferme les yeux sur leurs agissements, cela leur suffit. M. de Lesseps exigeait davantage; il voulait que le gouvernement lui prêtât son appui.

Malheureusement pour lui, M. Rouvier, renversé du pouvoir le 12 décembre, n'eut pas le temps de répondre favorablement à sa requête.

Il fut obligé d'en adresser une autre à M. Tirard, président du Conseil dans le nouveau ministère.

Celui-ci, qui a montré dans toute cette affaire une rare probité, répondit par un refus catégorique, sans se laisser émouvoir par les criailleries de la presse.

Ce refus ne découragea pas M. de Lesseps; il résolut de forcer la main au Parlement en organisant dans toute la France un vaste pétitionnement dont il prit ouvertement, cette fois, l'initiative.

Le 20 janvier 1888, il adressait aux actionnaires et obligataires de la Compagnie une lettre dans laquelle il les engageait à signer une pétition dont il leur envoyait le modèle ci-dessous :

Messieurs les Sénateurs et Députés,
Intéressés dans l'exécution du canal ma-

ritime de Panama, nous venons respectueusement vous demander d'user de votre droit d'initiative et de déposer un projet de loi par lequel M. Ferdinand de Lesseps sera autorisé à émettre des obligations à lots, dans les termes et aux fins de sa lettre du 15 novembre 1887 à M. le Président du Conseil, ministre des finances.

M. Ferdinand de Lesseps ayant demandé, au nom des actionnaires et obligataires de Panama, un débat public sur la véritable situation de l'entreprise, vous ne pouvez pas, en le lui refusant, abandonner vos électeurs.

Des exemplaires de cette pétition furent déposés chez tous les agents de la Compagnie; à Paris, les garçons de bureau de l'Administration allèrent recueillir les signatures à domicile; on en obtint ainsi plus de 150.000.

Toutes ces pétitions furent envoyées directement à M. Ferdinand de Lesseps, qui en remit lui-même le bordereau à la Chambre.

Il ne s'agissait plus que de trouver un député assez... serviable pour déposer la proposition de loi.

Celui qui ne craignit pas d'assumer cette lourde responsabilité, fut M. Alfred Michel, député de Carpentras.

J'ai connu M. Alfred Michel pour avoir siégé deux ans derrière lui à la Chambre; c'était un ancien représentant de commerce, insignifiant et bon garçon, aimable avec tout le monde, ne montant jamais à la tribune mais bavardant volontiers avec ses voisins, ayant toujours dans son pupitre un sac de berlingots qu'il tendait gracieusement aux collègues de toutes nuances, depuis Constans dont il tapotait le ventre, jusqu'à Thivrier dont il caressait la blouse.

A quel mobile a-t-il obéi en déposant, le 2 mars 1888, sa proposition de loi ayant pour objet d'autoriser la Compagnie de Panama à émettre 600 millions de valeurs à lots ? C'est ce que je ne veux pas rechercher. Il est mort ; que la terre lui soit légère !

Lorsque soufflaient, au Palais-Bourbon, les tempêtes que déchaînaient de scandaleuses révélations, je regardais parfois la place où il siégeait, et je me disais qu'il était heureux de n'être plus là.

Pour donner plus de poids à sa proposition, il l'avait fait signer par huit de ses collègues, MM Levrey, Maunoury, Hurard, Saint-Martin, Sarlat, Clovis Hugues, Bernier et Noël Parfait.

Ceux-ci ont sans doute donné, comme cela se pratique souvent à la Chambre, une signature de complaisance. Comment auraient-ils pu opposer un refus à un collègue qui leur offrait si gentiment des berlingots ?

CHAPITRE XX

Septième emprunt.

En attendant que la proposition de loi fût votée, la Compagnie de Panama avait besoin de se procurer de l'argent.

M. de Lesseps convoqua une assemblée générale des actionnaires devant laquelle il exposa la situation sous les couleurs les plus riantes :

En 1890, dit-il, le Canal sera terminé et les plus grands navires pourront passer d'un océan à l'autre. Je compte sur le Parlement pour obtenir l'autorisation d'émettre des valeurs à lots ; mais, pour parer aux nécessités les plus pressantes, il me faut 161 millions.

L'Assemblée, toujours docile, donna tout pouvoir au Conseil d'administration pour emprunter cette somme et pour lancer une importante émission d'obligations à lots dès que le Parlement aurait accordé l'autorisation sollicitée.

Afin de séduire les petits capitalistes par l'appât d'un gros bénéfice, on leur offrit, au prix de 460 francs, des obligations remboursables à 1.000 francs, rapportant un intérêt de 6 p. 100; le remboursement était garanti par un dépôt de rentes françaises achetées à l'aide d'un prélèvement proportionnel sur les souscriptions, et on accordait aux souscripteurs la faculté d'échanger leurs titres contre des obligations à lots dès que le Parlement en aurait autorisé la création.

En dépit de ces multiples avantages, du concours de la presse et des manœuvres du Syndicat organisé par le baron de Reinach, cette émission, qui eut lieu le 14 mars 1888, échoua pour la plus grande partie : sur 350.000 obligations offertes, 89.802 seulement furent souscrites. Elles produisirent 34.997.635 fr. sur lesquels il y eut à prélever 4.993.714 francs de frais. Le Syndicat, qui se composait de 107 membres, reçut, pour sa part de bénéfices, 1.175.166 fr.; les frais de publicité s'élevèrent à 2.474.637 francs.

Une société qui empruntait dans des conditions si onéreuses courait fatalement à sa ruine.

CHAPITRE XXI

Reinach et Arton entrent en campagne.

La Compagnie de Panama, aux prises avec d'inextricables difficultés, n'avait plus d'espoir que dans le Parlement; s'il autorisait l'émission de 600 millions de valeurs à lots, elle pouvait, sinon se relever tout à fait, du moins retarder longtemps encore la chute finale.

Mais la proposition de M. Michel rencontrerait-elle une majorité favorable? C'était douteux, étant donné l'accueil fait par la Commission de 1886 à un projet identique.

Pour assurer le succès, M. Charles de Lesseps, d'accord en cela avec les autres administrateurs de la Compagnie, résolut de recourir à la corruption.

A la fin de l'année 1885, il s'était engagé à payer dix millions à Cornélius Herz si celui-ci obtenait l'autorisation d'émettre des valeurs à lots; il lui avait même avancé 600.000 francs sur ce marché. Mais les tentatives de corruption étaient restées vaines grâce aux résolutions de la Commission parlementaire chargée d'examiner le projet de M. Baïhaut. Depuis, Cornélius Herz, mêlé à des intrigues de politique internationale, voyageait à travers l'Europe et négligeait les affaires de la Compagnie de Panama.

A son défaut, M. Charles de Lesseps s'adressa au baron de Reinach et mit à sa disposition une somme de cinq millions pour amadouer les députés et les sénateurs récalcitrants.

Le baron de Reinach, qui possédait de nombreuses relations dans tous les mondes et notamment dans le monde politique, entra immédiatement en campagne, fréquentant assidûment les salons, les cercles, les théâtres, les promenades, tous les endroits, en un mot, où il pouvait engager habilement des pourparlers avec les députés qu'il y rencontrait comme par hasard.

Pour ménager leur pudeur, il avait organisé un syndicat de publicité à 2 fr. 50 dans lequel il leur offrait *une participation*, euphémisme qui dispensait de prononcer des mots trop crus; c'était le pot-de-vin dissimulé sous les fleurs.

. . . .
. . . .

Dans l'une des petites allées sinueuses du parc Monceau, il se trouva, un beau jour du mois de mars, nez à nez avec son ami Dugué de la Fauconnerie, Dugué *le sauvage*, comme on l'appelait à la Chambre, parce qu'il n'y faisait partie d'aucun groupe et affectait une indépendance farouche.

— Eh! bonjour, mon cher député,

s'écria le baron en lui tendant la main ; je suis bien aise de vous voir pour vous gronder. Vous êtes décidément un enfant terrible ; hier encore vous avez écrit un article dans lequel vous conseillez à vos lecteurs d'acheter des terres, des rentes, des obligations de chemin de fer, plutôt que de mettre leur argent dans des affaires aussi scabreuses que celle de Panama. Ça n'est pas gentil de votre part.

— Que voulez-vous, cher baron, c'est mon opinion ; si vous ne la partagez pas, j'ai le regret de la garder tout entière.

— Vous êtes un mauvais plaisant, mais je vous aime bien tout de même et je vais vous le prouver. Voulez-vous gagner de l'argent ?

— Ce n'est pas de refus, mon cher baron, mais vous savez que je n'entends rien aux affaires.

— Vous n'avez besoin d'y rien entendre pour celle que je vous propose. Écoutez : j'ai un très grand nombre de parts dans un syndicat ayant pour but de lancer une émission d'obligations ; chacune de ces parts assure un bénéfice plus ou moins élevé selon le nombre d'obligations qui seront souscrites. Je vous offre de vous céder trois mille parts qui vous donneront un bénéfice de 25 000 francs environ.

— C'est très séduisant ; mais à quoi cela m'engage-t-il ? Je vous préviens que je n'ai pas d'argent à perdre.

— Eh ! mon bon ami, je veux vous en

faire gagner, et non vous en faire perdre ; vous n'avez aucun risque à courir ; chaque part, il est vrai, oblige à un versement de 2 fr. 50 ; mais ne vous préoccupez de rien ; je me charge de tout.

— Vraiment, mon cher baron, vous êtes un homme bien aimable ; j'accepte avec reconnaissance cette preuve d'amitié...... Y aurait-il indiscrétion à vous demander de quel syndicat il s'agit ?

— Il s'agit d'un syndicat chargé de faire réussir l'émission d'obligations à lots que la Compagnie de Panama se propose de lancer dès qu'elle en aura obtenu l'autorisation.

— Mais il n'est pas sûr que la Chambre autorise.

— Elle autorisera, affirma le baron de Reinach avec assurance.

— Vous croyez ?

— J'en suis certain ; j'ai déjà vu beaucoup de vos collègues et je sais que je puis compter sur eux... Sur vous aussi, j'espère ?

— Je ne dis pas non... je dis même oui, réflexion faite. Oui, je voterai la loi, sans enthousiasme, mais sans hésitation, car il y a 500.000 citoyens qui nous demandent de le faire, sans qu'aucun nous demande le contraire.

— Fort bien ; alors, c'est entendu.

— Entendu.

Les deux amis se séparèrent après un serrement de main significatif, et le *sauvage*, si facilement apprivoisé, reprit sa flânerie autour des vertes pelouses du

parc, tandis que le baron de Reinach
sautait, en riant sous cape, dans l'élégant coupé capitonné de satin bleu qui
l'attendait devant la grille.

. . . .
. . . .
. . . .

Quel chic il avait, ce sémillant baron
de Reinach, lorsqu'en tenue de soirée,
un gardénia à la boutonnière, les doigts
ornés de bagues étincelantes, il se promenait dans les coulisses de l'Opéra en
pinçant deçi-delà le menton des jolies
danseuses ! Aucune ne lui résistait, car
il avait la réputation de se conduire en
grand seigneur. Mais ce soir-là, il chassait un autre gibier.

A peine venait-il d'échapper aux
étreintes d'un *rat* avide de grignoter
quelques billets de banque, qu'au détour
d'un portant il surprit son ami Antonin
Proust causant tendrement avec la petite
Paquita, adorable gamine dont les naissants appas allumaient les désirs des
vieux abonnés.

— Ah ! ah ! je vous y prends, fit-il
avec un ricanement égrillard ; vous êtes
donc toujours jeune, toujours amoureux,
mon bel Antonin ? Mais que devenez-vous
donc ? Il y a un siècle que je ne vous ai
vu. Aviez-vous entrepris quelque long
voyage à Cythère ?

— Pas précisément, mon cher baron ;
je reviens de Copenhague où je présidais
le Comité de l'Exposition. Cet honneur

m'a occasionné beaucoup de dépenses, ainsi que je le disais à Mademoiselle qui voudrait abîmer ses mignonnes oreilles en y accrochant des boucles de diamant.

— Elle a raison, mon cher; les diamants rehaussent la beauté d'une jolie fille. Si vous avez besoin d'argent, j'ai une occasion de vous en faire gagner : je vous offre une participation de 2.500 obligations dans un syndicat dont je suis l'organisateur. Avec le profit que vous en retirerez, vous aurez largement de quoi satisfaire le caprice de cette belle enfant.....

— Vous êtes bien bon, mon cher baron, mais je ne puis accepter sans savoir.....

— Oh! rien de plus simple; c'est un syndicat chargé de lancer l'émission des valeurs à lots, dès que la Compagnie de Panama en aura obtenu l'autorisation; la Chambre l'accordera certainement et j'espère bien que vous ne nous refuserez pas votre bulletin de vote..... Adieu, j'aperçois là-bas un de vos collègues auquel j'ai quelques mots à dire... Convenue, n'est-ce pas, la petite affaire ? Vous y gagnerez une vingtaine de mille francs. Ce sera pour Paquita.

. . . .
. . . .
. . . .

Quelle que fût son activité, le baron de Reinach ne pouvait suffire à la besogne; aussi éprouva-t-il le besoin de s'adjoindre un collaborateur. Il choisit son coréligionnaire Arton qui possédait, au même degré que lui-même, les qualités d'insinuation, de bonhomie et de rondeur indispensables pour mener à bonne fin des négociations délicates.

Arton, muni d'un carnet de chèques, devint l'hôte assidu du Palais-Bourbon; il établit son siège dans le salon de la Paix où il arrêtait les députés au passage sous prétexte de leur demander un renseignement ou leur opinion sur la proposition Michel. Après avoir écouté leurs objections, il essayait de les réfuter; s'il ne parvenait pas à persuader ses interlocuteurs, il employait les grands moyens. M. Cottu, administrateur de la Compagnie et membre du Comité de direction, joignait ses efforts aux siens dans les cas difficiles, lorsqu'il s'agissait de venir à bout d'une vertu parlementaire qui avait résisté aux premiers assauts.

Dire que les tentatives de corruption réussissaient toujours serait inexact; elles échouaient parfois; parfois on tombait sur un honnête homme qui restait inébranlable, comme M. Borie, par exemple. Voici en quels termes il a lui-même raconté sa mésaventure :

« Une après-midi, en séance, l'on vint m'avertir que l'on me demandait dans la salle des Pas-Perdus.

» En ouvrant la porte matelassée qui sépare les couloirs de cette salle, je me trouvais en présence d'un Monsieur que je n'avais jamais vu, bien mis, vêtu de gris, chapeau haut-de-forme, la rosette d'Isabelle-la-Catholique à la boutonnière, et qui m'aborda par ces mots :

» — C'est bien à M. Borie, député de la Corrèze, que j'ai l'honneur de parler ?

» — Parfaitement, Monsieur.

» — Je désirerais, ajouta-t-il, vous entretenir au sujet de la loi sur les valeurs à lots relative au Panama ; on m'a dit que vous étiez hostile au projet ; seriez-vous assez aimable pour m'en donner les raisons ?

» — Volontiers, Monsieur, mais je crois que la première me dispensera des autres : la profession de foi des cinq députés de la Corrèze porte que nous prenons l'engagement formel de ne nous occuper d'affaires financières d'aucune espèce.

» Alors mon interlocuteur cherche à me persuader que je comprends mal les termes de cet engagement qui ne pouvait viser les propositions portées au Parlement, mais seulement les situations faites aux députés dans les Sociétés financières.

» Je lui réponds qu'il se trompe, puisque notre campagne électorale avait porté en grande partie sur le vote des conventions des chemins de fer.

» — Je sais, Monsieur, me dit-il alors, que les cinq députés de la Corrèze sont très unis, que leurs votes sont presque toujours identiques ; je sais aussi que vous comptez de nombreux amis à la Chambre et, si je parviens à vous convaincre, j'espère que vous voudrez bien employer vos relations d'amitié avec vos collègues du département et avec certains autres pour les décider à donner leur vote au projet. J'avais préparé une liste de dix noms, sur lesquels je crois que vous pouvez agir, et comme des démarches de cette nature peuvent entraîner des dépenses assez importantes, j'avais pensé que vous accepteriez 25.000 francs pour vous et même somme pour chacune des personnes indiquées sur cette liste, hostiles au projet, et dont un bulletin favorable se trouverait dans l'urne. Ces sommes vous seraient payées chez un notaire dont je vous donnerai l'adresse.

» Je demeurai complètement anéanti, ayant pu à peine jeter les yeux sur cette liste et n'entendant plus que ces mots :

» — J'espère, Monsieur, que vous réfléchirez, et alors vous me retrouverez ici si vous avez besoin de m'entretenir. »

M. Borie résista à la tentation, mais combien succombèrent !

Ce n'était pas seulement dans les couloirs du Palais-Bourbon qu'Arton manœuvrait ; il se rendait aussi au domicile des députés, chaque fois qu'il en trouvait l'occasion, témoin le récit suivant de M. Jules Gaillard, député de Vaucluse :

« Au mois de juillet 1888, ma femme reçut la visite de M. Arton. J'étais chez moi ; c'était un matin. M. Arton déclara à ma femme qu'il avait admiré ses deux tableaux au dernier Salon, et qu'il souhaitait d'en acquérir de semblables. C'étaient des pivoines. M. Arton choisit deux tableaux représentant le même sujet, et le prix en fut fixé à 500 francs pièce, soit 1.000 francs pour les deux. Ces tableaux étaient encadrés : les cadres étaient Louis XIII et très jolis ; le prix en était compris dans la somme de 1.000 francs.

» Quelques jours après, M. Arton fit prendre les tableaux ainsi encadrés et, quelques jours après, ma femme reçut, sous enveloppe, de la part de M. Arton, un billet de 1.000 francs représentant le prix convenu. »

Le nom de M. Clovis Hugues, dont la femme est également une artiste de talent, ayant été prononcé au sujet de cette affaire de tableaux, le député-poète crut devoir démentir des bruits erronés en faisant une déclaration qu'il terminait ainsi :

» — Je n'ai eu qu'une fois dans ma vie des rapports avec M. de Lesseps ; c'était au pied de la statue de Lamartine, aux Bassins : j'étais venu déclamer des vers au grand homme, lorsque M. de Lesseps ne craignant pas, lui académicien, de se compromettre avec un pauvre poète, me sauta au cou. Je n'ai reçu qu'une accolade. »

Un tel moyen de séduction ne pouvait réussir qu'auprès d'un poète, et M. Clovis Hugues était à cette époque-là, si je ne me trompe, le seul poète de la Chambre.

Ses collègues exigeaient autre chose que des accolades, si bien que, dans l'espace de deux mois, M. de Reinach eut à remettre à Arton 954.125 francs qui lui furent payés en trente et un versements par la maison de banque Kohn, Reinach et C⁰ sur les ordres du baron.

Je n'oserais affirmer que cette somme ait été intégralement employée conformément à sa destination; Arton, joyeux viveur, enragé coureur de femmes, dépensait l'argent à pleines mains; il entretenait une maîtresse à Bougival, dans une villa des plus coquettes, ce qui ne l'empêchait pas de s'offrir des actrices et des demi-mondaines de grande marque chaque fois qu'il lui en prenait fantaisie. Aucun contrôle n'étant possible, il avait toute facilité pour faire danser l'anse du panier, en sorte que tel *honorable*, inscrit sur son carnet comme ayant reçu 20.000 francs, n'en toucha peut-être que la moitié ou le quart.

Indépendamment des sommes versées comptant, Arton contracta, vis-à-vis de certains députés, des engagements qui ne devaient se réaliser qu'après l'émission des valeurs à lots. Bien imprudents et bien naïfs étaient ceux qui se contentèrent de promesses; ils furent payés en monnaie de singe. Nous verrons, par la suite, le mauvais tour que leur joua ce farceur d'Arton.

CHAPITRE XXII

Prise en considération de la proposition Michel.

Grâce au zèle infatigable du baron de Reinach et d'Arton, la proposition Michel marcha avec une rapidité qui contraste singulièrement avec les interminables lenteurs que subissent les réformes d'intérêt général.

Deux jours après son dépôt, elle était prise en considération par la commission d'initiative ; M. Gomot, chargé du rapport sommaire, le rédigeait sans perdre un instant, et ce rapport, distribué le 22 mars, obtenait la faveur d'être mis à l'ordre du jour de la séance du 26 mars.

M. Paul de Jouvencel prit le premier la parole pour en combattre les conclusions favorables.

« — Si vous prenez en considération, dit-il, la proposition qui vous est soumise, vous éveillerez des espérances que certainement vous ne pourrez pas satisfaire, et que vous ne devez pas satisfaire ; vous encouragerez de nouveaux prêteurs à s'engager dans cette affaire si dangereuse ; vous encouragerez de nouvelles déportations de capitaux. Et lorsque, dans un avenir prochain, nous aurons besoin de toutes nos ressources financières pour sauver l'indépendance de notre pays, ces capitaux ne seront plus à notre disposition. »

« — Le Canal de Panama, répliqua M. Lucien de la Ferrière, est une conception grandiose, une entreprise éminemment civilisatrice dont le succès jetterait sur le nom français un éclatant prestige. Ce n'est pas au moment où vous conviez l'industrie du monde entier à tenir ses assises sur le sol français, au moment où va s'ouvrir l'Exposition universelle, alors que vous ambitionnez d'étonner vos émules et vos concurrents dans cette lutte pacifique du progrès, par la hardiesse de vos conceptions scientifiques et industrielles, ce n'est pas à cette heure qu'il serait opportun de montrer comme un sentiment de défiance dans le succès d'une œuvre éminemment française qui a pour but de nous frayer un chemin vers l'Occident, de même que la canalisation de l'isthme de Suez nous a ouvert les portes de l'Orient. »

M. le comte de Kergarion répondit : « La responsabilité morale de la Chambre est engagée dans le débat actuel. Si une commission est appelée à examiner la situation de la Société de Panama, cette commission, par son vote, tranchera la question au fond. Dès lors, la souscription publique qui s'ouvrirait avec votre autorisation revêtirait un caractère spécial; le vote favorable de la Chambre serait nécessairement interprété comme l'indication d'une situation favorable et donnant sécurité aux capitaux de l'épargne. Je ne veux pas examiner cette situation, et je désire, pour l'indépendance de la Chambre, qu'elle ne soit pas obligée d'y arrêter son examen. »

M. Georges Roche soutint au contraire que la Chambre devait prendre la proposition en considération dans les termes mêmes du rapport, c'est-à-dire sans que cette prise en considération impliquât aucune opinion sur le fond de la question.

M. Achard fit remarquer avec raison qu'il n'appartenait pas à une commission de la Chambre de se prononcer sur l'entreprise du canal de Panama.

« — Est-il possible d'admettre, dit-il, que la commission nouvelle que vous pourriez nommer se trouve suffisamment édifiée pour décider si, oui ou non, l'opération est bonne, si elle est de celles dont la réussite est certaine, si elle sera fructueuse? Serait-il prudent, serait-il convenable qu'une assemblée comme celle devant laquelle j'ai l'honneur de parler prît sur elle, par un avis favorable, par une faveur exceptionnelle, d'engager l'épargne du pays? Vous n'avez ni compétence, ni autorité pour déclarer qu'une affaire de cette nature est bonne ou n'est pas bonne. Vous ne pouvez donc prendre la responsabilité d'engager les capitalistes à y mettre leur épargne. Vous n'avez pas le droit de pousser le pays dans cette entreprise incertaine et ténébreuse. Je vous demande de ne rien faire qui, directement ou indirectement, puisse engager le gouvernement. Le canal de Panama est une entreprise privée, une entreprise internationale, laissez-lui ce caractère et prenez, dès à présent, en repoussant la prise en considération de la proposition, une résolution qui établisse nettement que nous entendons laisser à la Compagnie la responsabilité entière de son succès ou de son insuccès. L'épargne française saura alors qu'elle s'engage à ses risques et périls. »

Après ce sage discours, MM. Pesson et Peytral déclarèrent qu'ils voteraient la prise en considération, parce qu'elle n'avait aucune espèce de signification en faveur de la résolution définitive de la Chambre.

Ce point étant bien spécifié, on passa au vote et les conclusions du rapport furent adoptées par 285 voix contre 161; il y eut un grand nombre d'abstentions.

Le Gouvernement n'avait pris aucune part à ce débat préliminaire, mais M. Tirard se réservait de combattre énergiquement le projet lorsque le moment serait venu de le discuter au fond ; renversé peu de jours après dans les circonstances que nous allons exposer au chapitre suivant, il ne put accomplir le devoir que lui dictait sa conscience d'honnête homme qu'en prononçant, comme nous le verrons plus tard, un discours devant le Sénat pour supplier cette assemblée de repousser la proposition adoptée par la Chambre.

CHAPITRE XXIII

Les 300.000 francs de M. Floquet

Pouvoir compter sur une majorité à la Chambre était beaucoup, mais cela ne suffisait pas; la proposition Michel n'avait des chances sérieuses d'aboutir qu'à la condition d'obtenir, sinon le concours actif, du moins la bienveillante neutralité du Gouvernement.

Or, le président du Conseil, M. Tirard, éprouvait une profonde répugnance pour la Compagnie de Panama; il avait repoussé de très haut les démarches tentées pour le circonvenir et on ne pouvait douter qu'il s'opposerait à ce que le Parlement se rendit complice de la nouvelle escroquerie projetée.

M. Tirard étant l'obstacle, on résolut de le faire disparaître; il fut décidé, dans les conciliabules qui se tenaient chaque jour au siège de la Compagnie, sous la présidence de M. Charles de Lesseps, et auxquels assistaient régulièrement un certain nombre de députés, qu'on profiterait de la première occasion favorable pour renverser le ministère.

L'occasion ne tarda pas à se présenter : à la fin de la séance du 30 mars, M. Laguerre montait à la tribune pour demander qu'on mit en tête de l'ordre du jour la proposition de MM. Michelin et Planteau tendant à la révision des lois constitutionnelles; les radicaux réclamèrent de leur côté la déclaration d'urgence sur une proposition analogue de M. Camille Pelletan.

M. Tirard ayant combattu ces deux motions de toute son énergie en posant la question de confiance, fut battu; la Chambre vota l'urgence de la proposition de M. Camille Pelletan, par 268 voix contre 237.

Le ministère était renversé; on ne voulait pas autre chose; en voici la preuve : conformément au réglement, les bureaux devaient nommer la commission chargée d'examiner la proposition dont on venait de voter l'urgence; M. Cunéo d'Ornano demanda que cette nomination eut lieu le lendemain; sa motion ne recueillit que 189 voix; sur les 268 députés qui avaient manifesté leur volonté de discuter sans retard la proposition de révision, 79 consentirent, une minute après, à ce qu'on en ajournât l'examen. Parmi ces 79 députés se trouvait notamment M. Yves Guyot; qu'il ait voté contre la motion de M. Cunéo d'Ornano, rien de plus naturel; ce qui est inexplicable, c'est que, bien que se moquant de la Révision comme des autres articles de ses anciens programmes, il se soit rencontré au nombre de ceux qui renversèrent le ministère Tirard en votant l'urgence.

L'appoint que 79 révisionnistes d'occasion donnèrent aux 189 révisionnistes sincères, amena l'avènement du ministère Floquet.

La Compagnie de Panama gagnait-elle au change? C'était douteux au premier abord. M. Floquet arrivait au pouvoir avec un grand renom de probité; ses adversaires raillaient volontiers ses allures fanfaronnes, sa prétentieuse fatuité, le vide et l'emphase de ses discours, mais ils lui concédaient la rigidité de Robespierre dont il professait le culte et qu'il prenait pour modèle jusque dans la coupe de ses gilets. Lui appliquer le sobriquet de *Robespierrot* et le représenter avec une plume de paon piquée dans le bas du dos, ou sous la figure d'une oie montant au Capitole, c'est à cela que se bornaient les inoffensives plaisanteries qu'on se permettait à son égard; mais jamais la moindre insinuation perfide n'avait défloré sa réputation de haute intégrité.

Aussi M. Charles de Lesseps demeura-t-il incrédule lorsqu'Arton vint lui raconter qu'il avait vu le nouveau président du Conseil et que celui-ci accorderait ses bons offices à la Compagnie de Panama si elle lui donnait 300.000 fr. pour parer à l'insuffisance des fonds secrets.

— Ça, c'est encore une carotte que vous voulez me tirer! s'écria-t-il dès qu'Arton eut terminé son récit; j'irai moi-même au ministère de l'Intérieur et je saurai ce qu'il y a de vrai dans cette histoire.

Sans perdre de temps, M. Charles de

Lesseps se rendit à l'hôtel de la place Beauveau et répéta à M. Floquet ce qu'Arton venait de lui dire.

M. Floquet confirma les paroles d'Arton en ajoutant : « Faute de crédits suffisants, je ne sais comment régler des engagements que j'ai contractés pour soutenir la lutte, dans le Nord, contre le général Boulanger; vous me rendrez service si vous pouvez mettre à ma disposition 300.000 francs pour les distribuer directement aux personnes que je vous indiquerai; si vous ne le pouvez pas, je vous assure que cela ne changera rien à mes dispositions envers la Compagnie de Panama. »

M. Charles de Lesseps, comprenant l'intérêt capital qu'il avait à gagner les bonnes grâces de son éminent solliciteur, s'empressa d'accéder au désir qui lui était ainsi exprimé. Il remit à Arton les 300.000 francs en cinq chèques sur lesquels il inscrivit, d'après les indications de M. Floquet, les noms des bénéficiaires suivants : Canivet, Victor Simond, Henri Simond, Gustave Simond et Papuchon. Les feuilles que dirigeaient ces cinq journalistes étaient d'opinions diverses, mais combattaient avec acharnement le général Boulanger; le gouvernement, en les subventionnant avec l'argent de la Compagnie de Panama, ne leur demandait pas autre chose.

En retour de ce don de 300.000 francs, il fut sous-entendu que le ministère Floquet se prêterait au vote de la proposition Michel, sans aller cependant jusqu'à se compromettre par une intervention directe.

A quelques jours de là, le baron de Reinach vint dire à M. Cottu, administrateur de la Compagnie de Panama, que M. Floquet était prêt, si on lui remettait 750 000 francs dont il avait un besoin pressant pour la lutte politique, à destituer le directeur du Crédit Foncier, M. Christophle, dont l'attitude hostile gênait la Compagnie de Panama.

« — Le Panama, déclara M. de Reinach, se trouve en ce moment contrecarré par le Crédit Foncier à cause des obligations à lot dont il veut conserver le monopole. De deux choses l'une : ou bien M. Christophle sera maintenu et on lui imposera comme condition l'entente avec le Panama ; ou bien il sera remplacé et on imposera cette condition à son successeur. »

Après l'affaire des 300.000 francs, il n'y avait rien d'invraisemblable à ce que le Gouvernement offrît de vendre pour 750.000 francs le concours du Crédit Foncier.

M. Cottu remit donc au baron de Reinach les 750.000 francs, non sans avoir éprouvé, toutefois, quelques hésitations préalables.

Y eut-il réellement des pourparlers à ce sujet entre M. Floquet et le baron de Reinach ? Les bruits du remplacement de M. Christophle, qui coururent à cette époque, sembleraient l'indiquer. Ce qu'il y a de certain, c'est que le baron de Reinach ne réussit pas et garda l'argent.

L'entente avec le Crédit Foncier n'ayant pas abouti dans le délai convenu, M. Cottu réclama les 750.000 francs à M. de Reinach un jour que celui-ci se trouvait dans son cabinet. Le baron, qui n'avait pas l'habitude de rendre l'argent, répondit en riant : « Oh ! mon cher, vous n'avez pas la prétention de me faire restituer une pareille somme. C'est fait, c'est fait. »

M. Cottu ne prit pas la chose aussi gaiement ; il trouva que la plaisanterie dépassait les bornes permises ; lui escroquer 750.000 francs et lui rire au nez, c'était trop. Entrant dans une violente colère, il empoigna Reinach par la barbe, ce qui est la plus grande injure qu'on puisse faire à un israélite, puis, le poussant dans un coin entre deux murs, il lui dit : « Vous me rendrez cette somme. J'en suis responsable vis-à-vis de la Compagnie de Panama : vous m'avez escroqué. »

Il ne le lâcha qu'après lui avoir fait signer un chèque de 140.000 francs à titre de restitution et sur sa promesse de payer le surplus.

Tenir cet engagement fut bien le moindre souci de cet excellent baron ; il savait que la Compagnie de Panama avait trop besoin de ses services et trop à craindre de ses indiscrétions pour user de mesures de rigueur à son endroit.

CHAPITRE XXIV

Corruption d'un membre de la Commission.

Le 27 mars 1888, c'est-à-dire trois jours après le vote sur la prise en considération, la Chambre, partagée selon l'habitude en onze bureaux, nommait la Commission spéciale chargée d'examiner la proposition Michel.

Les onze membres désignés par leurs collègues furent : MM. Le Guay, Sarlat, Félix Faure, Horteur, Salis, Saint-Martin, Rondeleux, Sans-Leroy, Henry Maret, Chantagrel et Pesson.

La Commission ainsi composée tint sa première séance le lendemain, 28 mars; M. Le Guay fut nommé président et M. Sarlat secrétaire; puis chaque membre fit connaître son opinion et les conditions dans lesquelles il avait été nommé par son bureau.

MM. Félix Faure, Salis, Rondeleux, Horteur, Chantagrel et Sans-Leroy se déclarèrent hostiles à la proposition Michel.

MM. Saint-Martin, Sarlat, Le Guay, Henry Maret et Pesson exprimèrent un avis favorable.

La Commission renfermait donc six membres hostiles et cinq membres favorables, soit une majorité d'une voix contre le projet.

Après une enquête sommaire au cours de laquelle M. Charles de Lesseps affirma que 600 millions suffiraient à l'achèvement du Canal, la Commission se réunit le 3 avril pour nommer un rapporteur.

M. Félix Faure étant absent, la réunion se trouva comprendre cinq membres favorables et cinq membres hostiles, en sorte que chacun des deux candidats, M. Henry Maret, favorable, et M. Rondeleux, hostile, recueillit cinq voix aux trois tours de scrutin qui eurent lieu successivement.

Dans cette situation, on désigna M. Rondeleux au bénéfice de l'âge, en lui faisant remarquer que M. Félix Faure lui aurait certainement donné sa voix puisqu'il était hostile au projet et que, par conséquent, il pouvait se considérer comme élu par la majorité.

Ce résultat fut pour la Compagnie de Panama un véritable coup de massue; elle vit que ses combinaisons allaient échouer, comme en 1886, devant l'hostilité de la Commission parlementaire.

Il n'y avait qu'un seul moyen de salut : modifier la majorité de la Commission en corrompant un des membres hostiles, et obtenir ainsi le changement du rapporteur.

Ce moyen, M. Charles de Lesseps n'hésita pas à l'employer. Il fit prendre des renseignements sur les six membres hostiles, afin de savoir lequel d'entre eux semblait le plus accessible à la corruption, et apprit ainsi que M. Chantagrel ne possédait aucune fortune et se trouvait aux prises avec des embarras d'argent. Il fixa aussitôt son choix sur lui et confia à un de ses amis, M. Patureau, qui était en même temps l'ami et le compatriote de M. Chantagrel, la délicate mission de faire auprès de celui-ci les démarches nécessaires.

M. Patureau se rendit au domicile de M. Chantagrel et là, après toutes sortes de précautions oratoires, il lui déclara qu'il était chargé par M. Charles de Lesseps de lui offrir cent mille francs s'il consentait à passer du côté de la minorité de la Commission.

M. Chantagrel, désireux de profiter de cette occasion pour se rendre compte des agissements coupables dont il avait souvent entendu parler, simula tout d'abord quelques hésitations ; son visiteur s'efforça de les vaincre en lui disant qu'il avait pouvoir d'aller jusqu'à 300.000 francs et même, sauf à en référer à M. de Lesseps, jusqu'à 500.000 fr.

Laissant alors éclater l'indignation qu'il maîtrisait avec peine, M. Chantagrel répondit vertement que son honneur était son seul bien, qu'il entendait le conserver intact et ne le vendre à aucun prix.

M. Patureau battit en retraite en balbutiant qu'il était certain d'avance de son insuccès et qu'il n'avait consenti à risquer une telle démarche que pour être agréable à M. de Lesseps.

Il revint cependant le lendemain matin chez M. Chantagrel pour lui dire que M. Charles de Lesseps lui demandait une audience en tête à tête.

Devinant aisément le but d'une semblable visite, M. Chantagrel opposa un refus formel.

En apprenant l'insuccès de ses tentatives, M. Charles de Lesseps éprouva une profonde surprise : « Tiens! s'écria-t-il, il y a donc encore des honnêtes gens à la Chambre ! »

Rebuté de ce côté, il se mit à la recherche d'un membre moins scrupuleux et jeta son dévolu sur M. Sans-Leroy avec lequel Arton fut chargé d'entrer en négociations.

M. Sans-Leroy qui, escomptant déjà le rejet de la proposition de loi, s'était mis à jouer à la baisse sur les titres de la Société, refusa les cent mille francs qui lui furent d'abord offerts et en exigea deux cent mille.

Arton, désireux de réaliser un gros bénéfice sur son intervention, marchanda jusqu'au dernier moment; enfin, le 19 avril, alors que la Commission venait de se réunir après les vacances de Pâques, il alla dans la salle des Pas-Perdus, fit appeler M. Sans-Leroy et lui lâcha le chèque de deux cent mille francs.

Il était temps, car au moment où M. Sans-Leroy rentra dans le bureau où siégeait la Commission, M. Rondeleux terminait la lecture de son rapport qui concluait, en termes très sévères pour la Compagnie de Panama, au rejet de l'autorisation d'émettre des valeurs à lots.

M. Sans-Leroy prit aussitôt la parole pour faire la déclaration suivante : « Lorsque la Commission a nommé son rapporteur, j'ai voté pour M. Rondeleux, comme vous le savez; son rapport est l'expression de ma pensée; mais depuis le jour où nous avons pris une décision, j'ai été singulièrement troublé par les conversations auxquelles j'ai été mêlé, soit en France, soit à l'étranger. La situation politique est telle qu'augmenter le nombre de ceux qui prétendent que la Chambre ne fait pas leurs affaires serait très dangereux. Ce serait une faute, je crois, d'adopter le rapport. »

Cette volte-face inattendue ne laissa pas de causer un vif étonnement et de provoquer des soupçons. En présence de la situation nouvelle qui en résultait, plusieurs membres proposèrent le renvoi de la séance à un autre jour, pour entendre le ministre des finances.

M. Félix Faure, sans s'y opposer, observa qu'il y avait intérêt à prendre une décision définitive dans le plus bref délai : « La Compagnie du canal de Panama, dit-il, travaille sourdement l'opinion et invite ses coopérateurs financiers à agir sur les députés pour lui faire obtenir l'autorisation qu'elle sollicite; il est regrettable que de telles manœuvres se soient produites; il le serait davantage qu'elles se prolongeassent. »

La séance ayant été remise au surlendemain 21 avril, M. Peytral se rendit à cette date dans le sein de la Commission pour déclarer que le gouvernement avait décidé de rester neutre et de ne donner aucun avis sur la question. C'était l'attitude de Ponce-Pilate se lavant les mains du sang de l'innocent qu'il laissait lâchement immoler.

Après le départ du ministre marseillais, on vota sur le rapport de M. Rondeleux qui fut repoussé par six voix contre cinq.

A la proclamation de ce vote, M. Chantagrel ne put s'empêcher d'exprimer l'étonnement que lui causait la palinodie de l'un des membres de la Commission.

M. Sans-Leroy, piqué au vif, s'emporta en disant qu'il n'avait de compte à rendre à personne, qu'il ne relevait que de sa conscience et n'acceptait aucune observation.

Dès qu'on fut parvenu à le calmer, on procéda à la désignation d'un nouveau rapporteur, et M. Henry Maret fut élu par six voix contre cinq.

Le spirituel rédacteur en chef du *Radical* était, lui aussi, un converti; adversaire de l'entreprise de Panama une année auparavant, il écrivait dans son journal, au mois de mars 1887 :

M. de Lesseps est un homme heureux ; il a percé un isthme, ce qui lui a rapporté beaucoup de gloire, beaucoup d'argent et un fauteuil à l'Académie Française, car on sait que, pour faire partie de cette réunion littéraire, il n'est rien de tel que de n'avoir jamais écrit. M. de Lesseps est en train de ne pas percer un autre isthme, ce qui lui rapporte encore beaucoup d'argent et l'admiration des gogos, laquelle ne tardera pas à se changer en fureur quand Panama aura englouti leurs dernières économies.

Tel était le langage de M. Henry Maret à l'époque déjà lointaine où Paris admirait sa vertu. Depuis, il avait rencontré Arton sur son chemin... de Damas et, subitement éclairé par les irrésistibles arguments du tentateur, il était devenu l'un des plus chauds partisans de l'homme et de l'entreprise qu'il raillait avec tant de verve jadis.

Nommé rapporteur, M. Henry Maret se mit au travail avec la bouillante ardeur d'un néophyte, si bien que, 48 heures après, le 23 avril, il déposait sur le bureau de la Chambre un rapport des plus élogieux dans lequel il concluait à ce que la Compagnie de Panama fut autorisée à émettre 720 millions d'obligations à lots, c'est-à-dire à ce que le Parlement fournit à la Compagnie les amorces indispensables pour attirer les gogos devenus méfiants.

— Pourquoi 720 millions, demanderez-vous, puisque M. de Lesseps affirmait que 600 millions suffiraient à l'achèvement du canal ?

Parce que le coulissier juif Hugo Oberndœrffer avait conçu et fait adopter par M. de Lesseps l'idée sublime d'augmenter l'emprunt de 600 millions d'une somme de 120 millions destinée à l'achat de titres de rente française qui devaient garantir la reconstitution du capital et le paiement des lots.

Vous comprenez toute l'ingéniosité de ce système qui consistait à fournir aux souscripteurs des garanties acquises avec leur propre argent. C'était grand comme la découverte de l'Amérique et simple comme l'œuf de Christophe Colomb ; il suffisait d'y songer.

Grâce au génie de cet Allemand naturalisé auquel il serait juste d'élever des statues sur les ruines de tous les Mont-de-Piété, vous pouvez vous procurer de l'argent sans engager votre montre ou votre paillasse.

Voyez comme c'est facile :

Vous vous rendez chez un banquier quelconque, chez le baron de Rothschild, par exemple, et vous le priez de vous prêter 6.000 francs.

— Quelles garanties m'offrez-vous ? interroge le farouche banquier en vous toisant des pieds à la tête

— Des titres de rente française, monsieur le baron.

— Bon, ça ; donnez-moi vos titres.

— Je ne les ai pas encore, monsieur

le baron, mais vous allez me prêter 1.200 francs de plus avec lesquels j'achèterai les titres de rente qui vous garantiront le remboursement du capital et des intérêts ; ils vous garantiront en outre le paiement des lots de la loterie que je vais organiser.

Vous voyez d'ici la tête du baron milliardaire. N'essayez pas une telle plaisanterie, vous risqueriez de lui causer une attaque d'apoplexie foudroyante.

Hélas ! non ; un banquier n'avalera jamais une pareille bourde. Nous allons voir qu'on parvint à la faire accepter par la Chambre des Députés et par le Sénat, avec le concours du baron de Reinach et d'Arton, qui se chargeaient d'*éclairer les consciences*.

CHAPITRE XXV

Discussion et vote de la proposition Michel à la Chambre.

Le lendemain même du dépôt par M. Henry Maret du rapport qu'il avait si hâtivement rédigé, M. Le Guay, président de la Commission, demandait, avec une hâte non moins grande, que la discussion fût mise en tête de l'ordre du jour de la prochaine séance qui devait avoir lieu le surlendemain 26 avril. Après une première épreuve douteuse, la Chambre adopta cette proposition par assis et levé.

L'épreuve douteuse indiqua à la Compagnie de Panama que la majorité était flottante et qu'il fallait encore un dernier effort pour la consolider.

Aussi le baron de Reinach et Arton redoublèrent-ils d'activité pendant les quarante-huit heures qui précédaient la bataille. Au salon de la Paix, où ils avaient établi leur quartier général, ils raccrochaient et marchandaient les députés comme des filles au Moulin-Rouge. Le taux moyen d'une vertu parlementaire variait de 20.000 à 25.000 fr.; ce sont les deux chiffres de la plupart des chèques délivrés par le baron de Reinach.

Arton, avide de garder pour lui-même le plus possible, se montrait moins large ; il achetait au rabais des députés besogneux pour 5.000, pour 3.000, pour 2.000 francs ; on en cite même un qui se vendit moyennant 500 francs.

Par contre, quelques gros bonnets, exerçant une certaine influence par leur talent ou par leur notoriété, exigèrent 40.000 francs et même davantage.

Quelquefois on acquérait en bloc tout un groupe en traitant avec son chef politique ; c'est ainsi que M. Barbe, ancien ministre de l'agriculture dans le cabinet Rouvier, reçut 550.000 francs. M. Barbe ne valait assurément pas une si forte somme ; il dut la partager, en conservant la part du lion, avec quelques collègues qui s'occupaient de différentes opérations industrielles sous sa haute direction.

Ayant fortifié de cette façon sa majorité chancelante, la Compagnie de Panama vit venir avec confiance le moment de la discussion publique.

Au début de la séance du 26 avril, M. Henry Maret demanda la déclaration d'urgence, qui fut votée sans difficulté, car partisans et adversaires de la proposition Michel jugeaient qu'une double délibération était inutile et qu'il y avait intérêt à trancher définitivement la question.

M. Rondeleux monta le premier à la tribune pour combattre les conclusions du rapport. Dans une argumentation serrée et précise, il signala les fréquentes variations de M. Ferdinand de Lesseps affirmant à l'origine que le canal ne coûterait que 600 millions, et en arrivant à avouer que le double serait nécessaire; annonçant aux actionnaires qu'il leur donnait rendez-vous à Panama, pour l'inauguration, le 1ᵉʳ octobre 1887, et reculant cette échéance au 1ᵉʳ janvier 1888, puis en 1889 et enfin en 1890; évaluant successivement le trafic à 4 millions, à 6 millions, à 8 millions de tonnes, et renouvelant à chaque émission les affirmations mensongères qui trompaient les souscripteurs. Il démontra combien était illusoire l'emprunt supplémentaire de 120 millions destinés à garantir le remboursement des 600 millions et le paiement des lots. Il établit que l'entreprise n'avait rien de patriotique ni de national, qu'elle tournerait à l'avantage des Américains et nuirait au commerce français.

Comme il insistait sur les inconvénients qu'offrait l'exportation d'une nouvelle somme de 600 millions, un collègue qu'il avait aperçu avant la séance causant mystérieusement avec Arton dans le coin d'un couloir, commit l'imprudence de l'interrompre pour lui faire observer qu'une partie de ces capitaux resterait en France.

« — Oh! oui, riposta M. Rondeleux, avec un sourire goguenard, la Compagnie dépense énormément en France, nous le savons tous. »

Cette transparente allusion fit passer un frisson dans le dos des *honorables* qui avaient *patriotiquement* accepté des chèques à seule fin de retenir en France une partie des fonds destinés à Panama.

« — Pour les motifs que je viens d'exposer, conclut M. Rondeleux, je prie la Chambre de repousser la proposition de loi, et en terminant, Messieurs, permettez-moi de vous signaler le danger qu'il y aurait à nous laisser entraîner par le mouvement qu'on s'est plu à créer et par la réclame gigantesque faite à grands frais dans la presse. Il serait profondément regrettable de voir le Parlement emboîter le pas à cette réclame effrénée que nous trouvons partout, qui envahit tout et qui pourrait, si on n'y prend garde, devenir un jour en politique ce qu'elle est déjà en matière financière, la souveraine dispensatrice du succès. »

Cette prédiction n'a pas tardé à se réaliser ; l'argent joue aujourd'hui dans les élections un rôle prépondérant ; il fait pencher la balance en faveur du candidat qui tapisse les murs du plus grand nombre d'affiches multicolores et répand avec le plus de profusion les cartes de visite, les professions de foi, et... les pièces de cent sous. L'élu, qui a déboursé une trentaine de mille francs, quelquefois beaucoup plus, éprouve naturellement le besoin de les rattraper, et comme les fonds secrets ne peuvent suffire à tout, il trafique de son bulletin de vote pour payer ses dépenses électorales.

La suite de la discussion ayant été remise au lendemain, 27 avril, M. Le Guay, président de la Commission, prit la parole au commencement de cette seconde séance pour réfuter le discours de M. Rondeleux. On avait entendu la veille le langage d'un honnête homme; c'était maintenant le tour du coquin qui devait être condamné quelques années après par la Cour d'assises de la Seine pour avoir, de complicité avec Arton, commis des détournements considérables au préjudice de la Société de Dynamite, dont il était administrateur.

Membre de la Commission parlementaire de 1886, M. Le Guay s'y était distingué par son hostilité contre la Compagnie de Panama; il avait été l'un des plus ardents à réclamer la communication du bilan et des contrats avec les entrepreneurs. Subitement converti par des moyens faciles à deviner, enrégimenté dans la troupe des claqueurs à la solde de M. de Lesseps, nommé membre, puis président de la Commission chargée d'examiner la proposition de M. Michel, il venait maintenant étaler sans vergogne à la tribune sa honteuse palinodie.

Se sentant en mauvaise posture, il s'efforça d'abord de justifier sa nouvelle attitude, en expliquant que la situation s'était modifiée depuis 1886, puis, jouant du patriotisme selon l'habitude de tous les faux patriotes, il s'écria, avec un geste de cabotine chantant la *Marseillaise*, qu'il fallait sauver une entreprise au succès de laquelle l'honneur et l'intérêt de la France se trouvaient engagés.

« — Laissez-donc l'honneur et l'intérêt de la France en dehors de cette affaire, lui dit brutalement M. de Kergariou. »

« — Messieurs, continua l'impudent panamiste, vous déciderez tout à l'heure s'il vous convient, dans l'intérêt du régime républicain... »

« — Dans l'intérêt des tripotages ! interrompit M. Bovier-Lapierre. »

« — Vous déciderez s'il vous convient, dans l'intérêt du régime républicain, reprit le malencontreux orateur sans relever cette sanglante apostrophe, que demain, faisant la comparaison de Suez et de Panama, on puisse vous dire : Suez, commencé sous l'Empire, a été fini par lui ; Panama, commencé par la République, a été tué par elle. »

Cette harangue emphatique n'était pas habile ; elle avait soulevé à maintes reprises des protestations indignées et choqué, par ses exagérations, tous ceux qui conservaient encore quelque indépendance.

L'orateur qui lui succéda à la tribune fut M. Goirand, député des Deux-Sèvres. Dans un superbe discours, malheureusement impuissant à convaincre les députés séduits par un autre genre d'arguments, il déshabilla la Compagnie de Panama et mit à nu toutes les plaies de cette entreprise soi-disant patriotique.

En premier lieu, il dénonça le coup de bourse amené par le changement imprévu du rapporteur : les titres de Panama se cotaient à 267 francs, alors que M. Rondeleux était chargé du rapport; son remplacement les fit monter à 340 francs.

Au moment où il racontait dans quelles conditions M. Sans-Leroy avait modifié son vote, celui-ci demanda la parole pour s'expliquer, mais il n'osa pas la prendre et se tint coi jusqu'à la fin du débat.

Après une analyse du rapport Rousseau, que le Gouvernement s'était bien gardé de faire distribuer aux députés, et une critique du privilège accordé à certaines sociétés financières d'exploiter les loteries, M. Goirand exposa dans les termes suivants la *comédie des contrats* jouée par la Compagnie de Panama à la veille de chaque émission :

« — Chaque fois que la Compagnie de Panama fait appel au crédit public, il y a deux points qu'elle prend soin de souligner dans ses prospectus : l'ouverture du canal à une époque déterminée, et l'existence d'un contrat à forfait.

« L'ouverture du canal, elle a été annoncée sept fois consécutivement et à des dates différentes. L'existence d'un contrat, elle a été affirmée chaque fois qu'il a fallu inspirer confiance au crédit public.

« Lors de la dernière émission, c'est avec le contrat Couvreux-Hersent qu'on est arrivé à faire souscrire le capital social. Le capital souscrit, le contrat Couvreux-Hersent ayant accompli sa fonction a disparu.

« Lorsqu'il s'est agi de faire appel de nouveau au crédit public, nous avons vu surgir un autre contrat : c'était le contrat des entrepreneurs Hollandais, qui devaient enlever par mois un million de mètres cubes, et qui ont dû quitter les chantiers n'ayant jamais pu en déblayer que 50.000.

« Aujourd'hui, nous sommes en présence d'un troisième contrat, car on ne comprendrait pas que la Compagnie de Panama fit appel au crédit public sans montrer un contrat. Elle a son contrat, qui porte le nom d'un homme très connu, d'un homme qui jouit actuellement d'une grande notoriété.

« On ne pouvait pas, dans le monde des entrepreneurs, trouver une étiquette qui pût frapper davantage la crédulité publique. La Compagnie a pour entrepreneur l'auteur de la tour ... M. Eiffel.

« Deux hommes se trouvaient simultanément en présence d'entreprises difficiles à réaliser, ayant à un même moment une égale notoriété et, il faut bien le dire, manquant également d'argent. Ces deux hommes se sont compris : l'un a donné son nom, M. Eiffel, et l'autre a donné les millions de Panama.

« M. Eiffel, lui aussi, nous en avons encore le souvenir, a tenté au début de mettre son entreprise en actions ; mais, moins heureux que M. de Lesseps, il n'a pu trouver d'actionnaires.

« Aujourd'hui, grâce au merveilleux contrat dont il s'agit, nous voyons s'élever peu à peu le colossal monument qui doit, dit-on, rester comme un témoignage de notre industrie nationale ; mais le tour de force dont M. Eiffel pourra surtout se féliciter, ce sera moins d'avoir élevé sa tour que de l'avoir construite avec l'argent des actionnaires de Panama. »

L'orateur montra ensuite à quel point était douteuse la réussite de ce canal qui, en supposant qu'on parvînt à l'achever, favoriserait le commerce américain au préjudice de notre industrie nationale ; puis, répondant à ceux qui invoquaient hypocritement la nécessité de sauver la petite épargne engagée dans cette affaire, il termina ainsi :

« — Il ne faut pas, pour sauver la petite épargne imprudemment engagée, faire signe à une autre épargne, à l'épargne prudente, et la faire sortir de sa réserve en autorisant la Compagnie à lui promettre des lots de 100.000 ou de 500.000 francs.

« En autorisant cette vaste loterie, nous répudierions le rôle protecteur et moralisateur qui appartient au Parlement, pour devenir des provocateurs de la démoralisation publique, les corrupteurs de ceux que nous devons protéger.

« Mieux vaudrait voter une indemnité aux obligataires, comme on en accorde aux victimes d'un fléau, aux victimes d'un incendie ou d'une inondation, plûtot que de vous rendre les complices d'une duperie. »

Cette vigoureuse péroraison fut saluée par les applaudissements répétés de tous les députés honnêtes. Les autres envoyèrent à la tribune M. Thévenet pour qu'il essayàt de dissiper l'impression produite.

Le 26 mars précédent, M. Thévenet avait voté contre la prise en considération de la proposition Michel, la repoussant dédaigneusement, sans même vouloir qu'elle fût discutée au fond, tellement il était hostile à la Compagnie de Panama. Un mois après, il avait l'audace de venir se constituer publiquement son défenseur. Ce revirement s'explique très simplement par le fait qu'on a trouvé le nom de M. Thévenet, écrit de la main du baron de Reinach, sur le talon d'un chèque de 25.000 fr.

Cet avocat boiteux, qui devint, l'année suivante, ministre d'une justice non moins boiteuse, soutint que la Chambre serait sans excuse si elle refusait d'autoriser la Compagnie de Panama à escroquer 600 millions de plus à l'aide d'une loterie et que, par ce refus, elle assumerait la responsabilité morale de l'échec d'une entreprise nationale et patriotique.

Le baron de Reinach et Arton qui, confortablement installés dans une loge des galeries, suivaient avec intérêt les péripéties de la lutte, ne purent s'empêcher d'envoyer de loin à leur avocat un petit geste approbatif.

C'est à ce moment que M. Peytral, ministre des finances, intervint pour donner l'avis du gouvernement.

Que va-t-il dire? Déclarera-t-il qu'ayant cru de son devoir de se renseigner sur la situation de l'entreprise et sur les coupables agissements des hommes qui la dirigent, il conseille à la Chambre de leur refuser les moyens de pratiquer une nouvelle saignée à la petite épargne nationale?

Non; il se borne à répéter que le gouvernement ne possède aucun renseignement spécial, qu'il ne donne aucun avis à la Chambre et qu'il la laisse libre d'agir à sa guise; il se lave une seconde fois les mains du sang des malheureux voués à la ruine et au suicide.

C'était l'exécution du pacte conclu entre M. Floquet et M. de Lesseps; c'était la neutralité promise en échange des 300.000 francs distribués aux journaux conformément aux indications du ministre de l'intérieur, président du Conseil.

Faisant ce que le ministre des finances aurait dû faire, M. Barré discuta la situation financière de la Société et prouva, en s'appuyant sur ses propres documents et sur ses propres chiffres, qu'elle ne pourrait jamais payer les intérêts aux actionnaires et qu'elle trompait sciemment le public en annonçant des dividendes de 7 p. 100. Il termina en demandant à la Chambre de ne pas passer outre avant de connaître l'emploi des centaines de millions déjà encaissés par la Compagnie de Panama.

Les chéquards inquiets se mirent alors à interrompre l'orateur en criant : « Aux voix ! aux voix ! » et dès que celui-ci, obligé d'abréger son discours devant ces marques d'impatience, fut descendu de la tribune, la clôture de la discussion générale fut prononcée.

En vain M. de Douville-Maillefeu se joignit-il à M. Barré pour demander l'ajournement ; cette motion n'eut aucun succès.

Avant le passage à la discussion des articles, M. Dugué de la Fauconnerie voulut expliquer à la Chambre pourquoi il voterait les conclusions du rapport de M. Henry Maret. Nous connaissons ses motifs intimes ; ce ne furent pas, comme bien on pense, ceux que *le sauvage*, apprivoisé par le baron de Reinach, exposa à ses collègues.

Quarante députés honnêtes ayant demandé le vote par scrutin public à la tribune afin d'empêcher les membres présents de déposer dans l'urne les bulletins des absents, on y procéda selon les formes réglementaires, mais le scrutin se trouva nul faute de *quorum*, le nombre des suffrages exprimés étant inférieur à la moitié des membres de la Chambre. En conséquence, on renvoya le second tour de scrutin au lendemain 28 avril.

Au début de cette troisième séance, le passage à la discussion des articles fut voté par 196 voix contre 105. On voit qu'il y eut un nombre considérable d'abstentions, volontaires ou pour cause d'absence.

Le président, M. Méline, donna alors lecture de l'article premier, qui était ainsi conçu :

« La Compagnie universelle du canal interocéanique de Panama est autorisée à faire, jusqu'à concurrence de 600 millions de francs, une émission de titres remboursables avec lots, par la voie du sort, aux conditions suivantes :

1° Les titres émis jouiront d'un intérêt annuel dont le taux ne pourra être inférieur à 3 p. 100 du capital nominal ;

2° La somme totale annuelle des bénéfices annuels attribués sous forme de lots ne pourra, en aucun cas, excéder 1 p. 100 du capital ;

3° La valeur nominale des titres émis ne pourra être inférieure à 300 fr.; le fractionnement ultérieur des titres émis est interdit ;

4° Le remboursement de cet emprunt et le paiement des lots seront garantis par un dépôt suffisant, avec affectation spéciale, de rentes françaises ou de titres garantis par le gouvernement français. La Compagnie universelle du canal interocéanique de Panama, pour répondre à l'obligation qui lui est imposée, est autorisée à augmenter dans les mêmes conditions ledit emprunt de 600 millions de la somme nécessaire à la constitution de ce fonds de garantie, cette augmentation d'emprunt ne pouvant excéder 20 p. 100 de la somme principale.

Admirable chef-d'œuvre de fourberie que cet article! Comme tout y était habilement combiné pour donner à croire aux gens naïfs que la loi leur garantissait le remboursement de leurs souscriptions!

Combattu par MM. Félix Faure, Javal et Jumel, chaudement soutenu par MM. Thévenet, Le Guay et Burdeau, il fut adopté, après une longue discussion dont je ne veux retenir qu'une interruption qui valait un discours :

« — Le canal de Panama, c'est le Mississipi et la rue Quincampoix! » s'écria M. Vernhes, député de Béziers.

Quel brave homme que ce bon docteur Vernhes, aujourd'hui descendu dans la tombe! Je le vois encore, assis dans l'unique fauteuil en jonc de la buvette, taquinant avec bonhomie l'évêque Freppel, qu'il appelait : *Mon cher seigneur*, évitant ainsi le mot : *Monsieur*, qui lui paraissait trop froid, et celui de : *Monseigneur*, qui répugnait à ses principes philosophiques.

« — *Quid novi?* » lui demanda un jour l'évêque en trempant un biscuit dans un verre de madère.

« — *Sunt molles*, monseigneur, » répondit le docteur d'un air dolent avec un profond soupir de regret.

Cette fois, il lui avait donné du *monseigneur*, mais ce n'était pas sans malice.

L'évêque devint rouge comme un cardinal, et trouvant que cette plaisanterie grivoise compromettait son caractère sacré, il quitta brusquement la buvette sans achever son biscuit.

La question du canal de Panama était encore une de celles qui divisaient le libre penseur et le fougueux prélat, car celui-ci voyait dans le percement de l'Isthme l'ouverture d'une route qui permettrait aux missionnaires d'aller évangéliser les peuplades sauvages de l'Océanie. Il a eu le temps, avant de mourir à son tour, de constater l'inanité de ce beau rêve et de reconnaître que, sur ce point du moins, son contradicteur avait vu plus juste que lui.

Oui, ainsi que le disait le bon docteur, le canal de Panama n'était qu'un mirage qui servait, comme les rives enchanteresses du Mississipi au commencement du XVIIIe siècle, à attirer l'argent des capitalistes naïfs en faisant luire à leurs yeux les bénéfices fantastiques d'une entreprise lointaine, avec cette différence que les de Lesseps opéraient sur une plus vaste échelle et que le siège de leur société n'était pas situé dans l'étroite rue Quincampoix, mais rue Caumartin, dans un somptueux hôtel que les initiés appelaient familièrement le rendez-vous des pots-de-vin.

Les articles 2, 3 et 4 disaient que si la Compagnie de Panama convertissait tout ou partie de ses obligations anciennes, les dispositions de l'article premier seraient applicables aux obligations nouvelles créées en vertu de cette conversion, que tout le matériel nécessaire à l'accomplissement des travaux devrait être fabriqué en France avec des matières premières de provenance française et que tous les prospectus, titres et affiches porteraient la mention : *Emprunt autorisé sans aucune garantie ou responsabilité de l'État*.

Ces trois articles votés après un échange d'observations, l'ensemble de la proposition de loi fut adopté par 284 voix contre 128.

Comment expliquer que le passage à la discussion des articles n'ayant recueilli que 196 voix, il s'en soit rencontré 88 de plus pour voter l'ensemble de la loi ?

Cela tient sans doute en partie à ce que le second vote n'eut pas lieu par scrutin public à la tribune, en sorte que les membres présents purent déposer dans l'urne les bulletins de leurs amis absents.

Mais le principal motif de cette rapide augmentation du nombre des partisans de la proposition Michel est le suivant : durant les quatre heures d'intervalle entre les deux votes, le baron de Reinach et Arton ne restèrent pas inactifs; ils quittèrent souvent la loge, d'où ils suivaient la discussion, pour aller dans le salon de la Paix endoctriner les députés hésitants et, en bons stratégistes qu'ils étaient, ils décidèrent la victoire en faisant donner au moment suprême l'arrière-garde de leur armée de chèques.

Les 284 députés qui votèrent l'ensemble de la proposition de loi sont :

MM. Aigle (comte de l'). Aillières (d'). Andrieux. Arène (Emmanuel). Ariste (d'). Arnault. Arnous. Audiffred. Augère.

Baïhaut. Baltet. Barascud. Barbe. Barouille. Basly. Bastid (Adrien). Baucarne-Leroux. Baudry-d'Asson (de). Beauquier. Bélizal (vicomte de). Belle (Indre-et-Loire). Benazet. Benoist (de). Berger (Maine-et-Loire). Bergerot. Bernard (Doubs). Bigot. Binachon. Blanc (Pierre). Blandin. Blin de Bourdon (vicomte). Boissy-d'Anglas. Bonneval (vicomte Fernand de). Boreau-Lajanadie. Boucher. Boullay. Bourgeois (Léon) (Marne). Bourgeois (Vendée). Bourlier. Bourrillon. Boyer. Bresson. Breteuil (de). Brice (René). Briet de Rainvillers. Brugeilles. Burdeau. Buvignier.

Calvet-Rogniat (vicomte). Camélinat. Caradec. Carron. Casse (Germain). Cazeaux. Cernesson. Charonnat. Chatenay (de). Chavanne. Chavoix. Chevandier. Chevreau (Léon). Chollet. Clémenceau. Colbert-Laplace (comte de). Compayré. Corneau. Cornulier (marquis de). Crémieux. Creuzé. Crozet-Fourneyron.

Deandreis. Dejardin-Verkinder. Delafosse. Dellestable. Dellisse. Deproge. Derevoge (Thomas). Descaure. Deschanel (Paul). Desloges. Develle (Jules). Dompierre d'Hornoy (vice-amiral de). Dorian. Dreyfus (Camille). Du Bodan. Dubois. Duchesne (Albert). Dufour (baron) (Lot). Dufour (Paul) (Indre). Dugué de la Fauconnerie. Dupuy (Charles) (Haute-Loire). Durand (Ille-et-Vilaine). Dutailly. Duvaux.

Eschasseriaux (baron). Estournel (marquis d'). Etienne.

Fairé. Faure (Hippolyte) (Marne). Fauré (Gers). Féraud. Ferrière (Lucien de la). Flourens. Fonbelle. Fouquet (Camille). Frébault. Freppel.

Gadaud. Gaillard (Jules) (Vaucluse). Galpin (Gaston). Galtier. Garnier Bodéléac. Gasconi. Gaudin (Gabriel). Gaudin de Villaine (Manche). Gaussorgues. Gérard (baron). Gillet. Gilly (Numa). Ginoux-Defermon (comte). Gobron. Godet de la Riboullerie. Gomot. Granier de Cassagnac (Paul). Grimaud. Gros (Jules). Guillot (Louis). Guyot (Paul) (Marne).

Hérédia (de). Hérisson. Hermary. Hillion. Houdaille. Hovius. Hubbard (Gustave). Hugues (Clovis). Hurard.

Imbert (Loire).

Jacquemart, Joigneaux, Jolibois, Jourdan (Louis), Jullien.

Kersauson (comte de).

La Bassetière (Louis de). Labat. La Batie (de). La Berge (Albert de). Laborde-Noguez (de). La Bourdonnaye (vicomte de). Labussière. Lacretelle (général). Lacretelle (Henri de). Lagrange. Laguerre. Laisant. Lamarzelle (de). Lamberterie (baron Paul de). Lanessan (de). Lanjuinais (comte de). Laporte (Nièvre). Larcinty (Jules de). Larère. Largentaye (de). La Rochette (Ernest de). Lascombes. Laur. Leblanc. Lecomte (Maxime). Le Cour. Léfebvre du Prey. Lefèvre-Pontalis. Le Guay. Lejeune. Léon (prince de). Lepoutre (Auguste). Leroy (Arthur) (Côte-d'Or). Le Roy (Félix) (Nord). Letellier. Levet (Georges). Lévis-Mirepoix (comte de). Levrey. Lhomel (de). Liais. Loranchet. Lorois (Léon) (Finistère).

Mackau (baron de). Magnien. Maillé (comte de). Maret (Henry). Marquiset. Martimprey (comte de). Martin (d'Auray). Martin (Léon) (Oise). Martin-Feuillée. Maunoury. Maurice-Faure (Drôme). Maurice (Léon) (Nord). Maynard de la Claye. Ménard-Dorian. Mennesson. Mercier. Merlet. Mézières. Michel. Michelin. Michou. Milochau. Montéty (de). Morel (Joseph) (Nord). Mouchy (duc de). Mun (comte Albert de).

Nadaud (Martin). Neveux. Niel. Noël-Parfait.

Obissier Saint-Martin. Ollivier (Auguste). Ordinaire (Dionys). Ornano (Cunéo d').

Pain. Partz (marquis de). Passy (Louis) (Eure). Paulmier. Pelisse. Pelletan (Camille). Périllier. Pesson (Albert). Pichon (Seine). Pierre-Alype. Piou (Jacques). Planteau. Plazanet (colonel de). Pons-Tande. Prax-Paris. Proust (Antonin). Prudon.

Rabier. Rauline. Renard (Léon). Révillon (Tony). Richard (Georges) (Deux-Sèvres). Richard (Drôme). Rigaut. Roche (Georges) (Charente-Inférieure). Roret. Rosamel (de). Roure. Rouvier. Roy de Loulay (Louis). Royer. Rumillet-Charretier.

Sabouraud. Saint-Martin (Vaucluse). Saisy (vicomte de). Sans-Leroy. Sarlat. Sarretto. Sens (Edouard). Sentenac. Serph (Gusman). Simyan. Soland (de). Soubeyran (baron de). Soucaze. Steeg. Steenackers. Suquet.

Tailliandier. Terves (comte de). Thellier de Poncheville. Thévenet. Thiessé. Thomson. Trubert. Turenne (vicomte de).

Vast-Vimeux (baron). Vaujuas-Langan (marquis de). Vernière. Viellard (Armand). Viger. Vilard (Edouard). Vitry.

Witt (Conrad de).

Il ne faudrait pas croire que ces 284 députés obéirent tous à des mobiles inavouables; beaucoup d'entre eux agirent de bonne foi, trompés par les conclusions favorables du rapport ou sous la pression d'électeurs qui espéraient que le nouvel emprunt les sauverait de la ruine. Mais il n'en est pas moins vrai que cette liste renferme presque tous les corrompus. Je ne dis pas tous parce que, de même que certains journaux firent payer leur silence, il y eut des députés qui, après s'être fait remarquer dans les couloirs par leurs violentes diatribes contre la Compagnie de Panama, n'osèrent consentir qu'à s'abstenir ou à prendre un congé.

Voici les noms des députés qui s'abstinrent par prudence ou pour toute autre raison :

MM. Amagat.

Berger (Nièvre). Bizarelli. Boscher-Delangle. Boulanger (général). Bousquet. Bovier-Lapierre. Brelay. Brialou. Brousse (Emile). Brugère (Aurélien).

Camescasse. Casimir-Perier (Aube). Chanson. Chevillon. Chevillotte. Cibiel. Clercq (de). Cochery (Georges). Colfavru. Constans. Cordier.

Daumas. Delmas. Deluns-Montaud. Desmons. Dethou. Douville-Maillefeu (comte de). Dubost (Antonin). Duchatel (comte). Ducher (Claude). Durand-Savoyat. Dureau de Vaulcomte.

Escande (Georges).

Fagot. Fallières. Floquet (Charles). Folliet. Fougeirol. Frescheville (général de).

Gerville-Réache. Goblet (René). Granet.

Harispe. Hervieu. Horteur.

Jamais (Emile). Jonglez. Juigné (comte de).

Kergariou (de). Kermenguy (vicomte de).

La Batut (de). Lacôte. La Ferronnays (marquis de). Laffon (René) (Yonne). Lalande. La Porte (de) (Deux-Sèvres). La Rochefoucauld, duc de Doudeauville. Laroze (Alfred). Lefebvre (Seine-et-Marne). Le Gavrian. Legge (comte de). Legrand (Pierre). Le Hérissé. Lesage. Leydet. Leygues. Lockroy. Lombard (Isère). Lorois (Emile) (Morbihan). Luppé (comte de).

Marty. Maurel (Var). Méline. Mellot. Mérillon. Milliard. Mondenard (de). Munier.

Papon. Peytral. Plichon (Nord). Poincaré. Preyet.

Raspail (Camille) (Var). Razimbaud. Rey (Aristide). Ribot. Rivet (Gustave). Roche (Jules) (Savoie). Roque (de Fillol). Roussin.

Saint-Luc (de). Saint-Prix. Saint-Romme. Spuller.

Tassin. Theulier. Treille (Alcide). Trystram.

Viette. Vignancour. Villeneuve. Viox.

Waldeck-Rousseau. Wilson.

Étaient absents par congé :

MM. Aujame. Ballue. Bernier. Biliais (de la). Borrigliore. Bouvattier. Brisson (Henri). Brugnot. Calvinhac. Cavaignac (Godefroy). Cazauvieilh. Cazenove de Pradine (de). Champvallier (de). Chevalier. Deberly. Delattre. Deniau. Daynaud. Ducroz. Duval

(César). Faure (Fernand) (Gironde). Ferry (Albert). Ferry (Jules). Gagneur. Gévelot. Gilbert. Jametel. Jouffrault. La Martinière (de). Laroche-Joubert. Laroze (Léon). Laurençon. Lecointre. Le Provost de Launay. Le Roux (Paul). Levert. Mesnildot (du). Million (Louis). Murat (comte). Noblot. Peyrusse. Pochon. Ponlevoy (Frogier de). Proal. Raynal. Reille (baron). Remoiville. Rochet. Rotours (baron des). Saint-Ferréol. Saint-Martin (de) (Indre). Sevaistre (Léon). Simonnet. Thiers. Turigny. Valon (de). Versigny. Wickersheimer. Yves-Guyot.

Inscrivons maintenant au tableau d'honneur les représentants qui se montrèrent vraiment dignes de leur mandat en votant résolûment contre la proposition la plus scélérate qui ait jamais déshonoré une assemblée législative :

MM. Abeille. Achard. Allain-Targé. Astima.

Barodet. Barré. Barrière. Blatin. Borie. Boucau (Albert). Bourganel. Bourgeois (Jura). Bourneville. Boysset.

Calès. Carret (Jules). Casimir-Perier (Paul) (Seine-Inférieure). Cavalié. Ceccaldi. Chamberland. Chantagrel. Christophle. Clauzel. Cornudet. Cousset.

Dautresme. Deguilhem. Doumer. Duchasseint. Ducoudray. Duguyot. Dupuy (Aisne). Duvivier.

Ernest Lefèvre (Seine).

Farcy. Faure (Félix) (Seine-Inférieure). Forest. Franconie.

Gaillard (Gilbert) (Puy-de-Dôme). Ganault. Gastellier. Gaulier. Germain. Giguet. Goirand. Guillaumou. Guillemaut. Guyot-Dessaigne.

Hanotaux. Héral. Hude. Humbert (Frédéric).

Jacquier. Jaurès. Javal. Joubert. Jouvencel (Paul de). Jumel.

Keller.

Labordère. Labrousse. Lacroix (Sigismond). Lafont (Seine). La Forge (Anatole de). Lamazière (Daniel). Lasbaysses. Lasserre. Lavergne (Bernard). Laville. Lechevallier. Léglise. Legludic. Leporché. Lesguillier. Lesouëf. Lévêque. Loustalot. Lyonnais.

Madier de Montjau. Mahy (de). Maillard. Marmonier (Henri). Mathé (Félix) (Allier). Mathé (Henri) (Seine). Mesureur. Millerand. Monis. Montaut (Seine-et-Marne). Mortillet (de).

Paillard-Ducléré. Pajot. Passy (Frédéric) (Seine). Perin (Georges). Pernolet. Philipon. Pinault. Poupin. Pradon. Pressat. Préveraud. Pyat (Félix).

Ranson. Raspail (Benjamin) (Seine). Récipon. Reybert. Ricard. Riotteau. Rivière. Rodat. Rondeleux.

Sabatier. Salis. Sandrique. Sarrien. Siegfried. Sonnier (de). Sourigues. Susini (de).

Théron. Tondu. Trouard-Riolle. Turquet. Turrel (Adolphe).

Vacher. Vergoin. Vernhes. Vielfaure. Waddington (Richard).

Honneur, trois fois honneur à ces 128 députés ! Alors que le Palais-Bourbon était devenu un marché où les Reinach et les Arton se livraient à d'infames marchandages, pendant que les uns se rendaient sciemment ou bêtement complices d'une énorme escroquerie, que les autres s'abstenaient lâchement ou se faisaient mettre en congé pour fuir toute responsabilité, ils ont accompli leur devoir sans se laisser émouvoir par les objurgations de la presse ni par les sollicitations dont on les assiégeait. Aujourd'hui, tandis que la boue de Panama éclabousse ou submerge leurs anciens collègues, ils ont la satisfaction de voir leur probité briller, éclatante et incontestée, au-dessus de tout soupçon. C'est la plus noble récompense que puisse ambitionner un honnête homme.

CHAPITRE XXVI

Reinach et Arton à la chasse des sénateurs.

Une fois le Palais-Bourbon conquis, il fallait enlever le palais de Luxembourg, opération relativement facile car les trois cents vieillards qui dorment dans l'ancien château de Marie de Médicis ont l'habitude de ne résister qu'aux réformes démocratiques. Il y avait cependant parmi eux quelques hommes de probité et de talent que l'on savait résolus à combattre de toutes leurs forces la proposition votée par la Chambre; aussi n'était-il pas inutile d'employer la corruption pour assurer le succès.

Le baron de Reinach, dont les vastes relations embrassaient un certain nombre de *pères conscrits*, recommença les promenades sentimentales qui devaient lui procurer l'occasion de les rencontrer.

Ce fut sur la place de l'Opéra que, par une belle matinée de printemps, il eut la bonne fortune de trouver M. Albert Grévy. L'ex-gouverneur général de l'Algérie était une vieille connaissance, un confident intime du baron de Reinach qui l'avait choisi comme conseil judiciaire et avocat de toutes les sociétés véreuses dont il tenait les ficelles, notamment de la fameuse compagnie des Chemins de fer du Sud de la France. Entre ces deux compères, les longues explications étaient inutiles; ils se comprenaient à demi mot.

— Où allez-vous de ce pas à une heure si matinale ? demanda le baron au sénateur en passant familièrement son bras sous le sien pour le tirer à l'écart jusqu'auprès du groupe lascif de Carpeaux.

— Je fais un petit tour de boulevard avant mon déjeuner pour gagner l'appétit. Et vous, mon cher baron ?

— Moi, je vais à la Compagnie de Panama pour m'occuper du Syndicat.

— Quel syndicat ?

— Le Syndicat de garantie.... A propos, il faut que je vous intéresse un peu dans cette affaire.... Oh! soyez tranquille; vous ne vous occuperez de rien ; je ferai pour vous, en mon nom, comme pour moi-même. Je veux et j'y tiens, que vous ayez une petite part dans le bénéfice qui pourra me revenir.

— Mon nom ne figurera en rien ?

— En rien.

— Si c'est comme cela, faites, mon cher baron.

— C'est entendu; vous n'aurez rien à faire; c'est moi seul qui suis dans le Syndicat. Vous pouvez compter sur moi comme je compte sur vous.... Au plaisir de vous revoir, mon cher sénateur.

Seules les bacchantes de pierre qui s'enroulent, nues et pantelantes, autour du long tambourineur les excitant à la danse au son argentin de ses grelots, entendirent ce dialogue significatif et il aurait été perdu pour la postérité si l'auguste sénateur ne l'avait révélé à la Commission d'enquête dans le trouble d'un premier interrogatoire.

Car on ne doit pas se figurer que j'ai tiré de mon imagination les dialogues qui précèdent ni ceux qui pourront suivre; ils ne sont que la reproduction textuelle des explications fournies par les députés et sénateurs dont les noms furent trouvés sur les talons des chèques délivrés par le baron de Reinach. Antonin Proust, il est vrai, a eu la modestie de ne pas parler de Paquita; l'anecdote qui le concerne a été contée devant moi à la Chambre, par M. Gustave Hubbard, député de Seine-et-Oise; j'ai trop de confiance en sa loyauté pour craindre un démenti.

Le baron de Reinach rentra pédestrement à son hôtel, situé rue Murillo, n° 20; mais en passant devant le domicile de M. Léon Renault, qui demeurait au n° 8 de la même rue, il se décida, après une courte hésitation, à monter causer un instant avec lui, en voisin, comme cela lui arrivait fréquemment autrefois. Depuis quelque temps, leurs relations s'étaient refroidies à la suite d'une spéculation dans laquelle l'ancien préfet de police accusait le baron de l'avoir indignement roulé. Sur les conseils de celui-ci, il avait souscrit 240 actions de la Société des Terrains de Bellevue et y avait perdu une grosse somme, la Société n'ayant pas tardé à être mise en liquidation.

— Ce diable de Léon Renault a du talent, se disait le baron en gravissant l'escalier; il jouit au Sénat d'une grande influence; son hostilité serait dangereuse; tâchons de nous le concilier.

— Ah! c'est vous! s'écria l'éminent sénateur en voyant entrer le baron dans son cabinet; vous venez à propos pour recevoir mes compliments; j'étais justement en train de faire mes comptes et je constatais que votre affaire des terrains de Bellevue me coûtait 55.000 fr. Vous m'aviez cependant affirmé que cette Société donnerait de gros dividendes; j'ai eu la naïveté de vous croire, pensant que vous aviez au moins la délicatesse de ne pas tromper vos amis.

— Mon cher sénateur, vous êtes injuste; je vous jure que je croyais l'affaire excellente et que j'y ai moi-même beaucoup perdu. Cependant, bien que je ne sois en aucune façon responsable de votre perte, je veux l'atténuer dans une large mesure. Je fais partie d'un syndicat formé pour garantir à la Compagnie de Panama l'émission des obligations à lots; je vais vous inscrire pour un certain nombre d'obligations; vous ne courrez aucun risque, vous n'aurez aucune somme à débourser et je vous garantis un bénéfice de 25.000 francs. Cela vous va-t-il?

— Je ne dis pas non, mais vous con

naissez l'adage : *Verba volant, scripta manent.*

— Ce qui veut dire en bon français que ma parole ne vous suffit pas et que vous exigez un engagement écrit. Soit ; je vous l'enverrai aujourd'hui même.

Qeulques heures après, l'éminent sénateur recevait un billet ainsi conçu :

Mon cher voisin,

Je vous ai compris pour 2.200 obligations dans ma part de l'émission.

Bien à vous.

J. de REINACH.

Tandis que le baron de Reinach opérait au dehors, Arton manœuvrait dans l'enceinte même du palais du Luxembourg.

Craignant que ses offres un peu brutales, qui avaient parfaitement réussi au Palais-Bourbon, n'effarouchassent les membres de la Haute Assemblée, prudents comme de vieux merlos, M. Irénée Blanc, chargé de le seconder dans ses négociations, lui écrivit la lettre suivante :

Mon cher Monsieur,

Comme je vous l'ai dit, il est très délicat d'agir *sérieusement* sur les sénateurs ; à mon avis, l'action la plus productive, sauf des exceptions, est le raisonnement, quand on a affaire avec des gens ignorants des roublardises.

J'ai fait cette œuvre et je puis vous assurer que MM. Casabianca et Peraldi, d'abord hostiles, voteront.

Quant aux autres, ceux qui sont *accessibles*, je crois que leur siège a été fait ou qu'ils ont montré assez leurs dispositions pour permettre de les *ramener*.

Le groupe des opportunistes, Challemel-Lacour, Mathé, Tolain, Peyrat, Dusolier, il me paraît très difficile de les détacher *même avec vos arguments trébuchants*.

J'ai vu Garran de Balzan, qu'il m'a été impossible de convaincre. Il m'a montré un calcul fantaisiste que beaucoup de sénateurs doivent avoir et duquel il résulterait que la Compagnie ne pourrait disposer que de 130 millions sans compter les 100 millions à verser à la Banque. Si on le voyait pour lui démontrer le contraire, peut-être qu'on le persuaderait plus facilement, mais il me paraît irréductible. Quoi qu'il en soit, la propagande des couloirs est encore celle qui pourra vous être très utile sans éveiller la susceptibilité des vieillards.

Comptez sur moi, il y a encore à faire au Sénat et, croyez-moi, n'agissez qu'avec une grande prudence si vous voyez M. Garran de Balzan.

Votre dévoué,

BLANC.

Arton, suivant ces conseils, fit des prodiges de diplomatie; il se montra éloquent, insinuant, persuasif, mais il s'aperçut bien vite qu'au Luxembourg comme ailleurs les arguments trébuchants étaient les meilleurs pour faire trébucher la vertu.

Sous l'impulsion des chèques répandus à profusion, la proposition de loi marcha rondement; elle ne subit aucun de ces retards qui empêchent les réformes d'aboutir, aucune de ces modifications qui les vouent à un éternel ballottement entre les deux Chambres. Elle fut votée, comme nous allons le voir, avec une rapidité égale à l'impatience qu'éprouvaient les vénérables *pères conscrits* de palper le bénéfice que leur assurait leur participation dans le Syndicat de garantie, bénéfice qu'ils devaient encaisser aussitôt après l'émission des valeurs à lots.

CHAPITRE XXVII

Discussion et vote de la proposition Michel au Sénat.

La proposition de loi votée par la Chambre le 28 avril 1888 fut transmise le surlendemain au Sénat qui s'empressa de nommer une commission composée de MM. Denormandie, président ; Isaac, secrétaire ; Krantz, Demôle, baron de Larcinty, Bozérian, Béral, de Sal et Delsol.

Cette Commission ayant adopté le projet à la majorité de sept voix contre deux, désigna M. Bozérian comme rapporteur ; celui-ci déploya tant de zèle dans l'accomplissement de sa tâche que son rapport fut rédigé, imprimé et distribué dans l'espace de quelques jours. Les éloges exagérés que son auteur y décernait à la Compagnie de Panama lui valurent, de la part d'un de ses collègues, la déclaration suivante : « J'ai pris connaissance de votre rapport ; j'étais tout disposé à voter la loi, mais ses conclusions finales m'ont déterminé à voter contre, parce qu'elles constituent une véritable réclame pour la Compagnie ».

Nomination de la Commission, désignation du rapporteur, rédaction, dépôt, impression, distribution et mise à l'ordre du jour du rapport; toutes ces formalités, qui prennent généralement un temps infini, avaient été remplies en un mois, si bien que la discussion publique s'ouvrit le 4 juin 1888.

L'urgence déclarée, M. Bozérian développa son rapport en balbutiant d'une voix inintelligible des explications confuses dont personne ne put saisir un seul mot; la honte du rôle qu'il remplissait semblait étouffer les sons dans sa gorge. Le silence glacial qui accueillit ses dernières paroles lui fut une dure leçon.

M. Songeon, qui lui succéda à la tribune, ne pouvant répondre à un discours qu'il n'avait pas entendu, combattit les conclusions du rapport rédigé au nom de la Commission.

La commission, dit-il en substance, a trouvé commode de ne pas examiner le fond de l'affaire et, sans savoir si elle est bonne ou mauvaise, elle vous propose d'autoriser la Compagnie de Panama à faire un nouvel appel à l'épargne nationale au moyen de valeurs à lots. J'estime que nous ne pouvons nous prononcer qu'en connaissance de cause. Mais comme une assemblée politique de 300 membres ne peut élucider elle-même une question aussi complexe, je demande que le projet soit renvoyé au Gouvernement pour être étudié à fond, et je suis convaincu que lorsque cette étude aura été faite, on ne viendra plus vous demander d'engager un public immense, digne d'intérêt, à apporter encore 720 millions à une affaire dont il faudrait cependant connaître le fond avant d'y jeter l'épargne de la France.

Ce discours si judicieux reçut l'approbation de tous ceux qui n'avaient pas intérêt à attirer les petits capitalistes dans le piège pour profiter de leurs dépouilles.

Inquiet de la tournure que prenait le débat, M. Denormandie, président de la Commission, intervint à ce moment pour remonter le courage de ses amis et ramener les hésitants.

De son discours, qui ne fut qu'un pot-pourri de tous les mensonges cent fois débités par M. de Lesseps, la péroraison seule mérite d'être retenue :

Vous avez à opter, s'écria-t-il dans un grand mouvement d'éloquence, vous avez à opter, et cela est grave, entre un refus qui aura pour plus de 400.000 Français des conséquences ruineuses, et le vote de la loi ; si vous la votez, il y a des chances pour que le programme des travaux qui s'exécute en ce moment aboutisse et ajoute ainsi à notre histoire une page nouvelle qui fera le plus grand honneur à la France.

La loi a été votée, et à notre histoire contenant les pages glorieuses de Bouvines, Marignan, Rocroy, Fontenoy, Valmy, Marengo, Hohenlinden, Austerlitz, Wagram et tant d'autres, une nouvelle page se trouve ajoutée, celle de Panama qui, comme chacun sait, fait le plus grand honneur à la France et surtout au parti politique dont M. Denormandie, sénateur inamovible, ancien gouverneur de la Banque de France, est un des plus beaux ornements.

Le Sénat était encore sous le charme de cette émouvante péroraison, lorsque M. Krantz vint, au nom de la minorité de la Commission qui ne se composait que de M. Demôle et de lui, combattre le projet et démontrer, avec sa haute compétence, que le canal de Panama, en supposant qu'on parvint à l'exécuter, serait aussi nuisible aux intérêts de la France que profitable à ceux de l'Amérique.

A la séance du lendemain, M. Béral, que nous retrouverons sur les bancs de la Cour d'assises, défendit les conclusions du rapport avec une ardeur qu'on ne s'explique que trop aujourd'hui.

M. Demôle prononça ensuite un remarquable discours qu'il termina en suppliant le Sénat de ne pas autoriser une Société aux abois à drainer les petits capitaux français, l'épargne de nos travailleurs.

Les applaudissements qui accueillirent ce langage ayant inquiété les complices du baron de Reinach, ceux-ci demandèrent une suspension de séance pour se concerter.

A la reprise, M. de Sal ressassa dans une interminable plaidoierie tous les arguments cent fois rabâchés par les partisans du projet, sans oublier, bien entendu, l'argument patriotique.

O patriotisme, que de canailleries on commet en ton nom !

M. Tirard, qui ne pouvait malheureusement plus parler qu'en son nom personnel et comme simple sénateur, démontra d'une façon irréfutable que l'entreprise était mal conduite, irréalisable, qu'elle ne pouvait aboutir qu'à un lamentable échec, et il ajouta qu'il serait criminel d'engager les petits rentiers à y jeter leur épargne.

A ces mots, M. Léon Renault s'élança à la tribune :

La petite épargne, s'écria-t-il, elle est déjà engagée dans cette affaire; c'est pour l'aider, pour la protéger, pour la sauver que vous devez faciliter à la Compagnie de Panama les moyens d'emprunter 720 millions. Au nom des 400.000 travailleurs qui ont placé leurs économies dans cette entreprise, je vous demande de ne pas l'abandonner, de ne pas assumer la responsabilité d'un échec que le monde entier enregistrerait comme une preuve de l'impuissance de la France dans le domaine financier, économique et industriel.

Ainsi parla l'éminent sénateur auquel le baron de Reinach avait assuré un bénéfice de 25.000 francs sur l'émission qu'il s'agissait d'autoriser. Sa chaude éloquence décida de la victoire; on applaudit à tout rompre, on refusa d'écouter d'autres orateurs, on prononça la clôture de la discussion, et la loi fut adoptée à la majorité de 158 voix contre 50.

Votèrent pour :

MM. Allou. Andigné (général marquis d'). Angle-Beaumanoir (marquis de l'). Arnaudau (général).
Baragnon (Louis-Numa). Barbedette. Bardoux. Barne. Barthe (Marcel). Barthélemy-Saint-Hilaire. Beauchamp (de). Béral. Bergeon. Blanc (Xavier). Blavier. Boulanger (Ernest). Bozérian. Brémond d'Ars (général marquis de). Brun (Charles). Brunon. Buffet.
Cabanes (Joseph). Caduc. Callac (comte de). Camparam. Canrobert (maréchal). Carné (marquis de). Casabianca (de). Cès-Caupenne (de). Chaix (Cyprien). Chalamet. Chesnelong. Chiris. Clément (Léon). Cordelet. Cordier. Cornil. Corsi (de). Couturier.
Dauphin. Decray. Decroix. Deftis (général). Delbreil. Delsol. Demiautte. Denormandie. Deschanel. Develle (Edmond). Devès (Paul). Diancourt. Didier (Henry). Dietz-Monnin. Dreux. Dufay. Dufraigne. Dupouy. Dupré. Durand.
Féral. Feray. Foucher de Careil. Fousset. Frédéric Petit.
Garrigat. Garrisson. Gaudy. Gent. George. Girault. Gouin. Goutay. Graudperret. Grévy (Albert). Grévy (général). Guichard (Jules). Guinot.
Halna du Fretay (amiral). Havrincourt (marquis d'). Hébrard (Adrien). Hébrard (Jacques). Huguet (A.). Huon de Penanster.
Isaac.
Jaurès (amiral). Jean Macé. Jobard. Journault.
Labiche (Emile). Labiche (Jules). Lacave-Laplagne. Lades-Gout. Ladmirault (général

de). Lafond de Saint-Mûr (baron). Lalanne (Léon). Lareinty (baron de). La Sicotière (de). Lavalley. Lavertujon. Le Breton. Lecointe (général). Le Guay (baron), Le Guen. Le Monnier. Lesueur. Libert. Lisbonne. Lourties. Luro. Lur-Saluces (comte Henri de).

Magniez. Maleville (marquis de). Marcou. Marion. Martel. Martin (Georges). Mavran. Mercier. Merlin (Charles). Michaux. Milhet-Fontarabie. Millaud (Edouard). Montesquiou-Fezensac (duc de). Munier.

Naquet (Alfred). Nioche. Noblot.

Osmoy (comte d'). Oudet.

Pazat. Pénicaud. Peraldi. Péronne. Poriquet.

Rampont. Renault (Léon). Rey (Edouard). Roger (Dordogne). Roussel (Théophile). Rubillard.

Saint-Pierre (vicomte de). Sal (de). Salneuve. Say (Léon). Scheurer-Kestner. Scrépel. Simon (Jules). Soubigou.

Teisserenc de Bort. Tézenas. Trarieux. Tréveneuc (comte de).

Velten. Verninac (de). Véron (amiral). Vissaguet, Voisins-Lavernière (de).

Wallon.

S'abstinrent :

MM. Ancel. Audiffret-Pasquier (duc d'). Audren de Kerdrel.

Barbey. Béjarry (de). Berthelot. Billot (général). Biré (Alfred). Bizot de Fonteny. Bocher. Bondy (comte de). Brossard. Brun (Lucien).

Calmon. Carquet. Cazot (Jules). Chabron (général de). Chardon. Charton (Edouard). Chaumontel. Chovet. Cirier. Claeys. Cochery (Adolphe). Combes. Combescure (Clément).

Danelle-Bernardin. Duclerc (E.). Dumon. Dusolier (Alcide). Dutreil (Paul).

Espivent de la Villesboisnet (général comte).
Faye. Ferrouillat. Ferry (Charles). Fréry. Freycinet (de). Frézoul.
Gailly. Gayot (Emile) (Aube). Girard (Alfred). Goujon. Cresley (général). Griffe. Guibourd de Luzinais.
Halgan (Emmanuel). Humbert.
John Lemoinne.
Kiener.
Lacombe. Laporte. Laubespin (comte de). Lecherbonnier. Le Royer. Lizot. Lorgeril (vicomte de). Loubet.
Magnin. Malézieux. Marcère (de). Margaine. Mazeau. Mestreau. Monneraye (comte de la). Montaignac (amiral marquis de). Morellet.
Pajot. Paris. Parry. Peyron (amiral). Plantié. Pouyer-Quertier.
Raismes (de). Rémusat (Paul de). Reymond. Robert (général). Rozière (de).
Schœlcher. Sébire. Sébline.
Théry. Tolain. Tribert.
Vallée (Oscar de), Vigarosy. Villegontier. (comte de la).
Waddington.

Etaient absents par congé :

MM. Claris. Girot-Pouzol. Rigal.

Donnons maintenant les noms des cinquante sénateurs vraiment dignes d'estime qui eurent l'intelligence, la probité et le courage de voter contre :

MM. Arago (Emmanuel).
Bérenger. Bouteille. Bruel.
Campenon (général). Chadois (colonel de). Challemel-Lacour. Chantemille. Chauveau (Franck). Clamageran. Corbon. Cuvinot.

Demôle. Dide.
Escarguel.
Fayard. Fresneau.
Garran de Balzan. Guyot. Guyot-Lavaline.
Hugot (Côte-d'Or).
Jacques.
Krantz.
Lacaze (Louis). Lafayette (Edmond de). Laroche. Lelièvre. Lenoël (Emile).
Madignier. Marquis. Martin (Félix). Mathey (Alfred). Mauguin. Maze (Hippolyte). Meinadier (colonel).
Parent. Pauliat. Peaudecerf. Perras. Peyrat. Pradal. Pressensé (de).
Saisy (Hervé de). Scherer. Songeon. Soustre. Testelin. Thurel. Tirard.
Volland.

Le sacrifice était consommé; la Compagnie triomphait de tous les obstacles; en répandant l'argent à pleines mains, elle avait accompli le tour de force de faire voter par les deux Chambres, dans l'espace de trois mois, la loi qui allait lui permettre de continuer, avec de nouveaux moyens de séduction, le cours de ses fructueuses escroqueries.

CHAPITRE XXVIII

Emission des valeurs à lots.

La loi autorisant la Compagnie de Panama à emprunter 720 millions à l'aide d'obligations à lots ayant été promulguée le 7 juin 1888, des prospectus répandus à profusion annoncèrent l'émission pour le 26 juin. Elle comprenait deux millions d'obligations émises à 360 francs, remboursables à 400 francs ou par des lots.

Rien ne fut négligé pour en assurer le succès; on renouvela, en les amplifiant, tous les procédés employés lors des émissions précédentes.

Ce furent d'abord les affirmations mensongères destinées à tromper le public : le *Bulletin*, dans son numéro du 10 juin, publia une lettre de M. de Lesseps dans laquelle il disait que les travaux étaient en avance sur les prévisions, alors qu'ils se trouvaient au contraire considérablement en retard, et que le canal serait achevé en 1890.

Puis on acheta l'appui de tous les journaux en leur distribuant des sommes plus ou moins importantes, selon leur influence ou leur tirage.

Quant au concours des financiers et des hommes politiques, on l'avait acquis de longue main en les intéressant dans le Syndicat de publicité.

On put faire les choses grandement, car le Conseil d'Administration avait voté un crédit de 40 millions pour les frais de cette émission. Jamais le budget de la corruption n'avait été aussi élevé; et cependant le principal argument de M. de Lesseps pour obtenir l'autorisation d'émettre des valeurs à lots avait été qu'elle diminuerait de beaucoup le chiffre des frais nécessaires !

En dépit de cette préparation savante, l'émission n'obtint qu'un médiocre succès : sur les deux millions de titres offerts au public, 849.249 seulement furent souscrits. Au lieu des 720 millions qu'elle demandait, la Compagnie de Panama n'encaissa que 254.603.871 francs.

C'était encore une escroquerie d'une assez belle dimension, perpétrée celle-ci avec la complicité du Gouvernement, de la Chambre des Députés et du Sénat qui avaient fourni les amorces destinées à faire mordre les gogos.

CHAPITRE XXIX

La curée.

Les frais d'émission s'élevèrent à 31.249.000 francs dont voici le détail :

Frais du Syndicat......... F.	11.000.000
Allocations à divers...........	10.900.832
Frais de publicité.............	7.299.356
Frais divers d'impression et autres....,...................	2.048.812
Total..............	31.249.000

Déduction faite des frais d'impression, on voit qu'une trentaine de millions furent jetés en pâture aux financiers, aux journalistes, aux hommes politiques, aux intermédiaires, aux courtiers marrons, aux aigrefins de tout genre qui, par leurs manœuvres, par leurs écrits, par leurs discours, par leurs votes ou par leurs intrigues, avaient contribué à rabattre les petits capitalistes vers les guichets de la Compagnie de Panama.

Quand ceux-ci eurent été dépouillés, on sonna l'hallali et la bande rapace se mit voracement à la curée.

Le monde de la finance absorba comme toujours la plus grosse part. La Société Générale et le Crédit Lyonnais reçurent une somme totale de 6.486.000 francs tant comme commission de souscription que comme commission spéciale, selon les avantages que ces deux sociétés s'étaient fait consentir par la Compagnie de Panama, en lui prêtant, le 14 mai précédent, trente millions dont elle avait un pressant besoin.

Le coulissier juif Hugo Oberndœrffer engloutit à lui seul 4.709.812 francs. Invité à justifier devant la Commission d'enquête ce gros encaissement, il a fourni les explications suivantes : « J'ai reçu 2.049.812 francs comme rémunération de mon idée d'émettre des obligations à lots en créant un dépôt destiné au paiement des lots et à la reconstitution du capital, idée que j'ai apportée à M. de Lesseps. La seconde somme que j'ai encaissée, s'élevant à 2.660.000 francs, représentait ma part de bénéfice dans le Syndicat de publicité. »

La vérité est que les sommes formant le total de 4.709.812 francs ont été données à Hugo Oberndœrffer pour acheter son concours et celui de la coulisse dont il prétendait disposer. « Si je ne lui avais pas versé cet argent, a dit Charles de Lesseps, il en aurait gagné autant en spéculant contre moi. »

Les bénéfices du Syndicat de publicité furent fixés à onze millions, bien que l'émission n'ait même pas été couverte pour moitié. Les membres intéressés eurent à toucher 8 francs par chaque obligation à eux attribuée; sur ces

8 francs, 5 fr. 50 représentaient le bénéfice net et 2 fr. 50 le remboursement de l'avance. Ceux qui n'avaient rien versé n'eurent droit, par conséquent, qu'à 5 fr. 50 par obligation.

La part du baron de Reinach, qui n'avait effectué aucun versement, s'éleva à 3.390.475 francs. Elle lui fut réglée en un chèque tiré par la Compagnie de Panama sur la banque de France.

Cette forte somme n'était pas pour lui personnellement; elle devait servir à payer les députés et les sénateurs dont il avait acheté les votes en les intéressant sous son nom dans le syndicat de publicité, et à donner satisfaction à Cornélius Herz qui, bien qu'ayant cessé depuis longtemps de s'occuper des affaires de la Compagnie de Panama, n'en exigeait pas moins l'exécution de l'engagement pris vis-à-vis de lui en 1885.

On doit rendre cette justice au baron de Reinach qu'il s'acquitta scrupuleusement de la distribution dont il se trouvait ainsi chargé. Dès qu'il fut en possession du chèque de 3.390.475 francs, il se rendit chez M. Thierrée, banquier, le lui remit et se fit donner en échange vingt-six chèques représentant une valeur égale, tirés par M. Thierrée sur la Banque de France. Ces chèques étant payables au porteur ne pouvaient laisser aucune trace, sauf la signature du bénéficiaire, mais il était loisible à celui-ci de faire acquitter et encaisser par un homme de paille. A l'exception de Léon Renault, d'Albert Grévy et de Cornélius Herz qui eurent l'imprudence ou l'impudence d'apposer leur propre signature au bas de leurs chèques, tous les autres bénéficiaires se servirent de l'intermédiaire d'un domestique, d'un employé, d'un garçon de recettes ou d'un banquier.

Grâce à cet ensemble de précautions, ils pouvaient compter que leur méfait demeurerait éternellement ignoré ; mais par suite de la saisie des chèques, de la découverte des talons sur lesquels le baron de Reinach avait inscrit pour mémoire certaines annotations et de la communication d'une note explicative envoyée par le baron à Cornélius Herz, on peut, en groupant ces divers indices comme nous allons le faire, retrouver la plupart des bénéficiaires des vingt-six chèques dont il s'agit.

Dans l'énumération ci-dessous, nous donnons d'abord l'énonciation du chèque d'après le procès-verbal de M. le commissaire Clément en date du 3 décembre 1892 ; puis, en la faisant précéder de la lettre T, l'annotation inscrite de la main du baron de Reinach sur le talon ; enfin, sous la rubrique N E, les indications contenues dans la note explicative.

Chèques créés le 17 juillet 1888.

Chèque de 80.000 francs acquitté par (illisible). 26, rue du Quatre-Septembre. — T. : Raf.. — **N E.** : Touché par Clœtta, employé de Cahen d'Anvers pour le compte de   et quatre autres députés dont les noms peuvent être retrouvés et parmi lesquels figure un personnage influent.

Le nom qui manque a été enlevé par M. Andrieux conformément à l'engagement d'honneur qu'il avait pris vis-à-vis de Cornélius Herz au moment où celui-ci lui confia la photographie de la note explicative. On a vainement cherché jusqu'ici à soulever le masque qui recouvre le visage de ce mystérieux chéquard; bien des noms ont été prononcés, notamment celui de M. Granet, ancien ministre. Les quatre co-partageants bénéficient du même mystère.

Chèque de 40.000 francs, acquitté le 18 juillet 1888 par Kohn Reinach. — **T.** : Ber... — **N. E.** : Touché par Béral.

Chèque de 40.000 francs, acquitté le 20 juillet 1888. — **T.** : Vla... — **N. E.** : Touché par Rouvier, acquitté par Vlasto.

Chèque de 20.000 francs, acquitté le 18 juillet 1888 par Aigoin, 4, rue du Dôme. — **T.** : Aigo... — **N. E.** : Touché par Aigoin, pour le compte de M. Floquet.

Chèque de 20.000 francs, acquitté le 23 juillet 1888, par Castelbon, 37, rue des Acacias. — **T.** : Dev... — **N. E.** : Touché par Devès, acquitté par Castelbon.

M. le sénateur Devès a reconnu qu'il avait reçu ce chèque du baron de Reinach.

Chèque de 25.000 francs, acquitté le 18 juillet 1888, par Elouis, 24, rue Chauchat.

— **T.** : Théve... — **N. E.** : Touché par Thévenet, ancien ministre.

Chèque de 20.000 francs, acquitté le 23 juillet 1888, par Busteri, 3, rue Saint-Georges. — **T.** : Pro... — **N. E.** : Touché par M. Proust.

M. Antoine Proust a avoué, après l'avoir nié énergiquement, qu'il avait reçu ce chèque du baron de Reinach.

Chèque de 20.000 francs, acquitté le 19 juillet 1888, par Pralon frères et Cⁱᵉ, rue des Mathurins, 3. — **T.** : Gobr... — **N. E.** : Touché par Gobron, acquitté par Pralon, son banquier.

M. Gobron a reconnu qu'il avait reçu ce chèque du baron de Reinach, le 17 juillet 1888, alors qu'il était député.

Chèque de 20.000 francs, acquitté le 19 juillet 1888, par Orsatti, 5, rue Pigalle. — **T.** : Are... — **N. E.** : Touché par Arène, encaissé par Orsatti, son secrétaire.

Chèque de 20.000 francs, acquitté le 21 juillet 1888, par P. Schmitt, 78, rue d'Anjou. — **T.** : Roch. — **N. E.** : Touché par Jules Roche, acquité par Schmitt, son employé.

Chèque de 40.000 francs, acquitté le 20 juillet 1888, par (illisible), 64, rue de la Chaussée-d'Antin. — **T.** : Pess... — **N. E.** : Touché par Pesson, acquitté par Favre, garçon de recettes.

Chèque de 25.000 francs, acquitté le 19 juillet 1888, par Siméon, chez Jeanin (agent). — **T.** : D. de la Fauc... — **N. E.** : Touché par Dugué de la Fauconnerie.

M. Dugué de la Fauconnerie a reconnu

qu'ayant reçu ce chèque du baron de Reinach il l'avait fait encaisser par son beau-frère, M. Jeanin, agent de change.

Chèque de 20,000 francs, acquitté le 19 juillet 1888, par Albert Grévy, 43, boulevard Haussmann. — T. : Albert. — N. E. : Touché par Albert Grévy, acquitté par lui.

M. Albert Grévy a reconnu qu'il avait encaissé ce chèque après l'avoir reçu du baron de Reinach.

Chèque de 50,000 francs, acquitté le 21 juillet 1888, par Davoust, 15, place Vendôme. — T. : Rouv... — N. E. : Touché par Rouvier, acquitté par un garçon de recettes du Crédit Mobilier dont Vlasto était président.

Chèque de 40,000 francs, acquitté le 18 juillet 1888, par Favre, 4, rue de la Bourse. — T. : Jos.

Chèque de 150,000 francs, acquitté le 18 juillet 1888, par Chevillard, 53, rue de Châteaudun. — T. : Bar.

Chèque de 100,000 francs, acquitté le 18 juillet 1888, par Chevillard, 53, rue de Châteaudun. — T. : Bar.

Chèque de 100,000 francs, acquitté le 18 juillet 1888, par Chevillard, 53, rue de Châteaudun. — T. : Bar.

Chèque de 100,000 francs, acquitté le 18 juillet 1888, par Chevillard, 53, rue de Châteaudun. — T. : Bar.

Chèque de 100,000 francs, acquitté le 18 juillet 1888, par Chevillard, 53, rue de Châteaudun. — T. : Bar.

Les cinq derniers chèques ci-dessus sont ainsi groupés dans la note explicative du baron de Reinach :

N. E. : Chèque de 550.000 francs, touché par Barbe, ancien ministre, acquitté par le commandant Chevillard, secrétaire.

Voici en quels termes M. Chevillard, chef de bataillon en retraite, a raconté, devant la Commission d'enquête, le 10 décembre 1892, comment il avait effectué ce gros encaissement :

J'étais employé à la Société de Dynamite, administrée par M. Vian, sous la haute direction de M. Barbe. Un jour, M. Barbe entre, me dit de prendre une serviette et de l'accompagner pour faire un encaissement à la Banque de France. M. Barbe avait une voiture dans la rue de Châteaudun ; nous y montons et nous partons pour la Banque de France. A peine arrivés, M. Barbe me demande comment se font les encaissements de chèque. Je lui réponds qu'il y a trois guichets, et qu'il faut se présenter à l'un ou à l'autre selon la lettre initiale du nom de la personne qui a émis les chèques, le troisième guichet étant pour les dernières lettres de l'alphabet.

Sans prononcer le nom de la personne qui figurait sur les cinq chèques, M. Barbe me dit : « C'est au troisième guichet. » Je lui explique qu'il faut présenter les chèques, acquittés, à ce guichet. Il ouvre sa redingote et en tire les cinq chèques. Il les étale, la face tournée sur la table et il ajoute : « Aquittez ces chèques. » Machinalement, sans aucune arrière-pensée, je fais mine de vouloir retourner ces chèques.

M. Barbe s'y oppose, allonge la main sur les chèques en me disant : « C'est inutile, ils sont au porteur. » Je n'ai pas insisté, j'ai mis mon acquit au dos des chèques et je les ai glissés sur le plan incliné qui existe à chaque guichet. Les chèques sont ainsi parvenues aux mains de l'employé attaché à ce guichet. Il me les rend en me priant de les réunir en un seul bordereau et de les totaliser. Cela fait, j'ai épinglé le bordereau avec les cinq chèques et j'ai remis le tout au même guichet. Le garçon de recettes m'invite à le suivre à la caisse centrale, la somme que j'avais à recevoir étant trop forte pour qu'il pût me payer. Je le suis. M. Barbe suit également. Nous arrivons à la caisse centrale, où l'on me délivre 550,000 francs en billets de banque, en m'invitant à les compter. Je les compte en présence du garçon de recettes qui me les avait remis; il était à ma gauche et M. Barbe à ma droite. L'opération faite, le compte étant exact, le garçon de recettes se retire et je mets les billets dans la serviette que j'avais apportée. M. Barbe me dit : « Allons nous-en. » Nous remontons dans la voiture qui nous avait attendus, etc., etc.

Chèques créés le 18 juillet.

Chèque de 20.000 francs, acquitté le 18 juillet 1888, par Léon Renault, rue Murillo, 8. — T. : L. R.

Chèque de 5.000 francs, acquitté le 19 juillet 1888, par Léon Renault, rue Murillo, 8. — T. : Léon Ren.

Dans la note explicative du baron de Reinach ces deux chèques sont ainsi groupés :

N. E. : Chèque de 25.000 francs, touché par Léon Renault, acquitté par lui.

M. Léon Renault a expliqué qu'il avait reçu du baron de Reinach un premier chèque de 20.000 francs et que, sur sa réclamation, le baron lui avait envoyé un chèque supplémentaire de 5.000 francs.

Chèques créés le 19 juillet.

Chèque de un million, acquitté le 21 juillet 1888, par Cornélius Herz, de Francfort-sur-le-Mein.
Chèque de un million, acquitté le 21 juillet 1888, par Cornélius Herz, de Francfort-sur-le-Mein.

Chèque créé le 21 juillet.

Chèque de 195.000 francs, acquitté le 24 juillet 1888, par L. Chabert, rue de Lisbonne, n° 2.

Chèque créé le 30 juillet.

Chèque de 140.475 francs, acquitté le 30 juillet 1888, par L. Chabert, rue de Lisbonne n° 2.

Ces deux derniers chèques, formant un total de 335.475 francs, ont été encaissés par M. Chabert pour le compte de Cornélius Herz auquel il servait d'intermédiaire et d'arbitre dans ses démêlés avec le baron de Reinach. Cornélius Herz n'ayant pas voulu se contenter des deux millions qu'il venait de recevoir et continuant ses réclamations menaçantes, le baron de Reinach se résigna à lui payer de nouveau 195.000 francs le 21 juillet et 140.475 francs le 30 du même mois.

Les vingt-six chèques que nous venons d'énumérer forment exactement le total de 3.390.475 francs montant du chèque délivré au baron de Reinach par la Compagnie de Panama.

Outre cette somme de 3.390.475 francs prise sur les bénéfices du Syndicat, la Compagnie de Panama préleva 1.550.000 francs sur le compte de publicité pour les remettre également au baron de Reinach.

Celui-ci s'empressa de confier à Arton 1.340.000 francs afin qu'il les distribuât aux députés et sénateurs avec lesquels il avait directement traité. Mais le joyeux drille céda à la tentation de garder ce magot, et, laissant ses dupes se morfondre à attendre la rémunération promise, il fila aux eaux de Spa en compagnie d'une petite danseuse séduite par la rotondité de son portefeuille.

Les parlementaires mystifiés trouvèrent la farce mauvaise; mais que faire? Ils ne purent que maudire de loin le fripon qui mangeait avec de jolies filles l'argent destiné au paiement de leurs bulletins de vote.

CHAPITRE XXX

Le chantage de Cornélius Herz.

L'effroyable chantage exercé par Cornélius Herz sur le baron de Reinach constitue un des épisodes les plus curieux de cette étonnante affaire de Panama, et, bien que nous en ayons parlé accessoirement au chapitre précédent, il nous paraît intéressant d'y revenir.

On se rappelle qu'à la fin de l'année 1885, Cornélius Herz s'étant fait fort d'obtenir l'autorisation d'émettre des valeurs à lots si on mettait à sa disposition une somme suffisante, M. Charles de Lesseps lui avait promis dix millions en cas de réussite et que le baron de Reinach s'était rendu caution pour la Compagnie de Panama dont il se trouvait, dès cette époque, le conseil financier et l'homme à tout faire. Ayant échoué dans son œuvre de corruption par suite de l'attitude de la Commission chargée d'examiner le projet de loi déposé par M. Baïhaut, Cornélius Herz avait cessé ses démarches pour entreprendre un long voyage à travers l'Europe. Lorsqu'après le dépôt de la proposition Michel il fallut de nouveau recourir à la corruption afin d'en assurer le vote, M. Charles de Lesseps s'adressa au baron de Reinach, sans se préoccuper de Cornélius Herz vis-à-vis duquel il se considérait comme libéré de toute obligation par l'abandon des 600.000 francs qu'il lui avait avancés.

Mais Cornélius Herz ne l'entendait pas ainsi, et ayant appris ce qui se passait, il menaça de casser immédiatement les vitres si on ne réservait pas ses droits.

Voulant à tout prix éviter un scandale, le baron de Reinach se soumit aux exigences de Cornélius Herz en lui adressant une lettre ainsi conçue :

Paris, 11 mai 1888.

Monsieur le docteur Herz,

Suivant convention verbale datant de la première demande de la Compagnie de Panama pour l'obtention d'un emprunt à lots, vous aurez à toucher dix millions de francs le lendemain du jour où la Compagnie de Panama aura touché elle-même du public le montant du premier versement sur les obligations à lots pour lesquelles elle demande actuellement l'autorisation des Chambres. Il est entendu que sur cette somme vous me rembourserez toutes celles que vous me devez ainsi que celles que vous devez à la maison Kohn Reinach et Cie, en capital et intérêts.

La restitution de la présente servira de quittance.

Veuillez agréer, etc.

J. de REINACH.

Aussitôt après l'émission des valeurs à lots, Cornélius Herz réclama les dix millions, exigeant en outre le remboursement de deux millions par lui distribués à des hommes politiques et refusant toute compensation avec les sommes qu'il avait empruntées au baron de Reinach et à la maison Kohn Reinach et C¹ᵉ, en 1886, pour *éclairer* des consciences parlementaires. Ces prétentions étaient excessives, mais il ne doutait pas de les imposer à l'aide des terribles documents qu'il possédait.

N'obtenant pas une réponse satisfaisante, il adressa à M. Marius Fontane, administrateur de la Compagnie de Panama, ce télégramme comminatoire :

10 Juillet 1888.

Francfort-Paris. Cornélius Herz à Marius Fontane.

Votre ami cherche à tricher ; il faut qu'il paye ou saute, et s'il saute ses amis sauteront avec lui. Je briserai tout plutôt que d'être wolé (*sic*) d'un centime ; avisez, car il n'est que temps.

HERZ.

Le même jour, il faisait prévenir M. de Freycinet, ministre de la Guerre, et M. Floquet, ministre de l'Intérieur, président du Conseil, qu'il allait soulever un épouvantable scandale en révélant ce qu'il savait, si on ne lui donnait pas satisfaction.

Cette menace produisit tout l'effet qu'en attendait son auteur ; il suffit, pour se rendre compte de l'émoi qu'elle causa dans les régions gouvernementales, de lire la déposition suivante, faite le

30 décembre 1892 par M. Charles de Lesseps devant le juge d'instruction:

M. de Reinach vint me voir et me dit qu'il était nécessaire que je lui remette 10 à 12 millions; il se disait ruiné et aux prises avec les difficultés les plus grandes avec Cornélius Herz. Je déclarai nettement à M. de Reinach qu'il m'était impossible de consentir à lui remettre 10 à 12 millions. M. de Reinach me quitta très contrarié de mon refus; il insista de nouveau, mais je restai inébranlable. M. de Reinach me dit : « Alors tout est perdu. » Je répondis : « C'est possible, mais, moi, je ne puis faire l'impossible. »

Sur ces entrefaites, un officier d'ordonnance du ministre de la guerre vint me trouver, rue Charras, et me dit qu'il venait de la part de M. de Freycinet, ministre de la guerre, me prier de passer au ministère de la guerre, où M. de Freycinet me recevrait vers cinq heures du soir ce jour-là. Je me rendis au ministère de la guerre, le même jour, à l'heure indiquée, sans savoir pourquoi M. de Freycinet désirait me voir. M. de Freycinet me reçut et me tint le langage suivant : « Ce matin, deux hommes politiques considérables, du parti républicain, sont venus me demander pendant que j'étais au conseil des ministres. J'ai quitté le conseil et j'ai été causer avec eux. » Ces hommes politiques (qu'il n'a pas nommés) lui avaient signalé la grande crainte de difficultés ou de scandales qui pourraient surgir par suite de règlements non faits. M. de Freycinet me demanda alors, invoquant l'intérêt de la République, de faciliter, avec les frais d'émission, les difficultés qu'il m'exposait et qui lui avaient été exposées par les hommes politiques qu'il ne m'a pas nommés, comme je l'ai dit.

Je répondis à M. de Freycinet : « Vous ignorez certainement que ce dont vous me parlez doit nécessairement se lier à une demande de 10 à 12 millions que me fait actuellement M. de Reinach, comme conséquence de ses relations avec Cornélius Herz. M. de Reinach m'a parlé des difficultés dont vous m'entretenez et j'ai répondu à M. de Reinach qu'il me serait absolument impossible de donner 10 à 12 millions. J'ajoutai en répondant à M. de Freycinet que néanmoins, tenant compte de cette situation, je remettrais à M. de Reinach le plus possible, dans la limite des crédits qui me seraient ouverts par le Conseil, en restant certainement fort loin de sa demande. M. de Freycinet me répondit alors : « Personne ne m'a parlé de chiffres ; je me borne à vous recommander de faire tout ce que vous pourrez pour résoudre les difficultés que je vous ai signalées. » Cette première intervention de M. de Freycinet aurait déjà suffi à me décider à faire, dans la limite du possible, les remises d'argent qui m'étaient demandées

Quelques jours plus tard, quelqu'un vint me dire que M. Clémenceau désirait me voir et me priait d'aller chez lui. J'allai chez M. Clémenceau que je connaissais personnellement, auquel j'avais souvent exposé mes idées sur la réalisation du Canal interocéanique. J'allai donc chez M. Clémenceau, et M. Clémenceau me tint alors chez lui le langage que m'avait tenu M. de Freycinet, avec des nuances différentes, procédant de différences de caractère et de tempérament. M. Clémenceau ne m'a pas parlé de Cornélius Herz, je lui en ai certainement parlé. M. Clémenceau a conclu en disant : « C'est à vous à voir ce que vous pouvez faire. »

Quelques jours après cette entrevue avec M. Clémenceau, mon père, M. Ferdinand de

Lesseps, étant dans mon bureau, rue Charras, moi présent, fut informé par un employé de la Compagnie qu'on venait de téléphoner du Ministère de l'Intérieur ou M. Floquet, alors président du Conseil, désirait le voir. J'offris à mon père de l'accompagner chez M. Floquet ; il accepta, et je me rendis avec lui au Ministère de l'Intérieur.

Là, M. Floquet exposa à mon père et à moi, et à peu près dans les mêmes termes, la question que m'avait déjà exposée, d'abord M. de Freycinet, puis M. Clémenceau. Comme je n'avais point parlé à mon père de cette affaire, c'est moi qui répondis à M. Floquet que, pour solutionner les difficultés qui existaient entre M. Cornélius Herz et lui, M. de Reinach me demandait 10 à 12 millions. J'exposai à M. Floquet les raisons qui m'obligeaient à les refuser. M. Floquet me dit alors, avec un geste énergique de la main : « Monsieur, à votre place, je ferais comme vous. »

Là dessus nous nous retirâmes, mon père et moi. Néanmoins, les préoccupations dont les hommes les plus considérables et désintéressés, suivant ma conviction, se faisaient les interprètes près de moi, m'avaient décidé à ouvrir à M. de Reinach le crédit le plus grand possible. Et c'est ainsi que je réglai ultérieurement, le 16 juillet 1888, une somme totale de 4.940.475 francs, qui se décomposent de la manière suivante : 1° 3.390.475 francs montant du bénéfice de M. de Reinach dans le Syndicat ; 2° 1.550.000 francs qui constituaient la somme que je pouvais donner en présence des demandes ci-dessus exposées.

Nous savons que, sur cette somme de 4.940.475 francs, le baron de Reinach envoya à Cornélius Herz 2 millions le

19 juillet 1888 et que, les 21 et 30 juillet suivants, il versa à son compte, entre les mains de M. Chabert, une somme de 335.475 francs.

Au mois de septembre, Cornélius Herz vint à Paris pour y faire entendre de nouvelles réclamations; il eut une entrevue avec le baron de Reinach dans le bureau de M. Chabert. Là, on fit une transaction dont le baron paya le montant à Cornélius Herz qui donna sa parole d'honneur de ne plus rien réclamer à l'avenir.

Le baron de Reinach, espérant en avoir fini, écrivit à M. Charles de Lesseps, le 24 septembre 1888, une lettre qui commençait ainsi :

« J'ai payé tout le monde, et le docteur Herz en particulier. »

Vain espoir; l'infernal docteur n'était pas homme à lâcher sa proie avant de lui avoir sucé la dernière goutte de sang. De retour à Francfort-sur-le-Mein, il se mit à harceler le baron de réclamations incessantes en le menaçant de tout révéler si on ne lui payait pas le solde des 12 millions et en accentuant ses menaces par des télégrammes compromettants. Amadoué par un envoi de fonds, il consentit, sur la prière du baron, à expédier désormais des télégrammes chiffrés que Chabert se chargeait de traduire.

Sous l'empire de la terreur que lui causaient les menaces de son insatiable bourreau, l'infortuné baron épuisa toutes ses ressources sans parvenir à le contenter ; enfin, n'en pouvant plus, acculé aux dernières extrémités, il résolut de se débarrasser de lui en le faisant empoisonner. Un ancien mouchard de la préfecture de police, nommé Amiel, s'engagea à exécuter le coup moyennant une somme considérable ; mais après avoir touché un acompte d'avance, il s'enfuit au Brésil, préférant commettre un abus de confiance qu'un crime. Puis, décavé par des spéculations malheureuses et désireux de revenir en France, il écrivit à Cornélius Herz pour lui révéler le complot organisé contre sa vie, en ajoutant qu'il ne connaissait pas le nom de l'homme qui l'avait soudoyé, mais qu'ayant eu plusieurs entrevues avec lui aux environs de la Madeleine, il pourrait facilement le retrouver à Paris. Cornélius Herz demanda les lettres écrites pour fixer les rendez-vous. Amiel lui envoya une enveloppe sur laquelle il reconnut l'écriture du baron de Reinach.

Dès qu'il eut entre les mains cette preuve qui confirmait ses soupçons, Cornélius Herz se rendit au domicile du baron de Reinach pour l'accabler de reproches et de menaces. Celui-ci, pris la main dans le sac, voulut d'abord faire croire à une plaisanterie :

« Comment ! s'écria-t-il, vous avez pris cela au sérieux. C'était tout simplement pour me débarrasser de vous en vous obligeant, par la crainte, à aller plus loin. »

Cornélius Herz n'accepta pas cette explication et dit sévèrement au baron :

« Si vous aviez eu simplement l'intention de me faire fuir, vous m'auriez fait connaître vos tentatives au moment où elles se produisaient; or, je ne les ai connues que bien plus tard. »

Le baron de Reinach finit par avouer avec désinvolture, comme s'il se fut agi d'une peccadille, et tendant la main au docteur :

« Faisons la paix, lui dit-il; nous sommes faits pour nous entendre; à nous deux nous pourrons accomplir de grandes choses; nous serons les maîtres de Paris. Pour que notre union soit durable, je vous demande la main de votre fille pour mon fils aîné. »

« Nous verrons cela plus tard, répondit froidement Cornélius Herz; commencez par me payer ce que vous restez me devoir. En attendant, comme je vous sais capable de tout, je vais porter à Constans le dossier de cette affaire; si je suis assassiné, on saura à qui s'en prendre. »

L'infortuné baron de Reinach, englué dans son propre piège, fut obligé de s'exécuter jusqu'au bout. Dans l'espace de quelques mois, il parvint, à force d'expédients de toutes sortes, à verser à Cornéliuz Herz des sommes qui, ajoutées à celles qu'il lui avait précédemment remises, forment le total de 11.190.000 fr.

Cet audacieux chantage a valu à son auteur une condamnation à cinq ans de prison et 3.000 francs d'amende, prononcée par défaut, le 3 août 1894, par la huitième chambre correctionnelle du tribunal de la Seine.

CHAPITRE XXXI

L'émission de l'agonie.

Le lendemain de l'échec partiel de l'émission des valeurs à lots, M. Ferdinand de Lesseps écrivit une lettre de remerciements dans laquelle il disait :

Je remercie du fond du cœur cette légion nouvelle de 350.000 souscripteurs qui, répondant à mon appel, viennent d'assurer l'achèvement du canal maritime.

C'était un mensonge de plus ajouté à tant d'autres; M. Ferdinand de Lesseps savait bien que les 223 millions encaissés, sur lesquels on avait dû payer les dettes de la Compagnie et les frais d'émission, seraient loin de suffire à l'achèvement du canal.

Bientôt après, à l'Assemblée générale du 1er août, il était obligé d'en faire l'aveu dans un rapport dont voici la conclusion :

La France entière, on peut le dire, s'est associée pour l'exécution du canal maritime de Panama. Actuellement, plus de 600.000 de nos compatriotes sont directement intéressés au succès prochain de l'entreprise. Que chacun d'eux prenne ou fasse prendre deux obligations à lots et le canal est fait.

D'après ce rapport, il fallait donc, pour achever le canal, placer les 1.150.751 obligations non souscrites.

Ce résultat n'était pas facile à obtenir par suite de l'épuisement de l'épargne nationale et de la méfiance des petits capitalistes depuis trop longtemps bernés par de fallacieuses promesses.

Pour arriver à ses fins, la Compagnie constitua une agence dite « *Union des actionnaires* », dont elle paya tous les frais d'organisation et de fonctionnement. Selon ses habitudes de duplicité, elle fit croire que les actionnaires avaient pris spontanément cette initiative.

Le *Bulletin* du 16 septembre 1888 publia la note suivante :

Nous avons reçu de nombreuses lettres nous demandant des renseignements sur l'association qui vient de se former sous le titre : *Union des actionnaires et obligataires de Panama.*

Nous pouvons répondre à nos correspondants qu'un certain nombre de porteurs de titres de la Compagnie ont eu la pensée de constituer cette *Union*, dont le siège est à Paris, boulevard Haussmann, n° 50, afin de grouper tous les efforts et toutes les bonnes volontés dans le but de concourir au succès définitif de l'entreprise.

Cette initiative nous paraît mériter l'attention de nos co-associés.

L'*Union des actionnaires* créa dans toute la France environ quatre cents comités chargés de racoler des souscripteurs.

Pour seconder leurs efforts, M. de Lesseps entreprit avec son fils Charles une tournée de conférences. Ils se rendirent dans toutes les grandes villes où ils furent reçus pompeusement par les fonctionnaires et les notabilités locales. Partout, les foules accoururent pour entendre le fils développer les attrayantes perspectives du prochain achèvement du Canal, et surtout pour voir le *Grand Français* qui, soutenant aussi allègrement le poids des années que celui de ses responsabilités, terminait la conférence par un petit discours dans lequel il assaisonnait ses affirmations mensongères de plaisanteries et de bons mots. Les provinciaux contemplaient avec extase ce fils pieux et cet auguste vieillard dont les paroles puisaient un surcroît d'autorité dans la présence du maire, du préfet, des membres de la Chambre de Commerce, de tous les personnages groupés sur l'estrade. On écoutait religieusement, on applaudissait de confiance, et nul n'eût osé troubler ces cérémonies quasi-officielles en faisant la moindre objection aux deux imposteurs.

De retour à Paris après cette tournée

triomphale, M. de Lesseps adressa aux actionnaires, obligataires et correspondants de la Compagnie une circulaire dont voici le commencement :

Paris, le 29 novembre 1888.

Messieurs,

L'Union des actionnaires et obligataires de Panama vient de faire une vaillante campagne dont nous devons lui être reconnaissants. Si ses efforts généreux et *spontanés* n'ont pas obtenu tout le résultat espéré, ils nous ont donné une force nouvelle et précieuse.

J'ai appris, dans les luttes qui ont rempli ma vie, que le succès définitif est certain là où existent le courage, la confiance et la volonté inébranlable d'arriver au but.

A l'appel de l'Union, quatre cents comités se sont formés dans toute la France, affirmant l'énergie de ces sentiments.

J'en ai rencontré la vivante manifestation dans les témoignages de chaleureuse sympathie qu'on m'a prodigués, ainsi qu'à mon fils, lorsqu'à la demande d'un grand nombre de villes nous sommes allés simplement, loyalement, exposer la situation de l'entreprise.

Aujourd'hui, l'Union des actionnaires et obligataires de Panama possède une armée compacte, bien organisée, d'un demi-million de souscripteurs ayant placé leurs épargnes dans une entreprise à laquelle est attaché l'honneur de la France et qui sont résolus à aller jusqu'au bout.

Cette armée m'a demandé de me mettre à sa tête : je n'ai jamais reculé devant mes devoirs.

Un prospectus, répandu à profusion en même temps que cette circulaire, fit connaître les conditions de la souscription fixée au 12 décembre. On offrait 1.100.000 obligations à 325 francs, avec les garanties et avantages consentis pour l'émission du 26 juin précédent; le rabais était donc de 35 francs par obligation. Il était entendu que la souscription serait annulée si elle n'atteignait pas un minimun de 400.000 obligations.

Bien qu'on n'eût reculé devant aucun moyen pour attirer les capitaux, c'est à peine si 200.000 obligations furent souscrites, en sorte que la Compagnie se trouva forcée d'annuler la souscription, malgré son vif désir d'empocher l'argent.

En présence de ce lamentable échec qui consacrait la ruine définitive d'une entreprise dans laquelle plus de 800.000 petits capitalistes avaient placé leur épargne, les auteurs responsables du désastre commirent la suprême infamie de réaliser frauduleusement un dernier profit aux dépens de leurs victimes. La Compagnie dissimula pendant vingt-quatre heures l'échec de l'émission; ses correspondants officieux annoncèrent à la province que les résultats de la souscription étaient satisfaisants et cette fausse nouvelle fit monter les cours qui devaient s'effondrer sitôt la vérité connue. Les initiés purent gagner tout ce qu'ils voulurent en spéculant contre les petits capitalistes maintenus jusqu'au bout dans une confiance trompeuse.

C'est ainsi qu'un malhonnête coup de bourse couronna dignement cette longue série d'escroqueries.

CHAPITRE XXXII

Tentative de sauvetage.

M. de Lesseps se résigna enfin à avouer l'échec de l'émission par une lettre adressée aux actionnaires et obligataires. En même temps, le Conseil d'Administration décidait de suspendre le paiement des coupons et de solliciter du gouvernement le dépôt d'un projet de loi ayant pour objet de proroger pendant trois mois les échéances de la Compagnie.

Il fallait que celle-ci eût une bien grande confiance dans la complaisance du gouvernement pour oser lui demander une faveur aussi exceptionnelle et si peu justifiée; mais ayant rendu des services au ministère Floquet, elle avait le droit d'en exiger de lui. A défaut de reconnaissance, elle le tenait par la crainte du scandale, par le désir d'empêcher une faillite qui, avec son inévitable cortège de débats et de procès retentissants, devait fatalement amener de fâcheuses révélations.

Elle ne s'était pas trompée dans ses prévisions; le gouvernement accéda à sa demande avec autant d'empressement que de docilité. Le 14 décembre 1888,

M. Peytral, ministre des Finances, déposait sur le bureau de la Chambre un projet de loi prorogeant pour une durée de trois mois les échéances de la Compagnie de Panama, et, après avoir donné lecture de l'exposé des motifs, il réclamait la déclaration d'urgence.

M. Goirand combattit cette proposition avec le même talent et la même vigueur qu'il avait déployés quelques mois auparavant en adjurant la Chambre de ne pas se rendre complice de la duperie des émissions à lots. Voici le principal passage de son remarquable discours :

Le projet de loi, dit l'orateur, aurait pour conséquence, tout en semblant protéger les intérêts des tiers, de dépouiller les créanciers de Panama de toute garantie vis-à-vis de l'administration de cette Société qui, depuis des années, a donné au public le spectacle des mensonges et en même temps des manœuvres les plus coupables pour attirer dans ses caisses l'épargne française.

Je dis, Messieurs, que ce projet de loi a pour conséquence de dépouiller les créanciers de toute garantie. Et, en effet, vous savez quel est le caractère principal de la loi des faillites. Tout commerçant qui cesse ses paiements est en état de faillite ; par cela seul qu'il a cessé ses paiements, qu'il soit simplement malheureux ou qu'il soit coupable, il est dépouillé de l'administration de ses biens, il ne peut plus agir, il ne peut plus faire un seul acte commercial ; à ses lieu et place se substitue un mandataire de justice qui gère ses affaires, non pas dans son intérêt, mais dans l'intérêt de ses créanciers.

Or, quelle va être la situation de la Compagnie de Panama pendant cette période transitoire de trois mois fixée par le projet de loi ? Voilà une Compagnie qui, ayant suspendu ses paiements, n'aura plus un centime de crédit; il lui faut, pour continuer ses travaux, des espèces sonnantes; comment se les procurera-t-elle ? Le projet de loi lui donne toute latitude : elle pourra conférer des gages, des hypothèques, elle pourra engager son matériel, son avenir à vil prix, comme le font les débiteurs aux abois; et tout cela sera opposable aux créanciers !

Véritablement, est-ce là une situation que nous devions créer, et créer en faveur de qui ? En faveur de cette administration de Panama, hélas ! trop connue, en faveur de ce Conseil d'Administration dont toutes les audacieuses affirmations ont été contredites par les événements. C'est pour prolonger la gestion de ces hommes que vous allez faire une loi d'exception.

Je dis que cela est d'autant plus impossible que, récemment encore, l'Administration du canal de Panama s'est livrée à des agissements que chacun de vous connaît.

Avant-hier, alors qu'il était évident, qu'il était certain pour la Compagnie que son émission n'était pas couverte, alors que les dépêches de ses correspondants de province et que les résultats donnés par les établissements financiers de

Paris constataient l'échec absolu, irrémédiable de la souscription, que s'est-il passé ? En présence de plus de quatre cents souscripteurs, le président-directeur ose déclarer publiquement que la souscription est couverte !

Il y a plus : la Compagnie, qui avait conscience de son échec, qui en avait la certitude dès mercredi soir, l'a volontairement dissimulé ; pendant toute la journée d'hier la presse a été muette, et alors que le silence se faisait dans la presse parisienne, les correspondances officieuses de la Compagnie annonçaient à la province que les résultats de la souscription étaient satisfaisants.

Quelles ont été les conséquences de cette affirmation mensongère ? Elles ont eu leur répercussion naturelle sur les cours de la Bourse. Alors que cet événement, qui devait frapper la Compagnie de mort, s'était produit le mercredi, le jeudi la totalité de ses titres montait à la Bourse. Comment expliquer un pareil fait ? Comment expliquer que les actions, qui étaient, le mercredi, à 150, se soient trouvées le jeudi à 158, et, chose plus inouïe, que les mêmes obligations, dont la souscription venait d'échouer si piteusement, aient monté entre la journée du mercredi et celle du jeudi de 230 à 280 francs ? Parcourez la cote des diverses valeurs de Panama, sur toutes vous constaterez ce même relèvement des cours.

A ce phénomène extraordinaire, je ne trouve, quant à moi, qu'une explication raisonnable : ceux qui connaissaient l'événement en ont prolité au détriment de ceux qui ne le connaissaient pas. Et on peut inférer de là que, hier, le monde financier de Paris a joué à coup sûr contre le malheureux petit capitaliste de province.

Paris connaissait le fait, la province l'ignorait; et les opérations qui se sont traitées hier à la Bourse ont été un prélèvement odieux fait par la spéculation sur la petite épargne, avec la complicité de la Compagnie.

M. Peytral, sans se laisser émouvoir par cette écrasante révélation, insista de nouveau pour obtenir le vote de l'urgence.

« Il est étrange, observa M. de Kergariou, de voir un gouvernement républicain demander une loi de privilège pour une Société comme celle de Panama, alors qu'on refuserait à un honnête commerçant ruiné par elle la prorogation de ses échéances. »

M. Floquet, président du Conseil, intervint à son tour pour essayer de dégager la responsabilité du Gouvernement si gravement engagée dans cette affaire; puis, invoquant hypocritement l'intérêt des petits porteurs de titres, il déclara qu'il fallait donner à la Compagnie le temps de chercher une combinaison nouvelle.

M. Paul de Cassagnac ne pouvait laisser échapper une telle occasion de cravacher ses adversaires; aussi s'empressa-t-il de monter à la tribune avec cette morgue dédaigneuse qui sied si bien à sa mordante éloquence :

La responsabilité de cette affaire, dit-il, incombe tout entière au Gouvernement qui est sur ces bancs. J'ai peur pour le parti républicain tout entier que l'opinon publique ne pense comme moi et n'estime qu'un gouvernement n'est pas fait seulement pour servir de commissionnaire complaisant et machinal, et pour venir porter à cette tribune, avec une neutralité pleine d'indifférence, sans opinion et sans idée, des projets de loi qui peuvent engager la fortune de la France.

Or, le Gouvernement est venu une première fois vous proposer un projet de loi que nous avons voté en majorité dans cette Chambre.

M. le Ministre des Affaires Étrangères. — C'était un projet dû à l'initiative parlementaire.

M. Paul de Cassagnac. — Oui, mais vous l'avez appuyé de votre autorité morale en ne le combattant pas, alors que vous aviez le devoir impérieux de vous mettre en travers, si vous saviez l'affaire mauvaise ou même simplement aléatoire. Vous êtes venus, dans la personne de votre ministre des finances, déclarer que vous n'y trouviez aucune objection ; cela équivaut à une pleine et entière approbation.

Eh bien ! quel doit être le rôle du Gouvernement, quand une affaire aussi grave que celle de Panama vient solliciter le concours des élus du pays par des formes inusitées, par des formes anormales ?

Le devoir du Gouvernement est de savoir ce qui se passe dans cette Société et de le dire.

M. le Ministre des Finances. — Nous le savons.

M. Paul de Cassagnac. — Vous le savez ? Pourquoi donc alors n'êtes-vous pas venu une seule fois le dire à cette tribune, et de façon que tout le monde le sache ? Jamais ! Vous ne l'avez jamais fait !

Le Gouvernement a pris la décision d'envoyer à Panama un ingénieur pour savoir ce qui s'y passait. Cet homme est revenu ; qu'est devenu son rapport ? Ce rapport a été caché. Ce rapport a été mis sous les scellés ; jamais nous ne l'avons eu entre les mains. Jamais le public n'a été mis à même de savoir s'il faisait une bonne ou une mauvaise affaire en mettant son argent dans l'entreprise du canal de Panama. Ce rapport n'a jamais été publié ; l'opinion publique ne le connaît pas ; le Gouvernement seul le connaissait ; il savait ce qui se passait, il savait parfaitement, lors de l'émission des valeurs à lots, que l'affaire de Panama était compromise ; il devait le savoir et, le sachant, il devait venir le dire.

Et tous ces petits porteurs auxquels M. le Président du Conseil faisait allusion tout à l'heure avec une compassion toute tardive et bien de commande, ces petits porteurs qui sont au nombre de 1.100.000, quand donc le Gouvernement est-il venu leur dire : « Faites attention, n'engagez pas dans cette affaire vos dernières économies, votre dernier capital !

Vous ne l'avez jamais fait. Vous êtes venus ici deux fois, vous présentant comme des agents de transmission; vous qui avez en main les grands intérêts financiers de la France, vous n'avez pas fait votre devoir.

Vous étiez averti et vous n'avez pas averti le pays; s'il y a une ruine, elle doit retomber tout entière sur la tête du Gouvernement; c'est la majorité républicaine qui en portera la responsabilité.

Quoique M. Paul de Cassagnac eût lui-même constamment soutenu la Compagnie de Panama à la Chambre et dans son journal, cela n'empêchait pas les reproches qu'il adressait au Gouvernement d'être parfaitement fondés. Mais il avait trop montré dans son discours qu'il ne cherchait qu'à ramasser une arme au milieu des ruines pour s'en servir contre le parti républicain aux prochaines élections. A ses incriminations contre l'attitude de la Gauche, on répondit en incriminant le rôle de la Droite; les deux côtés de l'Assemblée se rejetèrent réciproquement une responsabilité dont l'un et l'autre avaient leur part.

M. Rouvier, dénonçant la tactique des conservateurs, clama d'une voix pleurarde qu'il fallait à tout prix empêcher une catastrophe pour éviter que les adversaires de nos institutions ne les en rendissent responsables.

Enfin, après un discours de Jaurès

contre le projet de loi, l'urgence fut votée par 333 voix contre 155. La Chambre décida ensuite que le projet serait examiné par une Commission de vingt-deux membres nommée le jour même dans les bureaux, et la séance fut renvoyée au lendemain pour statuer définitivement.

Tandis que les députés se rendaient dans leurs bureaux respectifs, M. Ferdinand de Lesseps, qui venait de suivre anxieusement la discussion, entra d'un air radieux dans le salon de la Paix, et là, interprétant le vote de l'urgence dans un sens favorable à ses desseins et affichant une confiance absolue dans le succès final de son entreprise, il fit entrevoir aux journalistes qui l'entouraient les nouvelles pluies d'or destinées à faire germer de nouvelles émissions.

Le *Grand Français* avait déjà retrouvé tout son aplomb et tout son prestige; il parlait de ses luttes passées, des difficultés jadis vaincues, de la grande victoire qu'il remporterait encore avec l'aide du Parlement, et les correspondants de la presse, groupés autour de lui, recueillaient précieusement ses paroles pour les télégraphier aux quatre coins du globe.

Mais alors qu'évoquant le magique souvenir de Suez il affirmait audacieusement qu'il percerait l'isthme de Panama malgré tous les obstacles, on annonça coup sur coup que la Commission nommée renfermait une majorité hostile au projet de loi, qu'elle avait décidé, après une courte délibération, d'en proposer le rejet, et que M. Jumel était chargé de rédiger un rapport nettement défavorable.

Les auditeurs de M. de Lesseps, subitement dégrisés, retombèrent du rêve dans la triste réalité; mais lui, payant d'audace, s'efforça de les rassurer :

« Qu'importe la décision prise honteusement dans un coin par vingt-deux sous-vétérinaires de province! dit-il avec un haussement d'épaule. Demain il faudra discuter au grand jour de la tribune, à la face du pays, et je ne crois pas qu'un seul membre du Parlement puisse me refuser son vote, parce que son refus entraînerait non seulement la ruine d'une affaire française, mais aussi la ruine du crédit français. »

Le lendemain, M. Jumel lut son rapport et le développa en mettant la Chambre en garde contre une loi qui, déclara-t-il, serait, comme la loi votée au mois d'avril précédent, un nouveau leurre avec lequel on tromperait ceux qui apporteraient à l'avenir leur argent à la Compagnie.

En dépit des efforts de M. Peytral, qui invoqua avec des larmes de crocodile l'intérêt des 870.000 travailleurs dont l'épargne se trouvait engagée, le projet de loi fut repoussé à la majorité de 256 voix contre 181.

Ce vote fut fort mal accueilli par la presse; elle se déchaîna rageusement contre ceux qui la frustraient dans ses espérances de prochaines distributions.

« Ils veulent paraître des purs, ils ne sont que des imbéciles », dit le *National*.

Citer tous les articles qui s'abattirent sur la Chambre comme une volée de pommes cuites serait fastidieux. Bornons-nous à cueillir dans la *Patrie* l'échantillon que voici :

> La Chambre des députés, dont la délicatesse n'est cependant pas le péché mignon, qui a trop bien connu et pratiqué les corruptions wilsonniennes, a été prise hier d'un accès de puritanisme qui jure singulièrement avec son attitude antérieure.

Cette pauvre Chambre eut aussi à subir les outrages de M⁽ᵐᵉ⁾ de Lesseps, qui lui reprocha, dans une violente crise de nerfs, d'avoir commis une *félonie*.

Le mot était dur. Etait-il juste? Non, car la majorité qui avait autorisé l'émission des valeurs à lots ne devait plus rien à M. de Lesseps; ce vieux corrupteur s'était montré bien naïf en sollicitant une nouvelle faveur sans charger le baron de Reinach d'effectuer une nouvelle distribution de chèques.

Mais la caisse était vide et le baron de Reinach boudait la Compagnie qui, ne voulant rien lui donner au delà des 4.940.475 francs déjà versés, le laissait se débattre avec Cornélius Herz dont il calmait momentanément les menaces avec la promesse de lui faire obtenir, par son illustre ami Crispi, le grand cordon des Saints Maurice et Lazare.

Quant à Arton, devenu trop riche pour *travailler*, il menait joyeuse vie avec l'argent destiné au paiement des votes du mois d'avril. Quelques députés avaient vainement essayé de lui faire rendre gorge par l'entremise d'un ami discret; l'intermédiaire, après des efforts infructueux, fut obligé de renoncer à ses démarches; il rompit d'inutiles pourparlers par une lettre dans laquelle il disait à Arton, entre autres aménités :

Eh bien ! vous n'êtes qu'un talon rouge en vieux zinc, qu'un juif défroqué, qu'un proxénète panamiste mettant dans ses poches les trois quarts des sommes qu'il se vante d'affecter à l'achat des consciences parlementaires.

Arton ne fit que rire de cet impuissant courroux, mais les parlementaires dupés se vengèrent en donnant le coup de grâce à la Compagnie de Panama.

CHAPITRE XXXIII

L'effondrement

Il semblerait que le Conseil d'Administration de la Compagnie de Panama n'avait pas grand espoir dans le vote du projet de loi déposé par le Gouvernement le 14 décembre, car, le même jour, il présentait une requête au Président du Tribunal civil de la Seine pour obtenir la nomination d'administrateurs provisoires.

Le Président du Tribunal rendait immédiatement une ordonnance ainsi conçue :

Nommons MM. Denormandie, Baudelot et Hue administrateurs provisoires de la Compagnie du Canal interocéanique avec les pouvoirs les plus étendus pour gérer et administrer la Société, et notamment assurer la continuation des travaux, et, pour y parvenir, les autorisons à contracter tous emprunts, constituer tous nantissements, faire tous paiements, passer tous traités, signer tous actes, intenter toutes demandes judiciaires ou y défendre, et généralement faire tous actes judiciaires aux fins de leur mission.

Cette ordonnance fut confirmée le lendemain 15 décembre par jugement de la Chambre du Conseil.

Comme la caisse était vide, les administrateurs provisoires songèrent tout d'abord à se procurer de l'argent pour faire face aux échéances les plus urgentes; ils essayèrent de contracter un emprunt, mais ne purent y réussir, et le sénateur Denormandie, devenu l'un des administrateurs provisoires de cette Société dont l'entreprise, disait-il six mois auparavant, devait ajouter une page glorieuse à notre histoire, n'offrit rien de sa poche bien qu'il fût à la tête d'une fortune considérable.

M. de Lesseps chercha de son côté à créer une nouvelle Société dite *Compagnie Universelle pour l'achèvement du Canal interocéanique* au capital de trente millions, représenté par 60.000 actions de 500 francs; cette tentative échoua faute de souscripteurs.

Tout espoir de relèvement étant perdu, les directeurs de la Compagnie de Panama ne songèrent plus qu'à amortir la chute. Eviter la déclaration de faillite, obtenir la nomination d'un liquidateur complaisant et se soustraire ainsi aux lourdes responsabilités qu'ils avaient encourues, telles furent désormais leurs seules préoccupations.

Le liquidateur complaisant, ils le découvrirent dans la personne de M. Brunet, ancien ministre de l'instruction publique sous le gouvernement du 16 mai 1877, et ami dévoué de M. de Lesseps.

Quant au moyen d'éviter la faillite, il consistait à faire proclamer par les tribunaux que la Société de Panama n'était pas une société commerciale, mais une société civile.

Une fois leur plan bien arrêté, ils convoquèrent pour le 26 janvier 1889 l'Assemblée générale des actionnaires. La moitié du capital social ne s'y trouvant pas représentée ainsi que l'exigeaient les Statuts pour qu'il fût pris une décision valable, ils firent voter par les actionnaires présents, au nombre de 5.023, le vœu suivant :

L'Assemblée,

Bien qu'elle ne puisse pas délibérer, exprime le vœu que la Compagnie universelle du Canal interocéanique soit dissoute et qu'un liquidateur soit nommé avec les pouvoirs les plus étendus pour faire tout traité, céder tout ou partie de l'actif de la Société actuelle, par voie d'apport ou autrement, à une Société nouvelle, au mieux des intérêts de la Société actuelle, et que M. Brunet soit choisi comme liquidateur, avec faculté de se pourvoir au besoin pour demander l'adjonction d'un ou de plusieurs liquidateurs.

Aussitôt que ce vœu eut été obtenu, MM. le baron Cottu et de Mondésir, administrateurs de la Société, l'assignèrent, d'accord avec elle, devant le tribunal civil de la Seine, pour faire prononcer la dissolution et nommer un liquidateur.

A l'audience du 30 janvier, M° Durier, avocat des demandeurs, soutint que la Société de Panama était une société civile et demanda sa mise en liquidation; puis il insinua habilement le nom de M. Brunet, mis en avant, dit-il, par l'Assemblée générale des actionnaires.

La thèse développée triompha sans difficulté en l'absence de tout contradicteur; le 4 février, le président, M. Aubépin, prononça le jugement suivant :

Le Tribunal :

Attendu que le caractère civil ou commercial d'une Société se reconnaît non point à la forme particulière dont elle est revêtue, mais à la nature de l'entreprise qui en constitue l'objet principal; qu'il importe donc peu que la Compagnie du Canal interocéanique de Panama soit une société anonyme, cette circonstance ne suffisant pas à lui imprimer un caractère commercial;

Attendu, quant à son objet, que, suivant l'article 2 de ses Statuts, il comprend la construction d'un canal maritime de grande navigation entre l'Océan Atlantique et l'Océan Pacifique, à travers la partie de l'isthme américain dépendant des Etats-Unis de Colombie ainsi que l'exploitation dudit canal et des entreprises diverses qui s'y rattachent; qu'en réalité la

Société a été établie pour l'exploitation du canal et en vue des bénéfices qu'elle peut procurer et que la construction même n'est pas le but prédominant de l'entreprise, mais seulement le moyen nécessaire pour la réaliser;

Que l'exploitation ne peut être davantage assimilée à une industrie de transports, la Société se bornant à ouvrir une voie nouvelle à la navigation, moyennant des redevances déterminées;

Attendu, dès lors, que la Compagnie a pour objet principal la mise en valeur d'une chose immobilière dans des conditions où l'État de Colombie aurait pu l'exploiter lui-même s'il ne l'avait concédée à des tiers; qu'elle est donc purement civile, et, qu'à ce titre, sa durée étant d'ailleurs limitée, chacun des associés est autorisé à en demander la dissolution;

Attendu qu'il est établi dès maintenant que la Compagnie du Canal de Panama a cessé de fonctionner régulièrement; qu'elle a suspendu le service de ses titres et que les travaux du Canal ne sont assurés que pour un temps très limité; que depuis le 14 décembre son administration a dû être provisoirement confiée à des mandataires de justice qui ont pris les mesures nécessaires pour sauvegarder temporairement les intérêts considérables attachés à son existence; que ces mesures toutes provisoires sont aujourd'hui insuffisantes ou le deviendront à bref délai, et qu'il est urgent d'aviser pour conjurer des périls dont les conséquences seraient irréparables;

Attendu dès lors qu'il y a lieu de prononcer la dissolution de la Compagnie et de pourvoir à sa liquidation.

PAR CES MOTIFS,

Prononce la dissolution de la Compagnie universelle du Canal interocéanique de Panama et ordonne qu'il sera procédé à sa liquidation ;

Nomme M. Joseph Brunet liquidateur de ladite Compagnie avec les pouvoirs les plus étendus, notamment pour céder ou apporter à toute Société nouvelle tout ou partie de l'actif social, pour passer ou ratifier avec les entrepreneurs du Canal de Panama tous accords ayant pour but d'assurer la continuation des travaux et pour, à cet effet, contracter tous emprunts et constituer tous nantissements ;

L'autorise dès maintenant à solliciter par les voies ordinaires tous pouvoirs particuliers qui seraient nécesssaires pour l'exécution de sa mission et, s'il le juge utile, l'adjonction d'un ou plusieurs liquidateurs ;

Ordonne l'exécution provisoire du présent jugement nonobstant appel et sans caution ;

Condamne la Compagnie défenderesse aux dépens.

A peine la Compagnie de Panama venait-elle d'obtenir ce résultat, qu'il faillit lui échapper. Assignée devant le Tribunal de Commerce par la Société de Travaux publics et Constructions en paiement de travaux et règlement de compte, elle déclina vainement la compétence de la juridiction consulaire en faisant valoir les arguments récemment développés devant le Tribunal civil.

Le Tribunal de Commerce repoussa sa prétention par un jugement en date du 18 février dont voici les principaux passages :

Le Tribunal,

Attendu qu'aux termes du paragraphe 1er de ses statuts la Compagnie de Panama a pour objet la construction d'un canal maritime de grande navigation ;

Que la construction dudit canal ne peut être par sa nature, par son importance, considéré comme l'accessoire de l'exploitation ;

Qu'il en résulte que l'œuvre principale de la Société était la construction du Canal et par suite une opération essentiellement commerciale ;

Attendu que le paragraphe 2 des statuts détermine que la Société a aussi pour objet l'exploitation dudit canal et des entreprises qui s'y rattachent ;

Qu'il ne s'agissait donc pas, le canal achevé, de percevoir simplement un droit de passage, mais bien d'obtenir ce passage par des travaux ne pouvant être interrompus et donnant à la Compagnie un caractère industriel commercial qu'elle repousse vainement ;

Attendu que le même paragraphe énonce encore qu'à l'exploitation du Canal la Société défenderesse ajoutera l'entreprise de celles qui s'y rattachent;

Que ces entreprises ne pouvaient être autres que des opérations commerciales;

Que de ce chef encore la Compagnie défenderesse est une Société commerciale;

Qu'en fait la Compagnie exploite ou fait exploiter le chemin de fer de Colon à Panama dont elle possède 62.200 actions sur 70.000;

Que de ce chef encore la Société est commerciale;

Que ladite Société, dans les nombreux litiges soumis à ce Tribunal, n'a jamais opposé jusqu'ici l'exception d'incompétence qu'elle invoque aujourd'hui;

Qu'il convient donc de décider qu'à tous égards la Compagnie du Canal de Panama est commerciale et le Tribunal compétent;

Par ces motifs,

Se déclare compétent.

Appel ayant été interjeté de ce jugement, l'affaire vint le 5 mars devant la première Chambre de la Cour de Paris, présidée par M. Lefebvre de Viefville. Mº Durier, qui se présentait au nom du liquidateur de la Société de Panama, avait pour adversaires Mº Trarieux, avocat de la Société de Travaux publics, et Mº Levasseur, avocat de M. Ménier-Méhul, actionnaire intervenant au procès.

Ce malheureux actionnaire, présent aux

débats, eut à essuyer une violente tirade de Mᵉ Durier :

« La déclaration de faillite, s'écria l'éminent avocat, en le désignant du doigt, n'est demandée que par certains spéculateurs que j'ai retrouvés à cette barre, qui suivent les entreprises de cette nature comme des requins suivent un navire. »

« Je demande la parole pour un fait personnel », balbutia le pauvre homme indigné de s'entendre traiter de requin par les requins du Panama.

» Audiencier, faites sortir à l'instant ! Faites sortir cet individu », ordonna le président d'un ton furieux.

Une fois l'interrupteur expulsé, Mᵉ Durier termina sa plaidoirie par une émouvante péroraison dans laquelle il prophétisa le succès final de la grande œuvre entreprise par M. de Lesseps.

Le sénateur Trarieux se leva à son tour; chacun crut qu'il allait déployer toutes les ressources de son éloquence et de sa science juridique pour demander la confirmation du jugement attaqué. A la surprise générale, il se contenta de déclarer avec solennité qu'il s'en rapportait à la Cour.

On comprit que la Société des Travaux publics, ayant obtenu satisfaction, était de connivence avec le liquidateur de la Compagnie de Panama. La perspective d'avoir pour adversaire un membre influent de la Haute Assemblée, en qui on saluait déjà un futur ministre de la

Justice, avait amené M. Brunet, instrument docile des de Lesseps, à subir les plus dures conditions.

Cette défection d'un puissant allié rendait très lourde la tâche qui incombait à l'avocat de la partie intervenante. Aussi plaida-t-il sans grand espoir de succès.

Je suis quelque peu surpris et ému, dit M° Levasseur au début de sa plaidoirie. J'avais cru que la Société des Travaux publics, par l'organe de mon confrère, M° Trarieux, défendrait énergiquement le système consacré par le jugement du Tribunal de Commerce. Il n'en a rien été et je suis obligé de répondre seul aux arguments de M° Durier.

Après cet exorde mélancolique, M° Levasseur s'attacha à démontrer le bien fondé des considérants du jugement et cita l'opinion conforme de M. Leroy-Beaulieu.

L'avis du célèbre économiste ne fut sans doute pas d'un grand poids dans la balance, car, à l'audience du 9 mars, la Cour rendit un arrêt infirmant le jugement du Tribunal de Commerce et disant que la Société de Panama était une société civile.

Les directeurs et administrateurs de la Compagnie, remis de leur alerte, s'endormirent paisiblement ce soir-là, heureux de voir leur sort rester entre les mains paternelles de M. Brunet.

CHAPITRE XXXIV

Récapitulation des sommes escroquées par la Compagnie de Panama.

Avant de continuer le récit chronologique des innombrables épisodes de cette affaire si complexe, arrêtons-nous un instant pour établir le montant des sommes versées à la Compagnie et pour rechercher leur emploi.

Pendant ses huit années d'existence, la Compagnie de Panama a obtenu, à l'aide des manœuvres frauduleuses que nous avons racontées, le versement des sommes suivantes :

Capital social..............F.	300.000.000
Premier emprunt............	109.375.000
Deuxième emprunt...........	171.000.000
Troisième emprunt..........	125.850.674
Quatrième emprunt..........	19.310.093
Cinquième emprunt..........	206.460.900
Sixième emprunt............	113.910.280
Septième emprunt...........	34.997.635
Émission des valeurs à lots..	254.603.872
Total..........	1.335.538.454

Si nous ajoutons le bénéfice des parts de fondateur qui fut, d'après M. l'expert Flory, de 67.500.000 francs, nous arrivons au total de :

1.403.038.454 francs.

Tel est le montant de cette gigantesque escroquerie.

Cette somme colossale, obtenue par la fraude, a été en grande partie gaspillée et détournée de sa destination ainsi que nous allons le montrer en recherchant son emploi.

Nous savons déjà ce que sont devenus les 67.500.000 francs représentant le produit de la vente des parts de fondateurs.

Cet argent a été directement dans les poches de MM. Ferdinand et Charles de Lesseps, des membres des syndicats de 1879 et de 1880, de M. Lévy-Crémieux et des diverses personnalités dont on voulut s'assurer le concours au début de l'entreprise.

Puisqu'il n'est pas entré dans les caisses de la Société, celle-ci n'a pas à en rendre compte.

Opérons en donc la déduction et revenons au chiffre de 1.335.538.454 francs.

Il faut ajouter maintenant, pour avoir le montant total des sommes dont la Compagnie de Panama a disposé depuis sa création jusqu'à sa déconfiture :

1° PRODUITS DIVERS

Produits des placements de fonds disponibles............	8.624.336
Dividende du Panama-Rail-Road............	20.612.941
Produits divers à Paris......	593.945
Produits divers dans l'isthme.	9.014.298

2° CRÉANCIERS DIVERS

Solde restant dû sur les coupons d'actions mis en payement............	932.756
Solde restant dû sur les coupons d'obligations mis en payement............	4.087.004
Solde restant dû sur les obligations appelés au remboursement............	1.410.773
Effets à payer............	15.160.164
Mandats à payer............	12.754.575
Divers créanciers............	20.823.035
Retenues de garantie (Titres).	2.000.000
Cautionnements des entrepreneurs............	3.000.000
Total......	99.013.827
A reporter......	1.335.538.454
Total général....	1.434.552.281

Ainsi, pendant ses huit années d'existence, la Compagnie de Panama a disposé d'une somme totale de un milliard quatre cent trente-quatre millions cinq cent cinquante-deux mille deux cent quatre-vingt-un francs.

Qu'est devenue cette immense quantité d'argent? C'est ce que nous allons rechercher à l'aide du rapport de M. l'expert Flory.

CHAPITRE XXXV

Où est passé l'argent.

L'emploi des sommes que la Compagnie de Panama a eues à sa disposition depuis sa fondation jusqu'au jour de sa liquidation se résume ainsi :

Frais de premier établissement ....F.	10.941.000
Charges sociales............	249.568.058
Dépenses d'administration...	100.991.482
Frais d'émission............	117.371.342
Travaux pour la construction du Canal	578.923.623
Immobilisations	119.826.472
Actions du Panama-Rail-Road	93.268.186
Actif disponible.............	163.662.218
Total ....F.	1.434.552.281

Nous allons examiner séparément chacun de ces huit chapitres.

1° FRAIS DE PREMIER ÉTABLISSEMENT

Ces frais se répartissent de la manière suivante :

Dix millions payés à la Société Turr et Reclus pour l'achat de la concession;

750.000 francs pour le remboursement à cette Société du cautionnement par elle versé au gouvernement colombien;

191.000 francs d'appointements à deux représentants diplomatiques que la Compagnie de Panama entretenait à Cogota, auprès du gouvernement colombien, pour aplanir les difficultés qui pouvaient surgir.

2° CHARGES SOCIALES

Voici le détail de ce chapitre :

Intérêts payés sur les actions. F.	68.236.800
Intérêts payés sur les obligations	152.356.220
Charges diverses des titres (impôts, droits de concession, etc.)	5.051.038
Amortissement des obligations.	23.924.000
Total........F.	249.568.058

L'importance de la somme payée pour les intérêts des obligations montre que la Compagnie de Panama s'était créée, par ses nombreux emprunts, des charges très lourdes sous le poids desquelles elle devait fatalement succomber.

3° DÉPENSES D'ADMINISTRATION

A Paris, les dépenses d'administration se sont élevées, depuis la constitution de la

Société jusqu'à sa chute, à 15.604.400 fr., sur lesquels l'administration supérieure a absorbé 5.070.660 francs.

M. Ferdinand de Lesseps a touché à lui seul 968.749 francs, tant pour ses appointements de président-directeur que comme frais de représentation. Son fils Charles a reçu 289.499 francs en sa qualité de sous-directeur.

Les jetons de présence empochés par les membres du Conseil d'administration forment une somme totale de 1.880.000 fr.

Ce Conseil d'administration était ainsi composé :

Comte Ferdinand de Lesseps, Grand-Croix de la Légion d'honneur, membre de l'Académie française et de l'Académie des sciences, ancien ministre plénipotentiaire, président de la Compagnie du Canal de Suez;

Allavène, général en retraite, Commandeur de la Légion d'honneur;

Comte de Circourt;

Charles Cousin, inspecteur principal du chemin de fer du Nord, chevalier de la Légion d'honneur;

Daubrée, membre de l'Institut, directeur de l'école des Mines, Grand Officier de la Légion d'honneur;

Dauprat, administrateur de la Compagnie du Canal de Suez;

Marius Fontane, secrétaire général de la Compagnie du Canal de Suez, chevalier de la Légion d'honneur;

Emile de Girardin;

Comte de Gontaut-Biron;

John Harjès, de la maison Drexel, Harjès et C¹ᵉ.

Max Helmann, de la maison Seligmann frères et C¹ᵉ;

Baron Jules de Lesseps, administrateur du Canal de Suez;

Charles de Lesseps, vice-président de la Compagnie du Canal de Suez, officier de la Légion d'honneur;

Victor de Lesseps, administrateur de la Compagnie du Canal de Suez;

Comte de Mondésir, administrateur de la Compagnie du canal de Suez;

Motet-Bey, administrateur de la Compagnie du Canal de Suez;

Mourette, administrateur de la Compagnie du Canal de Suez;

Félix Nouette Delorme, administrateur des chemins de fer de Paris à Lyon et à la Méditerranée;

Adolphe Peghoux, conseiller honoraire à la Cour des Comptes, administrateur de la Compagnie du Canal de Suez, officier de la Légion d'honneur;

Baron Poisson, administrateur de la Société de Dépôts et Comptes courants;

Ernest Prévost;

William Seligmann, de la maison Seligmann frères et C¹ᵉ;

Général Etienne Türr, aide de camp honoraire de S. M. le roi d'Italie, officier de la Légion d'honneur;

Léon Renault, avocat à la Cour d'appel de Paris, député, puis sénateur des Alpes-Maritimes, ancien préfet de police, officier de la Légion d'honneur;

Ce dernier, nommé, comme les précédents, par les statuts, le 17 décembre 1880, fut obligé de donner sa démission le 10 juillet 1883, les règlements du barreau de Paris interdisant à ses membres les fonctions d'administrateur d'une société financière.

Les administrateurs dont les noms suivent furent désignés à différentes époques par les Assemblées générales : Piat, Tourneux, Delagarde, Harel, Herbette, Motet, Henri Cottu, colonel comte de Moucheron, Rapatel.

Ces banquiers, ces gentilshommes, ces anciens officiers, ces membres de la Légion d'honneur, dont les noms inspiraient au public une entière confiance, avaient à remplir un devoir de surveillance et de contrôle. Au lieu de s'en acquitter, ils ont systématiquement fermé les yeux sur les agissements frauduleux, sur les affirmations mensongères, sur la dilapidation des fonds confiés à leur vigilance. Ils ne se sont inquiétés que de toucher leurs jetons de présence. La complicité muette de ce brillant état-major a coûté 1.880.000 francs, sans compter les sommes payées à ses membres sous d'autres rubriques.

Non moins complaisante et non moins docile, la Commission supérieure consultative des travaux, composée de savants et d'ingénieurs dont nous avons déjà donné les noms, s'est partagé 331.283 fr.

Le Comité américain, qui ne comprenait qu'un président et deux membres, a donné signe de vie en palpant une allocation initiale de 1.200.000 francs, et 1.581.557 francs d'appointements, sans parler des douze millions sur les frais d'émission que nous rencontrerons bientôt. Les Américains, comme on le voit, ont coûté gros, ce qui ne prouve nullement une valeur exceptionnelle, car la Compagnie de Panama a souvent acheté le plus cher ceux qui valaient le moins.

Les fastueux voyages de MM. Ferdinand et Charles de Lesseps dans l'isthme avec leur escorte d'ingénieurs et de membres des Chambres de commerce se sont soldés par une note de 613.231 francs.

La publication du *Bulletin du Canal*, répandu à profusion dans les villes et dans les campagnes, a laissé, déduction faite des recettes d'abonnements, un déficit de 288.790 francs.

Si on ajoute les dépenses pour indemnités diverses, personnel et fournitures des bureaux, impôts, assurances, chauffage, impressions, affranchissements, télégrammes, convocations des Assemblées générales, frais judiciaires, etc., on arrive au total de 15.601.400 francs pour Paris seulement.

Dans l'isthme, le gaspillage a pris de beaucoup plus vastes proportions; les dépenses annuelles, qui n'étaient que de 4.507.255 francs en 1881, atteignirent 13.412.205 francs en 1886.

Pour les besoins de ses différents services, la Compagnie entretenait une armée d'employés dont le nombre et les appointements étaient singulièrement exagérés. Citons comme exemple :

Un directeur général	F. 100.000	par an.
Un chef de division	70.836	—
Second chef de division	62.964	—
Un chef de division adjoint	48.168	—
Six autres chefs de division, chacun	48.168	—
Un adjoint à la division générale	48.168	—
Un chef de contentieux	48.168	—
Un attaché à la direction	39.692	—
Sept sous-chefs de division, chacun	28.332	—
Un chef de service des ateliers	25.500	—
Un adjoint au chef	24.084	—
Six chefs de bureau, chacun	22.660	—
Un avocat-conseil	21.252	—
Quatorze chefs de bureau, chacun	19.830	—
Soixante-sept sous-chefs, chacun	15.370	—

En comptant les médecins, les pharmaciens, les infirmiers, les aumôniers, les hommes de police, les facteurs des postes et les télégraphistes, on arrive au total de 886 employés de toutes sortes.

Aussi n'est-il pas étonnant que les dépenses d'administration dans l'isthme aient absorbé 85.387.082 francs en huit années.

4° FRAIS D'ÉMISSION

Ce chapitre est celui de la corruption. Donnons-en d'abord le détail :

Paiement au Syndicat américain............F.	12.000.000
Remboursement au Syndicat de 1879....................	2.051.827
Syndicats.................	40.811.932
Options....................	7.186.655
Allocations diverses aux établissements de crédit et aux banquiers....................	9.932.126
Commissions de placement et commissions sur versements.	19.073.182
Publicité	20.253.503
Imprimés..................	6.062.117
Total....F.	117.371.342

Admettons que les dépenses portées pour commissions de placement, commissions sur versements et imprimés soient légitimes et n'aient point été majorées; déduisons-en le montant qui est de 25.135.209 francs. Il nous reste 92.236.043 francs.

Cette somme a servi à acheter le concours de la finance, de la presse, des pouvoirs publics, à acquérir, en un mot, toutes les complicités dont on a eu besoin pour perpétrer l'immense escroquerie.

On donne douze millions au Syndicat américain composé de deux ou trois maisons de banque dont les noms servent à faire croire au public français que les Etats-Unis marchent avec nous, que la finance du Nouveau-Monde a confiance dans l'affaire et y engage ses capitaux.

On distribue plus de deux millions aux syndicataires de 1879, non qu'il leur soit dû quelque chose, mais parce que la plupart d'entre eux sont de puissants banquiers dont l'hostilité serait nuisible.

Pour intéresser le monde de la Bourse au succès des émissions, on organise des syndicats qui garantissent la souscription des actions ou obligations moyennant une prime sur chaque titre souscrit.

Au début, en 1879 et en 1880, les syndicats courent des risques sérieux parce qu'ils garantissent la totalité de l'émission.

A mesure que les emprunts se succèdent et que les souscriptions deviennent plus difficiles à obtenir, on accorde aux syndicats des conditions de plus en plus avantageuses; en 1882, en 1883, en 1884, ils ne prennent ferme que la première partie de l'émission; le risque n'est donc qu'illusoire.

Il y avait cependant une perte possible dans le cas, fort peu probable, où le nombre d'obligations garanties n'aurait pas été souscrit; cet aléa suffit, comme l'a proclamé le tribunal de la

Seine, pour donner à ces syndicats un caractère licite.

Au contraire, les syndicats à 2 fr. 50 organisés lors des émissions de 1886, de 1887 et de 1888 étaient entachés de nullité parce qu'ils ne comportaient aucun risque; ainsi que l'a avoué M. Charles de Lesseps, à l'audience du 18 février 1893, leur création n'avait pour but que de gratifier, d'une façon déguisée, les personnes qu'on voulait corrompre; sous prétexte d'une avance, presque toujours fictive, de 2 fr. 50 par obligation, on leur assurait un bénéfice plus ou moins considérable, selon le nombre des titres souscrits.

Ce procédé offrait toutes sortes d'avantages : il ménageait les scrupules de ceux qu'eût effarouché le pot-de-vin brutal et permettait à la Compagnie de s'assurer le dévouement de députés, de sénateurs et de ministres qui ne devaient toucher leur bénéfice qu'après le succès de l'émission.

Les syndicats ont coûté cher, plus de quarante millions ! La part prélevée par les parlementaires sur ce large gâteau a été relativement minime, cinq ou six millions tout au plus. A l'exception de Sans-Leroy, de Barbe et de quelques autres qui exigèrent de fortes sommes, les membres des deux Assemblées acceptèrent le tarif de 25.000 francs ; on obtint même au rabais le bulletin de vote de beaucoup d'entre eux.

Le vorace appétit des vautours de la haute banque fut plus difficile à satisfaire. Outre les trente-quatre ou trente-cinq millions de bénéfice sur les syndicats, il fallut leur jeter en pâture plus de sept millions sous forme d'options.

Le système des options, qui engageait la Compagnie à livrer des titres au-dessous du taux d'émission, bien qu'on ne prît aucun engagement corrélatif vis-à-vis d'elle, fut un second moyen de faire des libéralités déguisées.

Et comme si cela ne suffisait pas, on distribua encore, sous forme d'allocations, sans aucune cause légitime, près de dix millions aux établissements de crédit et aux banquiers.

Les oiseaux de proie qui nichent autour de la Bourse ont ainsi absorbé sous couleur de syndicats, d'options ou d'allocations environ cinquante-deux millions.

Pour donner le nom de ces rapaces, il faudrait copier tout le Bottin de la finance cosmopolite; nous n'en citerons que quelques-uns.

Au premier rang, nous voyons Lévy-Crémieux, inscrit pour une somme de 3.888.431 francs qu'il a distribuée on ne sait comment, non sans en laisser tomber une bonne partie dans sa manche.

Arrivent ensuite les Kohn et Reinach, les Seligmann, les Lebaudy qui ont reçu chacun des sommes variant entre 350.000 et 700.000 francs.

Le noble baron de Soubeyran s'est contenté modestement de 98.005 francs.

Puis viennent les Dolfus, les Cahen

d'Anvers, les Camondo, les Dreyfus, les Ephrussi, les Erlanger emportant des sacs de 58.367 francs, 44.174 francs, 23.869 francs, etc.

Adrien Hébrard ferme la marche avec un petit acompte de 16.500 francs en attendant les 1.769.415 francs que lui versera Eiffel.

Avoir mis dans son jeu la haute banque et les pouvoirs publics, c'était beaucoup ; ce n'était rien si on n'y joignait la presse, cette formidable puissance qui fait et défait les réputations, dispense à son gré l'éloge ou le blâme et guide ses millions de lecteurs dans le placement de leurs capitaux comme dans le choix du livre à acheter ou du candidat à élire.

Mais que de difficultés pour amener les milliers d'organes hebdomadaires et quotidiens qui pullulent à Paris et en province à chanter tous à l'unisson le même chœur de louanges sans qu'aucune note discordante vînt en altérer l'harmonie ! Il fallait discuter le prix de chacun, selon son influence ou son tirage, contenter tout le monde, éviter les froissements, modérer le zèle compromettant des uns, réveiller la mollesse des autres, payer celui-ci pour parler, celui-là pour se taire, et donner à cet ensemble d'articles stipendiés l'apparence de la spontanéité et de l'enthousiasme.

Afin d'obtenir ce résultat, la Compagnie de Panama ne recula devant aucun sacrifice ; elle répandit l'or à profusion et se vit entraînée à des dépenses excessives, car toute la presse tendait la main, ainsi que l'a dit M. Charles de Lesseps.

Depuis les plus grands jusqu'aux plus humbles, chaque journal reçut sa liasse de billets de banque ou son obole; il n'est si petite feuille de chou, végétant en quelque coin ignoré, qui n'ait mendié avec succès une modique subvention.

L'Expéditeur des Halles attrape une pièce de 10 francs.

L'Europe Thermale, La Revue de la Brosserie, L'Oise, La Revue du Monde, Le Carillon, se font allouer 25 francs.

L'Etoile, Le Journal des Brasseurs, Le Journal d'Issy, Le Journal du Matelot, Le Journal de Saint-Denis, Le Conseiller des Dames, encaissent 50 francs.

L'Abeille médicale, Le Courrier de Neuilly, L'Indiscret, Le Journal des Mères, Le Littoral, Le Nemrod, Le Précurseur, reçoivent 100 francs.

Une innombrable quantité de feuilles plus ou moins obscures touchent des sommes variant entre 100 francs et 20.000 francs.

Avec ce chiffre, nous arrivons aux journaux d'une certaine importance, *Le Constitutionnel, L'Estafette*.

Au delà, nous entrons dans la catégorie des grands journaux, *Le Globe, Le Soir, Le Monde, L'Echo de Paris, Le Charivari, La Nation, La Paix, Le Rappel, La Liberté, Paris, Le Radical, L'Evénement, La République Française, Le Siècle, Le XIXᵉ Siècle, Le Gil-Blas, Le*

Temps, Le Figaro, Le Télégraphe, La Lanterne, Le Petit Journal, etc., etc., qui ont touché chacun des sommes variant entre 25.000 et 600.000 francs.

La liste des journaux soudoyés par la Compagnie de Panama n'en comprend pas moins de 2.575.

Plusieurs de ces feuilles ne vécurent qu'un jour; fondées dans l'unique but de soutirer une gratification, elles cessèrent de paraître dès qu'elles l'eurent attrapée.

Quiconque tenait une plume ou jouissait d'une influence dans n'importe quel milieu social pouvait passer à la caisse avec la certitude d'y recevoir bon accueil. Aussi fut-elle sans cesse assiégée d'une foule de publicistes, de conférenciers et même d'hommes du monde qui venaient offrir leurs services en menaçant d'éreinter l'entreprise si on ne leur donnait pas satisfaction.

Dans les commencements, ce fut Lévy-Crémieux qui fut chargé des rapports de la Compagnie de Panama avec la presse. A sa mort, Marius Fontane le remplaça dans ses délicates fonctions. Puis, comme on trouva que celui-ci n'y déployait pas assez de souplesse, Charles de Lesseps prit lui-même en mains la direction de ce service en s'adjoignant le baron de Reinach.

Dès lors, le service de la presse, installé dans les bureaux de la Compagnie de Suez, reçut une organisation complète avec son budget spécial et son personnel, à la tête duquel fut placé M. de Boudard.

Celui-ci délivrait, sur les ordres de M. Charles de Lesseps, des bons au porteur que la caisse de Panama payait.

Les bons ainsi délivrés sont au nombre de 17.750, les uns nominatifs, les autres anonymes.

Lorsque le bénéficiaire du bon se trouvait être un personnage important, on prenait des précautions spéciales pour éviter de le compromettre; le bon était confié, sous enveloppe cachetée, à un employée de Suez nommé Rateau qui le portait à la caisse de Panama ou on lui donnait en échange le montant du bon, sous une autre enveloppe non moins soigneusement cachetée; il la remettait ensuite soit à M. Charles de Lesseps, soit à la personne qu'on lui avait désignée et qui attendait dans le vestibule.

Bien des gens n'ayant rien de commun avec la presse furent payés avec des bons de publicité; on inscrivit, notamment, sous cette rubrique, les 600.000 fr. versés à Cornélius Herz en 1885 et les 375.000 francs du ministre Baïhaut. On préleva également sur ce même chapitre une partie des sommes remises à Lévy-Crémieux, au baron de Reinach et à Arton pour faire œuvre de corruption.

En résumé, la presse n'a reçu qu'une douzaine de millons sur les vingt millions soi-disant distribués pour la publicité. C'est encore un chiffre suffisamment respectable.

Partie de ces douze millions est entrée dans la caisse des journaux avec lesquels on traitait ouvertement par l'intermédiaire d'une agence, partie dans la poche des directeurs et des rédacteurs qui se faisaient allouer en sous main une gratification personnelle.

Et voilà comment il se fit que pendant huit années la presse tout entière porta aux nues le *Grand Français* et conseilla au bon public de lui confier ses économies pour aider à l'accomplissement de son entreprise patriotique et nationale!

5° TRAVAUX POUR L'EXÉCUTION DU CANAL

La Compagnie de Panama n'a appliqué aux travaux de construction du Canal que 578,923.523 francs.

Passe encore si cette somme eût été utilement dépensée!

Mais ici le gaspillage et la dilapidation ont atteint de plus colossales proportions que partout ailleurs; les exactions de la haute Banque, du Parlement et de la Presse sont peu de chose à côté de celles des grands entrepreneurs qui abusent de la faiblesse de la Compagnie de Panama, de sa crainte du scandale, de la connivence de quelques-uns de ses agents pour obtenir des traités léonins et extorquer d'énormes sommes. D'autre part, la Compagnie, en changeant plusieurs fois le mode d'exécution des travaux, en modifiant sans cesse ses marchés et en résiliant ses contrats moyennant de forts dédits pour en signer d'autres à des conditions plus onéreuses, provoque les contestations et augmente le gâchis.

Sur les 578,923,523 francs, la Compagnie en a dépensé directement 116,302,881 pour l'entretien de ses ateliers, de ses magasins, de ses bateaux, de ses écuries, de ses lignes télégraphiques, de ses routes et de ses immeubles.

Le reste, soit 462,620,642 francs, a été versé aux entrepreneurs petits et grands.

A l'origine, tous les travaux sont confiés à MM. Couvreux et Hersent; ceux-ci s'engagent à organiser l'entreprise du creusement du Canal et à en faire exécuter tous les travaux pour le compte de la Compagnie à des prix qui devront être arrêtés définitivement après la période d'organisation.

La Compagnie, falsifiant le sens de ce traité, annonce au public que MM. Couvreux et Hersent se sont chargés à forfait de creuser le Canal pour 512 millions.

MM. Couvreux et Hersent se gardent bien de démentir cette affirmation mensongère; ils ne soufflent mot; ils permettent qu'on se serve de leur nom comme d'un appât destiné à attirer les souscripteurs dans le piège. Pour expliquer ce coupable silence, ils ont prétendu qu'ils n'avaient pas le temps de lire les journaux. Plaisante justification! A moins de vivre au fond d'une cloche à plongeur, sans aucune communication avec le dehors, il leur a été impossible de rester seuls à ignorer les fausses assertions que la Compagnie tambourinait partout. S'ils n'ont rien dit, c'est qu'ils se sont volontairement prêtés à la manœuvre frauduleuse de M. de Lesseps. Celui-ci leur a témoigné sa reconnaissance par la résiliation du traité qu'ils étaient impuissants à exécuter, par une rémunération de 1.200.000 francs sur lesquels ils ont avoué un bénéfice net de 520.000 francs et par la nomination de M. Hersent comme entrepreneur-conseil de la Compagnie aux appointements de 20.000 francs par an.

Après la résiliation du traité Couvreux-Hersent, la Compagnie inaugure le système des petites entreprises; elle traite directement avec des entrepreneurs, soit au cube, soit à la tâche, soit en régie, et fait exécuter elle-même certains travaux par ses ouvriers.

A la fin de l'année 1885, elle s'aperçoit que ce procédé n'est pas suffisamment rapide; elle résilie les marchés passés avec les entrepreneurs en leur payant plusieurs millions d'indemnités et adopte le système des grandes entreprises.

Elle divise les travaux à effectuer entre six grands entrepreneurs auxquels elle consent des prix tellement avantageux qu'ils ont tous réalisé d'immenses bénéfices, sauf la Société Vignaud, Barbaud, Branleuil et Cⁱᵉ, qui s'est ruinée.

Interrogés sur les raisons pour lesquelles ils avaient perdu de l'argent alors que les autres entrepreneurs s'étaient enrichis, MM. Vignaud, Barbaud et Branleuil ont répondu :

La Compagnie a apporté des retards considérables dans la livraison des dragues qu'elle avait à nous fournir, et le système de refoulement des dragages prévu et imposé par elle s'est trouvé inapplicable aux terrains de l'isthme. L'entreprise n'a pu faire que les travaux onéreux pour elle, et au moment où, ayant perfectionné son matériel de dragages, elle se trouvait en mesure de commencer les travaux avantageux, la déconfiture de la Compagnie est survenue et l'arrêt des chantiers a été ordonné par le liquidateur.

Les prix alloués à notre entreprise étaient sensiblement inférieurs à ceux des entreprises similaires.

La Compagnie nous a refusé impitoyablement les dédommagements qui nous étaient dus pour le préjudice causé à l'installation des chantiers par le changement de projet du canal à niveau en canal à écluses, et ce alors qu'elle accordait ces avantages aux autres entreprises qui se trouvaient dans les mêmes conditions. Au mois de novembre 1887, M. Charles de Lesseps nous a forcé à accepter un nouveau contrat en nous déclarant qu'il ne nous paierait pas un sou tant que nous n'aurions pas signé. Il nous a mis ainsi le couteau sous la gorge, car nous avions des traites à échéance.

Ne pouvant mieux faire, nous dûmes accepter, nous contentant des promesses verbales que l'on voulait bien nous renouveler. Mal nous en prit, car ces promesses n'ont jamais été réalisées, malgré nos instances réitérées.

Notre entreprise a toujours opéré honnêtement, loyalement, en dehors de toute intrigue.

En 1888, époque où la situation financière de la Compagnie était devenue critique, nous éprouvions les plus grandes difficultés à faire rentrer nos paiements. On ne nous versait que des acomptes insuffisants. Les caisses de la Compagnie étaient épuisées par les Reinach, les Eiffel et autres grosses sangsues qui avaient d'insatiables appétits.

Telles sont les doléances de cette entreprise qui, après avoir reçu 35.398.810 fr., a assigné la liquidation en paiement d'un reliquat de 18.667.151 francs. Bien qu'elle se défende de toute intrigue, elle n'en avait pas moins cherché à mettre M. Charles de Lesseps dans ses intérêts en donnant une commission de 600.000 francs à la Société de Dépôts et Comptes courants dont il était, avec le baron Poisson, l'un des administrateurs.

Plus heureuse, l'entreprise Jacob, principalement chargée des travaux de dérivation du Châgres, a réalisé un bénéfice de 7.978.511 francs sur les 16.510.684 fr. qui lui ont été payés. Elle a exécuté régulièrement ses contrats et ne doit ce gros profit qu'aux prix exagérés qu'on lui avait consentis.

Les bénéfices réalisés par l'entreprise Artigue, Sonderegger et Cⁱᵉ atteignent 11,437,381 francs.

Cette société avait pris la suite de deux autres sociétés : Artigue et Sonderegger, et Cutbill, de Longo, Watson et Van Hattum.

La première de ces deux sociétés a correctement rempli ses engagements, sans soulever aucune chicane et sans chercher à obtenir des faveurs exceptionnelles à l'aide de pots-de-vin.

On ne peut en dire autant de la seconde. Possédant un grand matériel de dragues et d'excavateurs, la Société anglo-hollandaise Cutbill, de Longo, Watson et Van Hattum avait offert de se charger de la partie la plus difficile du Canal, celle de la Culebra. Les 17 et 18 décembre 1881, elle signait un contrat par lequel elle s'engageait à extraire douze millions de mètres cubes avant le 1ᵉʳ octobre 1886 à raison de 6 fr. 86 par mètre.

Le 27 août 1885, on modifie ce contrat en portant le prix du mètre cube à 9 fr. 14. Pour obtenir cette augmentation, la Société anglo-hollandaise avait promis une commission de 5 0/0 sur le montant des travaux à un allemand nommé Betzold, vieil ami du baron de Reinach. Betzold céda ensuite au baron de Reinach et à la Banque parisienne son droit à la commission qui fut plus tard liquidé par le paiement à forfait d'une somme de 220,000 fr.

Au commencement de l'année 1886,

les frères Bunau-Varilla, l'un ingénieur des ponts et chaussées, l'autre boursier, forment, en s'associant avec MM. Artigue et Sonderegger, la Société Artigue, Sonderegger et Cⁱᵉ qui se substitue aux deux sociétés dont nous venons de parler.

La substitution fut régularisée vis-à-vis de la Compagnie de Panama par contrat du 31 juillet 1886 aux termes duquel la nouvelle société s'engageait à extraire vingt millions de mètres cubes en trois ans avec une augmentation de prix représentant 9.360.000 francs.

Le 12 janvier 1887, la Société Artigue, Sonderegger et Cⁱᵉ se fait donner un nouveau lot de terrassements, de 1.400.000 mètres cubes, moyennant une augmentation de 2 fr. 20 par mètre sur le prix alloué aux entrepreneurs qui en étaient précédemment chargés.

On lui accorde en outre une avance de 1.200.000 francs remboursables au moyen d'une retenue de 5 0/0 sur les paiements des travaux à effectuer.

Le 21 décembre 1887, la Compagnie de Panama signe un troisième contrat par lequel, tout en maintenant les anciens prix, elle consent bénévolement des allocations sur les frais de pose et d'entretien des voies, frais qui étaient jusque là à la charge des entrepreneurs. Ces allocations augmentaient, d'après M. Flory, les prix d'extraction de 60 0/0.

Ce même contrat transformait en allocations fixes deux avances, l'une de 700.000 francs faite par la Compagnie pour réorganisation des chantiers, l'autre de 4.300.000 francs consentie pour construction de voies, et accordait une nouvelle allocation supplémentaire de 3.000.000 pour changement d'organisation des chantiers et pour installations diverses incombant à l'entreprise, soit au total un cadeau de huit millions.

Le 9 janvier 1888, quatrième contrat concédant de nouveaux avantages et de nouvelles indemnités.

Enfin, le 12 janvier de la même année, dernier contrat portant le prix du mètre cube à 11 francs avec allocation de 1.060.000 francs pour la réinstallation des chantiers.

Ce n'est pas sans distribuer de copieux pots-de-vin que la société Artigue, Sonderegger et Cie obtint ces avantages considérables; elle versa 163.266 francs au baron de Reinach, 102.011 francs à un certain chevalier Stacchini, et 116.000 francs à la Banque parisienne.

Avec l'entreprise Baratoux, Letellier et Cie, nous retrouvons les mêmes errements : sur 37.627.656 francs de travaux, elle réalise un bénéfice net de 12.513.382 francs grâce aux indemnités qu'elle reçoit tantôt par suite de l'imprévoyance apportée par la Compagnie de Panama dans la rédaction des contrats, tantôt sans aucune raison plausible.

Dans l'impossibilité d'aller en Amérique examiner les livres de l'American contracting and dredging Company, on ignore les profits de cette entreprise ; on sait seulement qu'ils ont été scandaleux et qu'elle a extorqué 10.800.000 fr. à la Compagnie de Panama à l'aide des menaces les plus audacieuses.

Le président de la Société, un ancien pharmacien de San-Franscisco nommé Slaven, avait traité avec la Compagnie de Panama pour les travaux à accomplir depuis Colon jusqu'à Matachin ; l'importance du cube à extraire était de trente millions de mètres cubes, à raison de 1 fr. 50 le mètre. Il était convenu qu'on appliquerait une plus-value de 1 fr. 80 pour les terrains dont la cote dépassait 4 mèt. 25.

Au mois de mars 1886, M. Slaven souleva des difficultés à ce sujet.

M. Nouailhac-Pioch, qui remplissait les fonctions de directeur des travaux dans l'isthme, ayant émis un avis contraire à ses prétentions, on convint de recourir à un arbitrage. M. Hoffer, représentant de la Société des Travaux publics, fut constitué comme arbitre.

Mais avant que la sentence arbitrale ait été rendue, M. Slaven alla à Paris, vit M. Charles de Lesseps, menaça de faire du scandale en révélant tous les tripotages qui étaient à sa connaissance et cria si fort que, pour le calmer, on lui alloua une indemnité de 9 millions qui lui fut versée le 12 novembre 1887.

L'année suivante, enhardi par la faiblesse de M. Charles de Lesseps, il souleva de nouvelles difficultés au sujet d'une différence de cube. M. Nouailhac-Pioch envoya un mémoire à la Direction centrale de Paris pour démontrer l'injustice de ses prétentions. Son avis ne fut pas écouté ; on avait tellement peur de M. Slaven qu'on lui accorda, le 15 octobre 1888, une seconde indemnité de 1.800.000 francs. M. Nouailhac-Pioch, indigné, donna sa démission.

Outre les 10.800.000 francs ainsi extorqués, la Société américaine a dû réaliser un gain fabuleux sur les 70.812.896 francs qu'elle a encaissés, surtout si, comme l'a affirmé M. Nouailhac-Pioch, elle corrompait les agents de la Compagnie de Panama pour leur faire signer des situations inexactes dans lesquelles on majorait le chiffre des mètres cubes extraits.

La Société de Travaux publics et constructions a été encore plus favorisée que les autres entreprises. Par contrat du 22 décembre 1885, elle s'était engagée à extraire 29 millions de mètres cubes en quatre années moyennant des prix très supérieurs à ceux des petits entrepreneurs auxquels elle succédait.

Le 25 octobre 1887, le cube extrait aurait dû être de 10.375.000 mètres ; il n'atteignait que 2.602.615 mètres.

Au lieu de réclamer des dommages-intérêts, la Compagnie de Panama passe avec la Société de Travaux publics un nouveau traité plus onéreux pour elle-même que le premier et lui alloue d'importantes indemnités, en sorte que cette Société a réalisé un bénéfice de 20.723.285 francs sur les 76.215.022 francs de travaux qu'elle a exécutés.

Sur ces 76 millions, 37 seulement ont été employés en travaux d'excavation et de terrassement. Les 39 autres millions furent gaspillés en acquisitions de matériel, en installations de campements et en constructions d'une innombrable quantité de maisons. Les entreprises précédentes avaient cependant laissé des chantiers parfaitement installés et plus de maisons qu'il n'était nécessaire ; mais, d'après son contrat, la Société de Travaux publics devait toucher des commissions variant de 20 0/0 à 30 0/0 sur tous ses achats de matériel et sur toutes ses constructions ; aussi, négligeant les travaux d'extraction, trouvait-elle plus commode et plus lucratif d'acheter beaucoup de matériel et d'édifier sans aucune utilité des centaines de maisonnettes.

M. Charles de Lesseps et le baron Poisson se trouvant intéressés dans ses bénéfices, elle pouvait tout se permettre. Ces deux administrateurs de la Compagnie de Panama étaient en même temps administrateurs et gros actionnaires de la Société des Dépôts et Comptes courants qui avait elle-même en portefeuille un grand nombre d'actions de la Société de Travaux publics. Une partie des gains réalisés par cette dernière Société entrait donc, sous forme de dividende, dans la Caisse de la

Société des Dépôts et Comptes courants et de là dans la poche des actionnaires; or, M. Charles de Lesseps possédait à lui seul 2.000 actions de la Société des Dépôts et Comptes courants. Ne dédaignant aucun moyen d'augmenter ses dividendes, il avait stipulé au profit de cette Société une commission d'un million en passant, au nom de la Compagnie de Panama, le premier contrat avec la Société de Travaux publics.

Quant au baron Poisson, qui nageait en eau trouble avec une noble aisance, il palpa, indépendamment de ses bénéfices comme actionnaire de la Société des Dépôts et Comptes courants, un dividende de 1.000.070 francs sur les deux distributions extraordinaires faites en 1888 et en 1889 par la Société de Travaux publics dont il possédait 1.031 actions. Cet honnête baron a fini par échouer sur les bancs de la police correctionnelle, mais il s'en est tiré sans y laisser beaucoup d'écailles, car les filets de la justice retiennent mal de si gros poissons.

Nos deux compères se préoccupaient fort peu, comme on le voit, des prescriptions de l'article 40 de la loi du 24 juillet 1867 interdisant aux administrateurs d'accepter un intérêt dans les marchés passés avec la société qu'ils administrent. Bien loin de défendre la caisse qui leur était confiée, ils l'abandonnaient au pillage pour prendre leur part de butin.

Dans cette mise à sac, M. Eiffel, *l'homme à la tour*, devait à sa haute réputation de ne se laisser surpasser par personne; aussi a-t-il enlevé le plus gros morceau, trente-trois millions ! trente-trois millions de bénéfices qu'il a réalisés, pour la plus grande partie, en détournant des sommes à lui remises avec mandat d'acheter, de transporter et de mettre en place un matériel destiné à la construction des écluses, c'est-à-dire par une série d'abus de confiance.

Pour obtenir le brillant contrat qui a fait sa fortune, il avait eu besoin de différents concours qui lui ont coûté 5.400.000 francs de commission, dont 1.837.377 francs versés au baron de Reinach et 1.769.415 francs à M. le sénateur Adrien Hébrard, directeur du Journal *Le Temps*.

Ce dernier personnage s'était engagé par écrit, moyennant une commission de 5 p. 100 sur les sommes qu'encaisserait M. Eiffel, à appuyer les projets et les offres de celui-ci *de toute son influence et de celle de ses amis, et ce, à l'exception de tous autres concurrents*.

M. Adrien Hébrard vendait ainsi à M. Eiffel, non seulement sa double influence personnelle de membre du Sénat et de directeur d'un grand journal politique, mais encore celle de ses nombreux et puissants amis.

Après que M. Eiffel eut signé son traité avec la Compagnie de Panama, il fallut, pour qu'il pût recevoir son exécution, que le Parlement autorisât l'émission des valeurs à lots. A cet effet, l'influence de

M. Adrien Hébrard, de son journal et de ses amis, se fit largement sentir. On remarque, bien entendu, son nom sur la liste des sénateurs qui votèrent le projet de loi; on y trouve également le nom de son frère Jacques Hébrard qui vota sans doute par esprit de famille.

L'entreprise de M. Eiffel a coûté à la Compagnie de Panama 74.315.500 francs qui ont été gaspillés en pure perte, comme les millions versés aux autres entrepreneurs.

Que reste-t-il des travaux accomplis ? Quel résultat a-t-on obtenu avec les 578.923.523 francs soi-disant employés à la construction du Canal ?

Rien, ou, du moins, bien peu de chose : de profondes excavations, des écluses inachevées, des tranchées au sommet d'une montagne à peine entamée, et... le fameux canal dont le tracé, disparaissant en certains endroits sous les eaux du Chagres débordé, est représenté tantôt par une ligne de maigres poteaux, tantôt par un fossé recouvert d'une végétation luxuriante.

Et tout le long de ce tracé, depuis Panama jusqu'à Colon, des hôtels déserts, des maisons abandonnées, des dragues, des wagons, des locomotives, des machines et des instruments de toutes sortes, un immense matériel qui tombe en décomposition sous l'action de la pourriture et de la rouille.

Mais n'anticipons pas ; ce matériel et

ces immeubles font partie de l'actif de la Compagnie de Panama; ils rentrent dans le chapitre des immobilisations que nous allons examiner.

6° IMMOBILISATIONS.

L'hôtel de la rue Caumartin, où se trouvait le siège social, représente un capital de 2.037.965 francs. Le surplus des 119.826.472 francs de ce chapitre a été dépensé dans l'isthme en constructions d'immeubles et en achats de matériel et d'approvisionnements.

La plus folle prodigalité a toujours présidé à ces constructions et à ces achats; la Compagnie payait tout au double et le pot-de-vin se glissait partout.

Dix millions furent consacrés à l'acquisition d'une flotte composée de soixante-dix bâtiments de toute espèce : remorqueurs, dragues, chalands, bateaux-citernes, etc.

Vinrent ensuite une fabuleuse quantité d'engins qu'on choisissait parmi ce qui existait de plus cher, de plus nouveau, de plus perfectionné ; une fois en place, on s'apercevait souvent qu'ils ne pouvaient fonctionner sur un terrain auquel ils n'étaient pas appropriés. Quatorze treuils à vapeur, payés 32.400 francs pièce, restèrent inutilisables, leur système étant tellement compliqué qu'il fut impossible de les mettre en mouvement.

Le débarquement à Colon s'opérait dans une si grande confusion qu'on égarait les pièces où qu'on les laissait tomber à la mer, puis, comme on ne se donnait pas la peine de les rechercher ou de les remplacer, les machines incomplètes étaient mises au rancart. Un excavateur valant 200.000 francs fut abandonné dans la brousse, la perte d'un organe essentiel ayant empêché son montage.

Tout le long de la ligne du Canal, parsemée de machines dont les fantastiques silhouettes stupéfiaient les caïmans, on construisit 3.250 maisons contenant du logement pour quarante mille terrassiers, bien qu'il n'y en ait jamais eu plus de vingt-cinq mille sur les chantiers; la plupart d'entre eux étaient des nègres de la Jamaïque qui, habitués aux barraques en bois ou aux cahutes de paille, délaissaient ces maisons, où la vie en commun leur répugnait, pour aller habiter à l'écart, avec leur famille, dans des cabanes qu'ils disposaient eux-mêmes à leur guise.

Dans les derniers temps, on avait apporté un énorme matériel de fer et de fonte destiné à l'aménagement des écluses; il dort aujourd'hui dans les marais, à côté des autres débris de ce gigantesque naufrage.

7° ACTIONS DU PANAMA-RAIL-ROAD.

Nous avons déjà indiqué par suite de quels louches tripotages ces actions furent payées bien au delà de leur valeur. Cette valeur a considérablement diminué depuis la cessation des travaux du Canal qui fournissaient au chemin de fer son principal aliment de trafic.

8° ACTIF DISPONIBLE OU RÉALISABLE.

Cet actif se composait ainsi au moment de la mise en liquidation :

Caisse de Paris................	48.645
Direction de Panama..........	22.489.058
Banques et sociétés de crédit...	1.962.308
Portefeuille..................	1.885
Mandats à recevoir............	1.155.145
Divers correspondants........	180.508
Versements arriérés sur titres.	76.604.824
Divers débiteurs..............	61.219.045
TOTAL.......	163.661.418

En ajoutant à cet actif plus ou moins réalisable la valeur réelle des actions du Panama-Rail-Road et des immeubles, on arrive à un actif total d'environ 200 millions.

Voilà ce qui restait, à la fin de l'année 1888, des quatorze cent millions soustraits à 870.000 petits capitalistes au moyen du plus vaste ensemble de manœuvres frauduleuses qu'on ait jusqu'ici enregistré dans les annales de l'escroquerie!

CHAPITRE XXXVI

Résumé de la première partie.

Dans un réquisitoire ruisselant de haine, un magistrat, qui doit son rapide avancement à son alliance avec une famille israélite, a qualifié *la France juive* de : *Bottin de la diffamation*. Les événements survenus depuis cette époque ont prouvé aux plus incrédules que l'éminent auteur de ce livre formidable n'avait dit que la vérité. Le monde politico-financier dont il nous a révélé les dessous malpropres, nous venons de le voir fonctionner ; les hommes qu'il avait marqués de sa plume, comme avec un fer rouge, Lévy-Crémieux, Cornélius Herz, Baïhaut, Barbe, Hébrard, Antonin Proust, Léon Renault, Rouvier et une centaine d'autres, nous les avons retrouvés barbotant dans le Panama.

Quelque stupéfiants que soient les scandales qui éclatent à chaque instant comme des bombes remplies de boue, on ne peut s'étonner lorsqu'on a lu les ouvrages d'Edouard Drumond, parce qu'il en enseigne les causes latentes. Connaissant à fond la société contemporaine, ayant le talent de condenser les faits en quelques pages marquées d'une puissante empreinte et possédant le courage de tout dire, il est à la fois le Juvénal et le Tacite de notre époque décadente.

L'escroquerie de Panama, si intéressante au point de vue psychologique et social, ne pouvait manquer de fixer son attention. Dans *la Dernière bataille*, il en a raconté à grands traits les péripéties les plus saillantes en un chapitre buriné de main de maître.

Pour nous, modeste narrateur, notre rôle s'est borné jusqu'ici à enregistrer, à classer, à enchaîner des incidents successifs ; le moment est venu de conclure.

Après avoir mûrement étudié les agissements frauduleux des directeurs de la Compagnie de Panama, nous croyons pouvoir affirmer que le percement de l'isthme américain n'a été entre leurs mains qu'un prétexte pour lancer des émissions de titres et opérer une rafle de capitaux.

Jamais ils n'ont sérieusement songé à creuser le Canal ; les travaux accomplis à grand fracas, sans plan ni méthode d'ensemble, avec des contrats imprévoyants sans cesse modifiés, n'étaient qu'un des moyens employés pour faire croire à l'exécution de l'entreprise et obtenir de nouvelles souscriptions.

Depuis le premier jour jusqu'au dernier, on n'aperçoit chez les hommes qui sont à la tête de la Société qu'une double préoccupation : tromper le public et l'amener à verser son argent.

En évaluant le coût des travaux bien au-dessous de la réalité, tandis qu'ils exagèrent les bénéfices futurs, ils lui persuadent que l'affaire est bonne; en annonçant que MM. Couvreux et Hersent se sont engagés à creuser le Canal pour 512 millions, ils lui donnent la certitude que la dépense totale ne pourra, en aucun cas, dépasser 600 millions, ainsi que l'affirme M. de Lesseps; en promettant l'inauguration pour 1888, ils le leurrent de l'espoir d'une prochaine rémunération des capitaux engagés.

Telles sont les affirmations mensongères à l'aide desquelles ils obtiennent la souscription du capital social et des trois premiers emprunts.

A mesure que les millions s'engloutissent et que le temps marche, M. de Lesseps porte successivement la dépense à 1.070 millions, à 1.200 millions, à 1.500 millions, et recule la date de l'inauguration d'abord au 1er juillet 1889, ensuite à l'année 1890, sans préciser davantage.

Pendant huit années consécutives, M. Ferdinand de Lesseps a menti avec un tel aplomb et un tel cynisme, que ses défenseurs en sont réduits à plaider l'inconscience.

Cet habituel argument des causes désespérées n'est pas admissible en faveur d'un accusé qui, malgré son grand âge, avait conservé l'intégrité de ses brillantes facultés, ainsi qu'il l'a prouvé en agissant avec une duplicité, une fourberie et une souplesse qu'envierait le plus rusé des diplomates.

Le prestige de son nom étant insuffisant pour tirer l'argent des bas de laine, il s'entoure d'abord d'un Conseil d'administration composé d'anciens officiers, de financiers connus, de dignitaires de la Légion d'honneur et surtout d'administrateurs de la Compagnie du Canal de Suez, car il ne cessera de jongler avec le Canal de Suez, dont il invoquera en toute occasion les difficultés vaincues et le succès final pour réveiller la confiance de la petite épargne.

Il fait vibrer avec une égale virtuosité toutes les fibres du cœur humain ; il en exploite tous les sentiments, depuis le plus bas : l'avidité du gain, jusqu'aux plus nobles : le patriotisme, l'amour de l'humanité, la pitié pour les travailleurs dont l'épargne se trouve engagée.

C'est lui qui est le chef de cette frauduleuse entreprise ; c'est son nom qui séduit les foules ; ce sont ses proclamations napoléoniennes qui entraînent l'armée des petits capitalistes dans le gouffre.

Grâce à une réclame merveilleusement organisée, on le voit grandir démesurément, jusqu'au jour où il s'affalera comme une idole gonflée de fumée. La presse, l'Académie, les corps savants font assaut de flagorneries à son égard ; on lui découvre de l'esprit, de la science, du mérite littéraire, toutes les vertus publiques et privées ; et lui, grisé d'encens mais affectant des allures de brave homme modeste et désintéressé, distribue à ses flatteurs les sacs d'écus que les naïfs portent à ses pieds.

Au début de son livre, *Les complicités du Panama*, ouvrage d'un haut intérêt, qui m'a fourni de précieux renseignements, Gustave Rouanet a analysé la suggestion irrésistible que M. de Lesseps exerçait sur les foules à force de charlatanisme.

Lorsque le charme fut rompu et que les dupes commencèrent à éprouver de la méfiance, le *Grand Français* songea à les séduire par l'appât de la loterie.

Pour émettre des obligations à lots, l'autorisation du Gouvernement est nécessaire, mais qu'importe! Les ministres ne sont-ils pas à vendre comme le reste? Il les a vus d'assez près pour les bien connaître; il sait qu'ils ne résistent pas mieux que Danaé à la pluie d'or.

Aussi quel étonnement, quelle stupéfaction profonde, lorsqu'il tombe par hasard sur un honnête homme!

Entendez-vous un vieux débauché millionnaire rencontrant dans un lieu de plaisir une jolie fille qui lui résiste : « Ma mignonne, vous ne savez donc pas qui je suis? Voulez-vous cent louis, mille louis, une rivière de diamants, un hôtel? Non! vous repoussez mes offres? Tant pis pour vous, vous êtes une petite sotte; vous manquez une belle occasion d'assurer votre avenir. »

« Comment, Monsieur le Ministre, s'écrie le *Grand Français*, vous repoussez ma demande! Vous ne savez donc pas que la presse est à mes ordres et qu'il me suffit de faire un signe pour qu'elle vous couvre de boue ou d'éloges ? Vous ignorez que je dispose de sommes considérables ? Allons ! Soyez raisonnable ; permettez-moi de vous offrir quelques centaines de mille francs. »

Si on croit que nous inventons, on n'a qu'à se reporter à la déposition faite par M. Allain-Targé devant la cour d'assises de la Seine, à l'audience du 11 mars 1893.

De nombreux témoignages non moins dignes de foi, les actes, les discours, les écrits de M. Ferdinand de Lesseps lui-même nous conduisent à cette conclusion rigoureuse qu'il a été le principal coupable, qu'il a odieusement trafiqué de la gloire de son nom et qu'il porte la lourde responsabilité des hontes et des ruines accumulées.

Les plus coupables après lui ont été MM. Charles de Lesseps, Marius Fontane et Cottu, membres du Comité de direction, avec cette différence que Charles de Lesseps, vice-président de ce Comité ainsi que du Conseil d'administration, a joué le rôle le plus actif, et que M. Cottu n'est entré en fonctions que le 10 septembre 1886.

Tous les trois ont organisé les distributions à la presse, à la finance, aux membres du parlement, et pratiqué la corruption tantôt directement, tantôt à l'aide de différents intermédiaires.

On a vu avec quelle prodigalité ils répandaient l'argent : Lévy-Crémieux a reçu 4.477.447 francs, Hugo Oberndœffer 4.709.842 francs, le baron de Reinach 7.581.383 francs, tant pour leur rémunération personnelle que pour solder leurs achats de conscience.

MM. Batiau et Privat encaissèrent un bénéfice de 657.740 francs comme commission de 10 % sur les 6.577.400 francs distribués aux journaux dont ils avaient marchandé le concours.

Lorsque Cornélius Herz vient offrir ses services, Charles de Lesseps lui garantit sans aucune hésitation le paiement d'une somme de dix millions s'il obtient pour la Compagnie de Panama l'autorisation d'émettre 600 millions de valeurs à lots. Il n'hésite pas davantage à promettre un million au ministre Baïhaut et lui verse 375.000 francs le jour même où celui-ci dépose le projet de loi sur le bureau de la Chambre.

Ce projet échoua par la maladresse de Cornélius Herz qui ne sut pas acquérir une majorité dans la commission chargée de l'examiner; il perdit un temps précieux en démarches infructueuses auprès du président Germain Casse au lieu de s'adresser de suite à Le Guay et à Barbe qui ne demandaient pas mieux que de se vendre comme ils le firent plus tard.

Préférant retirer sa demande d'autorisation plutôt que de fournir les justifications que la Commission lui demande, M. Ferdinand de Lesseps annonce orgueilleusement qu'il se passera du Parlement et *marchera à la victoire avec 350.000 français partageant sa confiance patriotique.*

Son armée manquant d'enthousiasme, il reconnaît de nouveau la nécessité de faire luire à ses yeux un gros lot de 500.000 francs.

Malheureusement pour lui, les Baïhaut et les Rouvier ne sont plus au pouvoir, et le cabinet Tirard demeure inflexible.

Alors on cherche et on trouve un député complaisant qui use de son droit d'initiative pour déposer une proposition de loi.

Cette fois-ci, toutes les précautions sont prises pour aboutir; le baron de Reinach déploie une activité dévorante; il corrompt députés et sénateurs en les intéressant dans un syndicat où ils ont un bénéfice certain sans courir aucun risque, tandis que son compère Arton, auquel il a remis une somme totale de 2.294.125 francs, opère de son côté.

Les députés et les sénateurs pris la main dans le sac ont cherché à se justifier en soutenant que le syndicat n'avait été organisé qu'après le vote de la loi.

Cette explication est absolument détruite par les aveux de M. Dugué de la Fauconnerie qui, moins roué que ses collègues, a reconnu devant la Commission d'enquête que c'était dans la première quinzaine de mars 1888 que le baron de Reinach l'avait intéréssé dans le Syndicat. Or, la proposition Michel a été votée le 28 avril à la Chambre et le 5 juin au Sénat.

Elle a été votée par les deux assemblées avec une rapidité sans exemple, parce que la Compagnie de Panama avait aplani tous les obstacles en acquérant à prix d'argent une majorité dans chacune d'elles, ainsi que dans le sein de la Commission, et en se conciliant, par un sacrifice de 300.000 francs, la bienveillance du ministère Floquet, si bien que celui-ci, au lieu de scruter ses agissements pour les révéler à la Chambre et au Pays, n'a usé de ses moyens d'information que pour savoir ce que touchait chaque journal, et de son autorité que pour canaliser le Pactole vers la caisse des feuilles dévouées à sa politique.

Et lorsque la Compagnie de Panama arrive enfin à la ruine où la conduisaient fatalement ses folles dilapidations, ce même ministère Floquet, quoique connaissant à merveille la conduite délictueuse de ses directeurs, s'empresse, non point de mettre la justice en mouvement, mais de solliciter de la Chambre le vote d'une loi qui leur eût permis de continuer pendant quelque temps encore le cours de leurs exploits.

Comment se fait-il que le Gouvernement ait osé prendre une pareille attitude sans craindre de soulever d'unanimes protestations ?

La raison en est bien simple : il pouvait agir à son gré, parce qu'il n'avait pas à compter avec la presse, si prompte d'habitude à signaler les moindres abus. On l'avait corrompue, comme les cambrioleurs corrompent le chien de garde en lui jetant quelques friandises; au lieu de mordre les voleurs, elle aboyait contre les honnêtes gens qui essayaient de les troubler dans leurs ténébreuses opérations.

Non seulement la presse n'a élevé aucune protestation, mais encore elle s'est livrée pendant huit ans à l'éloge systématique d'une entreprise dont elle ne pouvait ignorer les tares.

Qu'on ne cherche pas à créér une équivoque en disant que les journaux ont été de bonne foi et se sont bornés à publier, sans les garantir, des annonces payées.

Il ne s'agit ici ni de ces annonces, ni de ces insertions à tant la ligne qu'on colle à la quatrième page, comme sur un mur, et qui ne sauraient engager en aucune façon la responsabilité du journal.

Sauf quelques exceptions, c'est l'indépendance du journal qui a été aliénée moyennant paiement, aux hommes ou à la société qui en étaient propriétaires, d'une somme débattue à la veille de chaque émission. Pour parfaire le marché, on donnait souvent un pot-de-vin aux directeurs, aux administrateurs, aux principaux collaborateurs, ainsi qu'il est facile de s'en convaincre en consultant la liste dressée par M. l'expert Flory.

Combien précieuse pour l'histoire de notre époque cette liste de soixante-quatre pages dans laquelle, à côté de vieilles connaissances comme les Canivet, les Magnier et les Portalis, on s'étonne de rencontrer M. Magnard, le plus honnête homme qu'ait connu Saint-Genest, et M. Sarcey, ce parangon de vertu républicaine !

Que serait-ce donc si la liste était complète, si elle révélait les noms de tous ceux qui ont touché sous le voile de l'anonyme !

Une bonne partie de la vérité a échappé aux recherches ; ce que l'on sait suffit cependant pour montrer sous son vrai jour cet étrange personnel gouvernemental qui tournoie, aux éclats de rire de la France entière, sous les coups de fouet quotidiens d'Henry Rochefort. Connaissant déjà sa moralité, nous sommes médiocrement surpris que les organisateurs de cet audacieux brigandage aient pu opérer tranquillement pendant huit années, au centre de Paris, en s'associant de si nombreuses et de si hautes complicités.

Quelquefois, il est vrai, ils se sont heurtés à d'invincibles résistances ; les Félix Faure, les Tirard, les Allain-Targé, les Chantagrel, les Goirand, les Brisson, les cent vingt-huit députés et les cinquante sénateurs demeurés jusqu'au bout inébranlables, ont prouvé que la probité, fleur de plus en plus rare, florissait encore sur le sol de France.

Mais ce ne sont là que de louables exceptions ; la vénalité a été la règle. Il ne s'agit pas seulement de défaillances individuelles ; c'est la corruption générale qui ressort de notre récit basé sur des documents authentiques. Ceux de nos lecteurs qui douteraient de notre parole n'ont qu'à consulter les rapports de M. l'expert Flory et de M. le conseiller Prinet, les procès-verbaux de la Commission d'enquête et les comptes rendus des procès qui se sont déroulés devant toutes les juridictions. Ils verront que, bien loin de nous abandonner à une exagération quelconque, nous avons plutôt encouru le reproche contraire.

M. Charles de Lesseps, plaidant les circonstances atténuantes, a prétendu que la Compagnie de Panama avait été victime de continuels chantages, qu'elle s'était trouvée en face d'exigences de toutes sortes et que, prise à la gorge par la presse, par la finance, par les pouvoirs publics, par les innombrables parasites qui s'arrogent le droit de prélever leur dîme sur toutes les affaires, elle avait succombé sous le poids de dépenses ruineuses et inévitables.

Cette excuse n'est pas sans fondement. Oui, les mœurs actuelles imposent à quiconque veut lancer une affaire de lourdes charges; on ne peut réussir une émission sans distribuer de l'argent aux journaux et sans passer sous les fourches caudines de la haute banque. Mais le quantum de la sportule est en rapport avec la dimension de la bourde à faire gober au public; or, c'en était une d'une dimension peu ordinaire que le percement de l'isthme américain dans les conditions annoncées par M. de Lesseps.

D'honnêtes gens, agissant loyalement et ayant la conscience tranquille, se seraient cabrés en présence des réclamations excessives et n'auraient pas plié le dos devant toutes les menaces de chantage.

Les de Lesseps n'ont pas déployé plus d'énergie pour défendre la caisse de la Compagnie de Panama que le chien de la fable pour protéger le dîner de son maître :

Notre chien, se voyant trop faible contre eux tous,
Et que la chair courait un danger manifeste,
Voulut avoir sa part ; et, lui sage, il leur dit :
Point de courroux, messieurs, mon lopin me suffit,
    Faites votre profit du reste.
A ces mots, le premier, il vous happe un morceau;
Et chacun de tirer, le mâtin, la canaille,
    A qui mieux mieux : ils firent tous ripaille;
    Chacun d'eux eut part au gâteau.

Ainsi firent les directeurs et administrateurs de la Compagnie de Panama : gros appointements, frais de représentation, parts de fondateurs, jetons de présence, intérêt dans les contrats, spéculations à la Bourse, ils ne négligèrent aucun moyen de profit. Satisfaits de leur lopin, ils laissèrent les pillards se gorger à leur aise; chacun eut sa part de ce gâteau de quatorze cents millions et tous firent ripaille pendant huit ans aux dépens des pauvres gens qui s'étaient serré le ventre pour réaliser quelques petites économies.

Quel hideux spectacle que celui de ces riches qui volent l'épargne du pauvre, de ces hommes illustres qui trafiquent de leur nom, de ces écrivains qui vendent leur plume, de ces mandataires du peuple qui se prostituent au juif immonde, de ces ministres qui prévariquent ou ferment complaisamment les yeux !

Eh bien ! tout cela ne sera rien encore si au milieu de ces innombrables défaillances la justice reste debout, si le châtiment suit la faute, si la punition des coupables vient venger les victimes et rassurer la conscience publique.

En présence de ces méfaits que le code pénal qualifie d'escroquerie, d'abus de confiance et de concussion, un grand devoir s'imposait à tous ceux qui, ministres, députés, magistrats, sont chargés de sauvegarder l'honneur de la représentation nationale et de veiller à l'application des lois.

Comment ce devoir a-t-il été rempli? C'est ce que nous nous proposons d'examiner dans la seconde partie de cet ouvrage.

TABLE DES MATIÈRES

Préface.................................... 3
Chapitre Ier. — Les premières tentatives..... 9
Chapitre II. — Mensonges et manœuvres pour obtenir la souscription du capital social... 16
Chapitre III. — Coûteux succès de l'émission.. 21
Chapitre IV. — Constitution de la Société...... 25
Chapitre V. — Travaux préparatoires........ 28
Chapitre VI. — Premier emprunt............ 32
Chapitre VII. — Deuxième emprunt.......... 37
Chapitre VIII. — Troisième emprunt......... 40
Chapitre IX. — Premières démarches auprès du Gouvernement..................... 44
Chapitre X. — Assemblée générale du 25 juillet 1885......................... 49
Chapitre XI. — Cornélius Herz.............. 54
Chapitre XII. — La comédie du pétitionnement 57
Chapitre XIII. — Mission et rapport Rousseau. 62
Chapitre XIV. — Le crime du ministre Baïhaut 69
Chapitre XV. — Attitude de la Commission et retrait du projet..................... 74
Chapitre XVI. — Quatrième et cinquième emprunts........................... 80
Chapitre XVII. — Sixième emprunt.......... 86
Chapitre XVIII. — Le traité Eiffel............ 92
Chapitre XIX. — Dépôt de la proposition Michel............................ 97

Chapitre XX. — Septième emprunt	101
Chapitre XXI. — Reinach et Arton entrent en campagne	103
Chapitre XXII. — Prise en considération de la proposition Michel	111
Chapitre XXIII. — Les 300.000 francs de M. Floquet	118
Chapitre XXIV. — Corruption d'un membre de la Commission	121
Chapitre XXV. — Discussion et vote de la proposition Michel à la Chambre	133
Chapitre XXVI. — Reinach et Arton à la chasse des sénateurs	158
Chapitre XXVII. — Discussion et vote de la proposition Michel au Sénat	165
Chapitre XXVIII. — Emission des valeurs à lots	174
Chapitre XXIX. — La curée	176
Chapitre XXX. — Le chantage de Cornélius Herz	187
Chapitre XXXI. — L'émission de l'agonie	197
Chapitre XXXII. Tentative de sauvetage	203
Chapitre XXXIII. — L'effondrement	215
Chapitre XXXIV. — Récapitulation des sommes escroquées par la Compagnie de Panama	225
Chapitre XXXV. — Où est passé l'argent	229
Chapitre XXXVI. — Résumé de la première partie	261

FIN DE LA PREMIÈRE PARTIE

Imp. DEMACHY, PECH et Cie. — Bordeaux.

DEUXIÈME PARTIE

CHAPITRE PREMIER

La consigne est de ronfler.

Voir engloutir en un jour dans la débâcle d'une société financière le modeste pécule amassé sou à sou pendant toute une vie de travail et qui assurait à son possesseur une vieillesse paisible, quelle désolation ! quel crève-cœur ! Oh ! que de malédictions proférées, que de sanglots, que de cris de colère et de désespoir convulsivement poussés par ces 870.000 petits capitalistes qui avaient confié leur épargne à M. de Lesseps et qui, brusquement tirés de leur rêve de fortune, se trouvaient en face de la ruine et de la misère.

Trompés, bernés, dévalisés, il ne leur restait même pas la ressource de poursuivre directement les administrateurs, car ceux-ci avaient eu la prévoyance de faire insérer dans les statuts de la Société une clause aux termes de laquelle les poursuivants ne pouvaient agir qu'à la double condition de réunir le vingtième du capital social et d'obtenir préalablement l'avis favorable de l'assemblée générale. Outre que ces deux conditions étaient aussi difficiles l'une que l'autre à remplir, il eût fallu beaucoup d'argent pour mener à bonne fin un tel procès, et les souscripteurs n'en avaient plus.

Dans cette navrante situation, les uns adressèrent des plaintes au Procureur général, les autres firent parvenir des pétitions à la Chambre des députés ; plusieurs, n'ayant pas la force de supporter le coup qui les frappait, se donnèrent la mort, comme le père Bavoux qui consacra ses quatre derniers sous à garnir de charbon son réchaud, et le vieux Miolane qui se coucha sur les rails de la gare du Trocadéro, après avoir mouillé de ses larmes la lettre par laquelle il recommandait son jeune enfant à la compassion des âmes charitables.

Pendant ce temps-là, M. le comte et Mme la comtesse de Lesseps donnaient des fêtes dont les journaux mondains nous ont transmis les détails ; l'hiver de l'année 1889, les salons du somptueux hôtel de l'avenue Montaigne s'ouvraient tous les mercredis soir pour les intimes ; les treize enfants de M. de Lesseps (deux de son premier, onze de son second mariage) animaient de leur présence ces joyeuses réunions dont le chant et la danse se partageaient les heures trop courtes.

Le liquidateur Brunet y venait quelquefois prendre une tasse de thé, et là, entre une valse de Métra et une mélodie d'Augusta Holmès, il s'entretenait de l'affaire de Panama avec son vieil ami de Lesseps.

Celui-ci pouvait vivre sans inquiétude; M. Brunet se chargeait de lui éviter toute espèce de désagréments en dépouillant les dossiers d'une manière discrète dans le huis clos de son cabinet. Pour l'aider dans ce travail, il n'avait trouvé rien de mieux que de s'adjoindre M. Boudet, ancien secrétaire général de la Compagnie de Panama et administrateur de la Société des Dépôts et Comptes courants, collègue, à ce titre, de M. Charles de Lesseps auquel il était tout dévoué.

Désireux d'éviter des procès retentissants, M. Brunet s'empressa de terminer par des transactions les difficultés pendantes avec les entrepreneurs; les uns voulurent bien consentir un rabais sur le reliquat auquel ils prétendaient avoir droit, les autres obtinrent quitus en restituant une minime partie des sommes qu'ils avaient indûment perçues. M. Eiffel s'estima très heureux d'être tenu quitte moyennant restitution de trois millions sur les trente-trois millions par lui encaissés d'une façon plus ou moins irrégulière. Le tribunal de la Seine homologua ces diverses transactions les yeux fermés.

Cependant M. Brunet, pour se donner l'apparence de faire quelque chose, avait confié à un expert-comptable, M. Rossignol, le soin de rechercher l'emploi des sommes encaissées par la Compagnie et d'examiner s'il y avait lieu d'exercer des poursuites contre les administrateurs.

M. Rossignol, ayant pris sa mission au sérieux, remit à M. Brunet un rapport des plus complets en lui conseillant d'exercer une action civile contre les administrateurs et d'assigner en reddition de compte les individus qui, comme le baron de Reinach, avaient touché de fortes sommes.

M. Brunet se garda bien de suivre cet avis; il préféra amuser le tapis en envoyant à Panama une Commission chargée d'inspecter le canal et d'étudier selon quel plan, dans quel délai et avec quelle dépense il pourrait être achevé.

En attendant qu'on fût fixé sur ces différents points, les travaux marchaient toujours; on continuait à remuer la terre, à creuser des trous, à gratter la Culébra, à taquiner le Châgres, tout cela au hasard de la pioche, sans savoir où on allait.

A ce jeu, les quelques millions trouvés dans la caisse ou réalisés par le liquidateur furent rapidement épuisés. Comment s'en procurer d'autres ?

Un député de la droite, M. Gaudin de Villaine, conçut une idée bizarre : adresser un pressant appel aux capitalistes étrangers et proposer à tous les gouvernements de former un syndicat international garantissant un intérêt de 3 p. 100 aux capitaux déjà employés ou qui seraient ultérieurement versés. Le 7 mars 1889, il interpella le ministère pour le mettre en demeure d'appuyer les démarches que M. de Lesseps devrait entreprendre à cet effet.

Il fallait être bien naïf pour s'imaginer que les capitalistes étrangers porteraient leur argent à une entreprise si mal engagée, et qu'un gouvernement quelconque consentirait à garantir l'intérêt des quatorze cents millions déjà engloutis ainsi que des quatre milliards encore nécessaires, d'après les évaluations de l'interpellateur lui-même. Celui-ci se montra, au surplus, tout à fait illogique lorsque, après avoir qualifié M. de Lesseps de grand inconscient, il proposa de le remettre à la tête de l'affaire et de le charger de négociations diplomatiques avec l'appui du gouvernement français.

A cette époque, M. Floquet ne trônait plus au pouvoir; son ministère était tombé, comme le précédent, sur la question de revision, mais en sens inverse, la Chambre ayant repoussé celle qu'il proposait, et, par un chassé-croisé assez fréquent sous le régime parlementaire, M. Tirard avait repris la présidence du Conseil. Son retour pouvait inquiéter les panamistes; il les rassura pleinement par le choix de ses collaborateurs : Constans, Thévenet, de Freycinet, Rouvier, Yves Guyot. Avec eux, les corrupteurs et les chéquards pouvaient dormir sur les deux oreilles; il était de toute évidence que ce ministère, continuant la tactique de son devancier, s'appliquerait à gagner du temps, à étouffer les réclamations et les plaintes, à éviter à tout prix le scandale à la veille d'élections qui s'annonçaient comme exceptionnellement violentes.

La proposition saugrenue de M. Gaudin de Villaine n'eut pas le don de séduire M. Tirard; conformément à ses observations, elle fut rejetée par la Chambre à une très forte majorité.

Ce moyen repoussé, il fallut en chercher un autre plus pratique pour se procurer de l'argent. Brunet et Rouvier en découvrirent un très simple consistant à brocanter à n'importe quel prix le stoc d'obligations à lots qui n'avaient pas été souscrites; elles se vendraient ce qu'elles pourraient; ce serait autant de pris sur les gogos qui croiraient profiter d'une bonne occasion.

Le 13 juin 1889, Rouvier déposa sur le bureau de la Chambre, en sa qualité de ministre des finances, un projet de loi ayant pour objet d'autoriser le liquidateur de la Compagnie de Panama à négocier *sans limitation de prix* celles des obligations à lots dont l'émission avait été autorisée par la loi du 8 juin 1888 et qui n'étaient pas encore placées au moment de la mise en liquidation. Les sommes provenant de la négociation de ces titres devaient être insaisissables jusqu'à concurrence de 34 millions de francs, ces 34 millions étant destinés à prendre des mesures conservatrices de l'actif social et à étudier les moyens de constituer une société nouvelle dont l'apport sauverait les capitaux engagés.

L'urgence prononcée, les bureaux de la Chambre nommèrent, pour examiner ce projet, une Commission composée de MM. Jules Roche, président; Gaudin de Villaine, Ceccaldi, Paul de Cassagnac, Albert Duchêne, Galpin, Carron, Richard, Bernier, Du Mesnildot et Georges Roche.

Le choix du président indiquait les tendances de cette commission; sans tenir aucun compte des plaintes qui lui furent adressées par les victimes contre les administrateurs de la Compagnie et contre le liquidateur Brunet, elle conclut à l'adoption du projet Rouvier et chargea M. Georges Roche de rédiger le rapport.

Au début de la discussion qui s'ouvrit à la Chambre le 28 juin 1889, un député républicain, M. Sourigues, déjà honorablement connu par de courageux discours contre les escroqueries de la haute banque, développa un contre-projet qui consistait à engager le liquidateur : 1° à donner un état détaillé de l'emploi de toutes les sommes encaissées; 2° à poursuivre la rentrée des sommes payées indûment ou sans justifications suffisantes de la Compagnie, les administrateurs étant appelés en garantie des recouvrements à opérer.

C'était, évidemment, le seul parti à prendre; le liquidateur devait dire aux administrateurs de la Compagnie : 1.431 millions sont entrés dans la caisse dont vous aviez la surveillance; que sont-ils devenus? aux journaux : vous avez encaissé une somme de x; justifiez une publicité correspondante d'après vos tarifs; aux banquiers, aux coulissiers, aux financiers de tout acabit : vous êtes inscrits comme ayant touché telle somme; quelle était la cause de ce versement? quels services avez-vous rendus? à Hugo Oberndoeffer, au baron de Reinach, à Arton : on vous a remis tant de millions; pourquoi? dans quel but? qu'en avez-vous fait ? à qui avez-vous distribué cet argent ?

On pouvait ainsi suivre la trace des 1.434 millions et exiger la restitution de toutes les sommes perçues indûment, sans cause ou pour une cause immorale; les avaleurs de pots-de-vin auraient rendu gorge et des centaines de millions seraient rentrés dans la caisse. Tel était le devoir de M. Brunet; puisqu'il ne le remplissait pas, il appartenait à la Chambre de le lui imposer.

Mais c'était connaître bien peu cette Chambre corrompue que de lui proposer une résolution loyale et virile; le bruit des conversations couvrit la faible voix de M. Sourigues, et son contre-projet, combattu par le rapporteur Georges Roche, fut repoussé à main levée. Le projet Rouvier obtint ensuite une majorité de 388 voix contre 58. Quelques jours après, le Sénat donnait complaisamment son approbation.

Le vote de ce projet de loi fut, en ce qui concerne l'affaire de Panama, le dernier acte de la Chambre élue en 1885 et dont le mandat était sur le point d'expirer. Par ses incohérences, par son incapacité, par ses fautes allant quelquefois jusqu'au crime, elle avait provoqué un sentiment de mécontentement et de dégoût qui engendra le boulangisme.

Le général Boulanger n'avait rendu à la patrie aucun de ces services éclatants qui consacrent la renommée d'un homme et provoquent l'enthousiasme des foules. Il lui suffit, pour devenir populaire, de rompre en visière avec les hommes discrédités qui détenaient le pouvoir, de dénoncer leurs tripotages et de se poser en balai providentiel. Dès lors, il fut suivi par tous ceux qui, n'étant pas inféodés à la coterie régnante, désiraient ardemment sa chute pour préserver le pays du déshonneur et de la ruine. Le nom du séduisant général leur servit de ralliement ; à bas les voleurs ! devint leur cri de guerre.

Demeuré jusque là en dehors des luttes politiques, je fus de ceux qui se lancèrent dans la bataille avec l'espoir de fonder, sur les débris d'une oligarchie sans principes et sans scrupules, une république plus large, plus tolérante, plus démocratique et surtout plus honnête. Ignorant alors bien des choses que j'ai apprises depuis, je ne me doutais pas, en criant : à bas les voleurs ! jusqu'à quel point j'avais raison ; je soupçonnais encore moins que plusieurs des camarades poussant le même cri ne valaient pas mieux que les adversaires à qui ils l'adressaient.

Certes, j'ai connu dans le parti boulangiste des hommes de cœur et de talent, d'une probité et d'un désintéressement à toute épreuve, enflammés du plus pur patriotisme, collègues que leurs ennemis eux-mêmes ne pouvaient s'empêcher de respecter et dont je garde précieusement le souvenir : Paul Déroulède, Millevoye, Maurice Barrès, Goussot, Ernest Roche, Le Senne, Dumonteil, de Belleval, Farcy, Pierre Richard, Laisant, Paulin-Méry, Pontois......; j'en passe, et des meilleurs.

Mais à côté d'eux, hélas ! que d'autres dont les noms figurent dans les papiers du baron de Reinach et d'Arton ! C'est ce qui explique qu'on n'ait pas parlé du Panama pendant les élections de 1889, à un moment où on se jetait réciproquement à la tête les accusations les plus effroyables; il y eut consentement tacite entre les partis, tous également compromis, pour n'en pas souffler mot. Nous savons notamment, par la déposition de Laguerre, dont les intimes relations avec Arton étaient postérieures, a-t-il affirmé, au vote de la loi relative aux obligations à lots, que le Comité National agita la question de savoir si on parlerait du Panama, et décida le silence.

Le brave général lui-même ne s'était-il pas ouvertement déclaré favorable à l'entreprise de M. de Lesseps? Les politiciens expérimentés qui guidaient ses pas au Palais-Bourbon avaient décidé, après mûre délibération, de lui faire voter la proposition Michel; ils omirent, il est vrai, par négligence, de déposer son bulletin dans l'urne, mais cela ne les empêcha pas, à l'élection du 27 janvier, de faire apposer sur les murs de Paris une affiche dans laquelle un groupe d'actionnaires ou obligataires disaient : « Il a voté pour nous, votons pour lui ! »

Tout espoir de relèvement n'était pas encore perdu au commencement de l'année 1889, et ceux qui ignoraient l'exacte situation pouvaient se figurer que la loi du 7 juin 1888 les sauverait de la ruine.

A l'époque des élections générales, aucune illusion n'était plus permise; les boulangistes n'avaient donc aucun intérêt à déterrer le cadavre; ils agirent prudemment en ne soulevant pas son linceul.

De la mêlée violente et confuse qui prit fin le 6 octobre 1889, sortit une Chambre aussi mauvaise que la précédente. Son premier acte fut de se donner M. Floquet pour président; puis elle éplucha les dossiers électoraux des membres de la minorité avec le parti-pris d'en invalider le plus possible. C'est à cette méchante besogne qu'elle gaspilla sa première session.

L'année 1889 se passa ainsi sans que les directeurs et administrateurs de la Compagnie de Panama fussent le moins du monde inquiétés. Lorsque le 1er janvier 1890 sonna à la Grande Horloge, toutes les infractions à la loi de 1867, toutes les escroqueries, tous les abus de confiance commis depuis la fondation de la Société jusqu'au 1er janvier 1887, se trouvèrent prescrits, car les délits se prescrivent au bout de trois ans, à moins que la prescription n'ait été interrompue par un acte de poursuite. Or, le Procureur général, saisi de plaintes nombreuses contenant des accusations précises, n'avait pas jugé à propos d'ordonner une instruction. Il attendait sans doute les conclusions de M. Brunet, mais celui-ci n'osait en prendre aucune. Les terribles révélations contenues dans le rapport de M. Rossignol l'avaient atterré : « Ils sont trop, se disait-il, trop nombreux et trop haut placés! » Dévoiler tant de turpitudes, poursuivre tant de personnages considérables, déshonorer l'homme illustre dont il avait toujours été fier de se dire l'ami, c'était une résolution au-dessus de ses forces. Il préféra abandonner ses fonctions. Le 13 février 1890, il se fit adjoindre M. Monchicourt, et le 8 mars suivant il donna sa démission, non sans réclamer 120.000 fr. pour ses honoraires. Le tribunal, estimant que ce n'était pas trop payer ses services négatifs pendant une année, les lui alloua sans le moindre rabais. A quoi bon lésiner, puisqu'on payait avec l'argent des actionnaires et obligataires?

Peu de de temps après la retraite de M. Brunet, la Commission qu'il avait envoyée à Panama revint à Paris. Voici quelles furent les conclusions de son rapport :

La Commission déclare :
1° Qu'il est possible d'achever le Canal dans

un délai de huit ans et que la solution à laquelle elle s'est arrêtée consiste dans l'adoption d'écluses de huit à onze mètres de chute, réparties en deux groupes du côté de l'Atlantique et en trois groupes sur le versant du Pacifique;

2° Que le matériel qui se trouve actuellement dans l'Isthme pourra suffire à l'achèvement du Canal, si le mode d'exécution des travaux n'est pas changé;

3° Que l'estimation des travaux proprement dits peut être portée à 580 millions;

4° Que 900 millions seraient nécessaires pour terminer le Canal.

Encore huit années et 900 millions! Comme nous voilà loin des affirmations de M. de Lesseps!

Ce rapport fut remis par M. Guillemin, président de la Commission, à M. Monchicourt que le tribunal de la Seine venait de nommer liquidateur en remplacement de M. Brunet.

Heureux Monchicourt! C'était une fortune que cette grosse liquidation sur laquelle, outre les appointements fixes, il y avait tant à gratter. Aussi s'y cantonna-t-il comme un rat dans un fromage de Hollande, comptant bien y vivre aux dépens des actionnaires jusqu'à la fin de ses jours. Il continua les errements de M. Brunet, fit rentrer l'argent qui restait dû par les souscripteurs, donna quitus aux entrepreneurs qui ne l'avaient pas encore obtenu et se mit à compulser lentement les papiers et les livres de la Société, avec l'intention bien arrêtée de n'engager aucunes poursuites et de laisser la prescription couvrir peu à peu tous les actes délictueux.

Cette inertie convenait à son caractère nonchalant, mais il lui eût fallu un bien grand héroïsme pour oser enfreindre la consigne qui partait de l'hôtel de la place Vendôme et soulever un scandale dans lequel plusieurs ministres, celui de la justice entre autres, se seraient trouvés compromis.

Rien de plus facile que de museler un simple liquidateur, dépendant du tribunal de la Seine; bâillonner les 870.000 petits capitalistes dépouillés de leur épargne était moins aisé. Beaucoup d'entre eux, il est vrai, imitaient la résignation du mouton tondu de sa laine; d'autres, par contre, ne se lassaient pas d'envoyer plaintes sur plaintes au parquet du Procureur général et pétitions sur pétitions à la Chambre des députés.

Au parquet, les plaintes restaient ensevelies dans le bureau du trop fameux Quesnay de Beaurepaire, âme damnée de Thévenet et de Joseph Reinach, auxquels il devait l'hermine dont son prédécesseur s'était dépouillé pour ne pas se prêter aux infamies qu'on exigeait de lui.

A la Chambre, les pétitions étaient étouffées par des commissions où dominaient des membres soucieux de laisser la lumière sous le boisseau.

Mais comme les bureaux de la Chambre nomment chaque mois une nouvelle commission des pétitions, il pouvait un jour s'en rencontrer une qui, composée en majorité d'honnêtes gens, accueillerait favorablement les doléances des pétitionnaires.

C'est ce qui arriva. Au commencement de l'année 1890, une commission, saisie d'une pétition adressée à la Chambre par divers comités d'actionnaires et obligataires de Panama, décida de la renvoyer au ministre de la justice et chargea du rapport M. Gauthier de Clagny, député révisionniste de Versailles.

Gauthier de Clagny, avocat au Conseil d'Etat et à la Cour de cassation, était un des membres les plus capables et les plus intègres de l'ancienne Chambre; les intérêts des victimes du Panama ne pouvaient être confiés à de meilleures mains. Le 22 mai 1890, il déposait un rapport très complet et très fortement motivé.

Comme il était hors de doute que le ministre de la justice laisserait dormir ce rapport dans ses cartons si on ne le forçait à prendre l'engagement public de lui donner les suites qu'il comportait, quatre courageux députés de la droite, MM. Le Provost de Launay, Laroche-Joubert, Fairé et de Lamarzelle, adressèrent au président de la Chambre, le 2 juin 1890, une lettre par laquelle ils demandaient, conformément à l'article 66 du règlement, que les conclusions du rapport de M. Gauthier de Chagny fussent discutées en séance publique. M. Floquet obtempéra à cette injonction, non sans esquisser une légère grimace, et le rapport, inscrit à la suite de l'ordre du jour, vint en discussion à la séance du 21 juin.

A cette date, le Cabinet Tirard-Constans-Thévenet n'existait plus. La majorité, issue de ses canailleries électorales, n'avait eu garde de le renverser ; il était tombé de lui-même comme un fruit trop mûr. Tirard, honnête et solennel imbécile, avait toujours éprouvé pour le rusé Toulousain une antipathie profonde ; les procédés de celui-ci lui répugnaient. Il les avait cependant tolérés en face du péril boulangiste, mais une fois le danger passé, il voulut y regarder de plus près. Constans, froissé de ses observations, lui jeta sa démission entre les jambes et quitta d'un air guilleret l'hôtel de la place Beauveau en ayant soin d'y laisser son bonnet de nuit et ses pantoufles.

Sans s'émouvoir, Tirard le remplaça par M. Bourgeois, mais le Cabinet, privé de son véritable chef, ne tarda pas à se disloquer et s'effondra au bout d'une quinzaine de jours.

Constans reprit triomphalement son portefeuille de ministre de l'intérieur dans le ministère que M. de Freycinet forma en ajoutant aux débris de l'ancien quelques membres nouveaux ; Rouvier et Yves Guyot gardèrent leur place ; Jules Roche devint ministre du commerce pour boucher le trou laissé par le départ de Tirard, et Fallières remplaça Thévenet.

Au point de vue des victimes du Panama, le seul qui nous intéresse, ce changement de ministère n'avait aucune importance; il n'était pas difficile de deviner qu'on allait continuer le système de l'étouffement. De Freycinet, Constans, Rouvier, Yves Guyot, Jules Roches offraient toutes garanties à MM. de Lesseps et consorts. Quant à Fallières, député de Nérac, gras et inoffensif comme une terrine, il était incapable de faire du mal à une mouche ou de tourmenter un chéquard; il ne demandait qu'à vivre en paix en évitant les complications, et détestait les affaires qui pouvaient troubler sa digestion.

Ce fut d'un air ennuyé et résigné qu'il vint s'asseoir à son banc le 21 juin, maudissant en son cœur les trouble-fête qui se préparaient à faire pleuvoir sur sa tête une série de discours importuns.

M. Le Provost de Launay, orateur clair et incisif, prit le premier la parole. Tout de suite il plaça la question sur son véritable terrain :

Je viens, dit-il, demander à M. le Ministre de la Justice s'il accepte le renvoi de la pétition des actionnaires et obligataires de Panama et ce qu'il compte faire.

Il ne faut pas oublier que pour les délits la prescription est de trois ans. Voilà dix-huit mois que la liquidation est commencée et que chaque jour qui s'écoule peut éteindre quelques justes revendications. Même pour les entrepreneurs, le délai de la prescription court. En ce qui concerne les banquiers, le délai de la prescription court également. Êtes-vous bien sûr que des faits délictueux n'aient pas été commis par les banquiers qui ont servi d'intermédiaires entré cette Société et le public? La prescription étant de trois ans, sera, dans quelques mois, acquise pour tous les faits, et en faveur de tous ceux qui en sont responsables.

M. Gauthier de Clagny soutint ensuite les conclusions de son rapport dans les termes suivants :

L'entreprise de Panama a eu le résultat que vous connaissez : la Compagnie est ruinée et les souscripteurs qui ont eu confiance dans les administrateurs s'adressent aux pouvoirs publics et sollicitent leur concours pour obtenir deux choses qui leur sont dues : la lumière et la justice.

Les pétitionnaires réclament en premier lieu l'état détaillé des sommes encaissées par l'entreprise et des sommes régulièrement et utilement dépensées.

Ils demandent, en second lieu, que les pouvoirs publics leur viennent en aide pour obtenir de la justice que les responsabilités de chacun soient établies, aussi bien au point de vue civil qu'au point de vue pénal.

Sur le premier point, les souscripteurs s'étonnent que le liquidateur qui est en fonctions depuis près de dix-huit mois n'ait pas encore cru de son devoir de faire connaître aux intéressés quelles sommes ont été encaissées et quelles sommes ont été utilement employées à l'entreprise. Ils vous demandent de les aider à faire la lumière sur les mystères de l'entreprise de Panama.

Sur le second point, ils s'étonnent, et avec raison, que le liquidateur n'ait pas cru devoir établir les responsabilités de ceux qui avaient dirigé l'entreprise ; que, depuis dix-huit mois, le liquidateur n'ait pas jugé bon de faire connaître si les administrateurs avaient bien ou mal géré, s'ils avaient commis des fautes de nature à engager leur responsabilité.

Les pétitionnaires viennent vous demander aujourd'hui de les aider pour obtenir ces éclaircissements qui s'imposent.

Il y a un troisième point sur lequel il ne peut y avoir aucun doute, aucune hésitation : les actionnaires demandent que les responsabilités pénales que les administrateurs pouvaient avoir encourues soient recherchées en temps utiles, de telle sorte qu'on ne les découvre pas trop tard pour les réprimer.

Sur ce point, encore une fois, il ne saurait y avoir aucune discussion, parce qu'il appartient aux magistrats du parquet de se saisir d'office, lorsqu'ils ont connaissance d'un crime ou d'un délit qui aurait pu être commis. Il leur appartient de faire le nécessaire pour rechercher ce délit, le poursuivre et en amener la juste répression.

Eh bien! je me permettrai d'indiquer à M. le ministre de la justice un moyen très simple d'arriver à la découverte de la vérité; je lui dirai (il doit du reste en avoir déjà connaissance) que le liquidateur après sa nomination a chargé un expert en comptabilité, M. Rossignol, de faire un rapport sur la gestion financière des administrateurs du Panama.

Ce rapport a été déposé. Je sais, par les déclarations faites devant la Commission, que le liquidateur, trouvant que ce travail était incomplet *ou peut être trop complet*, a prié M. Rossignol de retoucher son travail.

Mais ce travail doit être aujourd'hui au point; il est apparemment entre les mains du nouveau liquidateur, et il suffirait à M. le Ministre de la Justice d'ordonner au chef de son parquet d'en prendre connaissance pour savoir si, oui ou non, les administrateurs sont coupables, si, oui ou non, ils doivent être poursuivis et punis. (*Très bien! très bien! à droite.*)

En ce qui concerne votre Commission, elle n'avait pas à entrer dans le détail de cet examen, il lui suffisait de renvoyer la pétition à M. le Ministre de la Justice, et de faire appel à son intervention énergique pour qu'il soit fait droit aux réclamations des intéressés.

En vous renvoyant cette pétition, Monsieur le Ministre, la Commission n'a pas eu pour but, croyez-le bien, de donner aux réclamants une satisfaction platonique. Nous n'avons pas eu l'intention de vous envoyer le dossier de Panama pour qu'il aille rejoindre certains dossiers qui n'ont pas encore vu le jour sous votre ministère, notamment le dossier des fraudes électorales de Lodève et de Toulouse.

Nous avons voulu appeler votre attention vigilante sur une affaire dans laquelle est engagée une partie de l'épargne française et qui a ruiné un nombre considérable de petits souscripteurs ; nous avons voulu que la lumière fût faite tout entière et que la justice fût rendue pour tous, et, s'il le faut, contre tous. (*Très bien ! très bien ! sur divers bancs.*)

Messieurs, il est inadmissible, n'est-ce pas, qu'un million et demi de notre épargne puisse impunément s'engloutir dans une entreprise financière ; il est inadmissible que huit cent mille petits souscripteurs puissent se trouver ruinés, sans qu'on veuille leur rendre des comptes, et il est plus inadmissible encore que, au milieu des ruines et du désastre de tous, puissent s'édifier pour quelques privilégiés des fortunes énormes dont j'aime mieux ne pas parler.

L'œuvre qu'il vous appartient d'accomplir n'est pas seulement une œuvre de moralité et de justice, c'est encore une œuvre de conservation et de préservation sociale.

Il faut nous rendre compte, Messieurs, des pensées qui peuvent agiter l'esprit de ces malheureux qui ont été ruinés dans cette désas-

— 297 —

treuse entreprise. Ce ne sont pas des capitalistes, des financiers puissants : ce sont des petits, des humbles, des faibles; ce sont des ouvriers, des paysans, des petits employés. Eh bien, Messieurs, lorsque ces malheureux voient d'un côté leur ruine et de l'autre l'édification scandaleuse de certaines fortunes particulières, il me semble qu'ils ont le droit de demander où est la justice, et ce que signifient nos lois et notre organisation sociale. (*Applaudissements à droite.*)

Ne craignez-vous pas qu'ils arrivent un jour à se dire qu'il est plus rapide et plus sûr de se faire justice soi-même?

Pour l'honneur de la France, Messieurs, pour l'honneur du gouvernement de la République, il faut que la lumière soit faite, éclatante et complète. Il est temps de mettre un terme à tous ces scandales financiers qui accumulent les ruines dans notre pays et sèment dans le peuple de dangereux ferments de haine et de rancune.

Nous comptons, Monsieur le Ministre, sur votre fermeté ; nous comptons sur votre vigilance pour que les intéressés obtiennent satisfaction entière. Nous voulons la lumière éclatante ; nous voulons la justice pour tous, et, s'il le faut, contre tous, quelque haut qu'ils soient placés. (*Applaudissements à droite et sur quelques bancs à gauche.*)

En réponse à ces deux éloquents discours, M. Fallières fit les déclarations suivantes :

Le gouvernement de la République n'est pas resté indifférent à l'affaire du Panama, bien qu'il ne l'ait jamais prise sous son patronage et ne soit pas responsable du désastre.

M. Monchicourt sera en mesure, non pas dans quelques semaines, mais probablement dans quelques jours, de déposer le rapport de M. Rossignol qui a dû être complété. Nous aurons ainsi l'état complet de toutes les sommes soit encaissées, soit dépensées, avec la destination qui leur a été donnée par le Conseil d'administration de Panama.

Ce document ne restera pas enfoui au tribunal de la Seine; le liquidateur lui donnera la publicité la plus grande, toute celle que l'on peut désirer.

M. Monchicourt donnera la vérité et fera la lumière. Il a repris avec M. Rossignol tous les chiffres, tous les comptes pour que le travail soit complet. Dans quelques semaines, dans quelques jours peut-être, le détail des opérations financières de Panama sera connu de tous.

Les responsabilités civiles et pénales seront donc déterminées à brève échéance et la justice fera son devoir.

Ces promesses tardives, arrachées à un ministre acculé au pied du mur, donnèrent satisfaction à ceux qui ne demandaient qu'à se payer de mots; elles ne désarmèrent pas M. Delahaye :

M. le Procureur général, dit-il en montant à la tribune, a été saisi de nombreuses plaintes auxquelles il aurait pu déjà donner suite, car il y a longtemps qu'il les a reçues; il vous aurait ainsi, Monsieur le Ministre, épargné l'ennui de dire aussi tardivement aux intéressés que vous songiez à vous occuper de leur malheur. (*Rumeurs prolongées à gauche et au centre.*)

En voyant M. Monchicourt mettre autant de ténacité à retarder la publication de son rapport que M. Brunet a mis de promptitude à décharger les entrepreneurs, ils se demandent, non sans excuse, Monsieur le Ministre, si, après avoir couvert je ne sais quelles complicités, on ne s'efforce pas d'atteindre je ne sais quelles prescriptions.

Les actionnaires et obligataires de Panama veulent que bonne justice soit faite de tous ceux qui ont concouru à spolier la France laborieuse, l'épargne populaire de quinze cents millions.

Il ne vous échappe pas qu'en raison de certains incidents, à cause de certaines personnes qui peuvent être compromises dans cette affaires, la tâche de M. le ministre de la justice est particulièrement délicate et pénible.

Mais, j'en suis convaincu pour ma part, cette tâche ne sera pas au-dessus de la fermeté et de la grande intégrité de M. Fallières.

Il faut en finir avec ces scandales financiers qui se succèdent chez nous avec la même régularité que les quatre saisons. Nous ne sommes plus assez riches, Messieurs, pour tolérer un pareil gaspillage de la fortune publique.

La discussion générale étant terminée, M. Goirand déposa l'ordre du jour suivant revêtu de sa signature et de celles de MM. Montaut, Jaquemart, Bovier-Lapierre, Salis, Lagnel et Saint-Germain :

« La Chambre, prenant acte des déclarations du Gouvernement, et faisant appel à sa vigilance pour dégager, en temps utile, les responsabilités que peut comporter l'administration de Panama, passe à l'ordre du jour. »

J'ai pensé avec quelques-uns de mes amis, dit l'auteur de cet amendement, qu'il était temps, s'il n'était déjà trop tard, d'arriver à faire la lumière dans cette malheureuse affaire, et que, pour cela, il ne suffisait pas de renvoyer purement et simplement le dossier au ministre de la justice, en se gardant bien d'ajouter un mot qui fût la traduction fidèle du sentiment de la Chambre.

Or, c'est précisément ce sentiment que nous avons voulu exprimer. Nous n'avons pas voulu renvoyer purement et simplement le dossier à M. le ministre de la justice; nous avons voulu en même temps signaler à M. le Garde des Sceaux l'urgence qu'il y avait d'agir immédiatement et énergiquement.

En effet, pendant que cette question, qui a si longtemps agité l'opinion publique, est discutée à cette tribune et dans la presse, la prescription s'acquiert tous les jours, et bientôt, quand on croira que le moment sera venu d'agir, quand on aura enfin entre les mains des documents suffisants pour faire la lumière et établir la vérité, il sera trop tard pour un

grand nombre de faits qu'on eût pu justement
incriminer. Personne n'ignore que l'affaire de
Panama n'a été qu'une longue succession de
délits, qu'une répétition ininterrompue d'agissements mensongers et frauduleux pour attirer
la petite épargne française dans la caisse de la
Compagnie.

Cela, nous le savons tous. Est-ce que nous
avons besoin de discuter les comptes d'un
liquidateur pour être fixés sur la moralité de
cette affaire? Avons-nous besoin de pièces et
de détails? Est-ce que la lumière n'a pas toujours été éclatante aux yeux de tous? Notamment dans ce milieu d'affaires, dans ce milieu
parisien, est-ce que nous ne savions pas, dès le
jour où elle a pris naissance, ce qu'était l'entreprise de Panama? (*Mouvements prolongés en
sens divers.*)

Est-ce que vous n'avez pas assisté à ce spectacle étrange de toute la province trompée et
exploitée par certains financiers parisiens,
uniquement parce que les moyens de publicité
manquaient pour faire connaître en dehors de
Paris ce que Paris tout entier savait? (*Très
bien! Très bien!*)

Quand on est en présence d'une question
aussi simple, aussi claire, aussi nette, il n'y a
pas à hésiter; vous devez non seulement renvoyer le dossier à M. le ministre de la justice,
mais lui renvoyer ce dossier avec l'indication
bien précise de votre pensée intime; vous devez
lui dire, avec les auteurs de l'ordre du jour,
que cette affaire nécessite une solution immé-

diate et que, s'il n'est pas déjà trop tard, il doit ordonner la poursuite des nombreux délits qui ont été successivement commis et provoquer la répression de ceux qui ne sont pas encore couverts par la prescription. (*Applaudissements sur divers bancs.*)

Cet énergique langage embarrassa d'autant plus le ministre de la justice qu'il était tenu par un membre de la majorité républicaine parlant au nom de plusieurs de ses collègues. Que faire ? Que répondre ? L'ordre du jour proposé était gênant, mais quels arguments raisonnables pouvait-on lui opposer ?

Le gros Fallières, très perplexe, baissait la tête et tournait ses pouces, lorsque tout à coup : « Je demande la parole ! » glapit une voix éraillée partie des hauteurs du Centre ; et un petit vieux dévala du sommet des gradins, traversa l'hémicycle en trottinant, et apparut à la tribune, la chemise bouffant entre un gilet trop court et un pantalon insuffisamment remonté, la moustache tombante, les cheveux en broussaille, semblable à un de ces diablotins qui surgissent d'une boîte à surprise. C'était Michou.

Connaissez-vous Michou ? Non ! Dans ce cas, il faut que je vous présente cette célébrité parlementaire.

D'abord instituteur primaire, puis médecin de campagne, Michou fut élu pour la première fois député de Bar-sur-Seine en 1881, puis réélu successivement en 1885, en 1889 et en 1893, ce qui prouve que les électeurs sont d'une constance inébranlable lorsqu'ils ont le bonheur d'être représentés par une bonne tête de pipe.

Ceux de Michou auraient eu grand tort de priver le Palais-Bourbon de cet original qui fait les délices du public des tribunes. Ses discours, bourrés de quiproquos, de coq-à-l'âne, de paradoxes médicaux et pharmaceutiques le reposent des discussions sérieuses. Une fois, étant monté à la tribune alors qu'on discutait la question des raisins secs, il tira de sa poche une petite fiole, en versa quelques gouttes dans le verre d'eau sucrée et, élevant au-dessus de sa tête le liquide subitement rougi, il s'écria d'un ton vainqueur : « Messieurs, voilà comment on fabrique le vin de Bordeaux ! »

A une époque où la bicyclette n'avait pas encore reçu les perfectionnements qui l'ont mise à la mode, Michou se rendait à la Chambre perché sur un antique vélocipède dont les roues, dépourvues de pneumatique, bondissaient sur les pavés en faisant cahoter le haut-de-forme crasseux qui lui servait de couvre-chef. Avec son pantalon relevé jusqu'aux mollets, sa redingote étriquée et son chapeau de travers, il offrait un spectacle si grotesque que les gavroches criaient : « A la chienlit ! » en voyant ce législateur franchir les grilles du Palais-Bourbon en cet équipage baroque.

Avare comme Harpagon, il a résolu le problème de se nourrir à la buvette en y faisant, de midi à sept heures du soir, trois repas composés de lait, de bouillon, de chocolat, de biscuits et de sandwichs, le tout arrosé de grands verres de vin et de petits verres de cognac. Et comme son vorace appétit ne lui permet pas de jeûner depuis sept heures du soir jusqu'à midi, il a soin de se bourrer subrepticement les poches de biscuits et de sandwichs. En voilà un qui peut se flatter de défendre énergiquement les cinq francs retenus chaque mois sur ses appointements pour les frais de la buvette législative. Quel dommage qu'il ne déploie pas la même énergie à la défense de la bourse des contribuables !

Un jour, il fut victime d'une bien mauvaise plaisanterie. A peine venait-il de terminer ses provisions, que Clémenceau, arrivant avec quelques amis, remarqua le gonflement suspect des poches postérieures de sa jaquette et en comprit la cause du premier coup d'œil. L'idée d'une bonne farce lui vint aussitôt : tandis que Michou absorbait gloutonnement un petit pain dont les morceaux nageaient dans un vaste bol de chocolat, Clémenceau, tout en causant comme si de rien n'était, retira un à un, avec une irréprochable dextérité, tous les biscuits et sandwichs garnissant ses poches et les replaça délicatement sur les assiettes. Le tour fut si bien exécuté que Michou ne se serait aperçu de rien sans les éclats de rire qui saluèrent la fin de l'opération.

Atrocement vexé de cet affront, il le

dévora en silence, n'osant s'attaquer au redoutable leader du parti radical, mais il rumina sa rancune en attendant de pouvoir exercer sa vengeance. L'occasion ne tarda pas à se présenter. Au mois d'avril 1888, le fauteuil de la présidence de la Chambre devint vacant par suite de la démission de M. Floquet, nommé ministre de l'Intérieur; on dut procéder à son remplacement; deux candidats se trouvèrent sur les rangs : Clémenceau et Méline. La lutte fut très vive; après le troisième tour de scrutin, M. Méline, qui avait obtenu exactement le même nombre de voix que Clémenceau, fut proclamé président au bénéfice de l'âge. Une seule voix de plus eût suffi à Clémenceau pour qu'il parvînt à cette haute situation. Or, Michou, en menant contre lui une campagne acharnée dans les couloirs, lui en enleva plusieurs. C'est ainsi qu'il fit payer très cher au leader de l'extrême-gauche les biscuits que celui-ci s'était permis de retirer de ses poches. La Chambre entière en subit les conséquences, car Clémenceau, doué au suprême degré des deux principales qualités d'un bon président : l'esprit et la poigne, eût mieux réprimé les tumultes que le légumineux Méline qui présidait comme un navet.

Michou était ce qu'on appelle à la Chambre un *Terre-Neuve*; il ne pouvait voir un ministre en péril sans se jeter à l'eau pour le repêcher. Fidèle à ses habitudes, il venait opérer le sauvetage du gros Fallières :

Messieurs, dit-il en remontant sa culotte, la question, telle qu'elle se présente, n'est pas du ressort du Parlement ; elle ne peut être résolue que par les tribunaux.

M. le Ministre de la Justice ayant accepté le renvoi de la pétition, je dépose un ordre du jour pour lequel je demande la priorité et qui se résume ainsi : « La Chambre, prenant acte des déclarations si claires, si nettes, si sincères de M. le ministre de la justice, passe à l'ordre du jour. »

Il ne s'agit pas de discuter ; il s'agit d'approuver.

Le gros Fallières s'accrocha bien vite à la perche que lui tendait son compère Michou :

L'ordre du jour de M. Goirand, déclara-t-il, m'imposerait une mission qui n'est pas la mienne. En l'acceptant, vous arriveriez à la confusion des pouvoirs. L'ordre du jour qui répond le mieux à la situation, c'est celui de M. Michou. C'est celui-là que je supplie la Chambre de vouloir bien accepter.

Messieurs, répliqua M. Goirand, il n'y aura pas confusion de pouvoirs, parce que nous inviterons le ministre de la justice à mettre en mouvement l'action publique dans cette affaire. Le devoir de mettre l'action publique en mouvement incombe au parquet, sur l'avis qui lui en est donné par son chef, c'est-à-dire par le ministre de la justice, dont nous avons le droit de provoquer l'initiative.

La question ainsi posée, il était évident que les députés disposés à se contenter de vaines promesses voteraient l'ordre du jour Michou et que ceux qui voulaient que des poursuites fussent immédiatement engagées donneraient leur voix à celui de M. Goirand.

Par 375 voix contre 104, l'ordre du jour Michou fut adopté. Je me flatte d'avoir été au nombre de ceux qui votèrent contre cet ordre du jour flasque et incolore qui allait permettre au ministre de la justice et au Procureur général de prolonger indéfiniment leur inaction.

Cependant, je dois reconnaître que le Gouvernement fit quelque chose : peu de jours après, le 14 juillet 1890, Quesnay de Beaurepaire fut promu, en récompense de ses services *exceptionnels*, à la dignité de commandeur de Légion d'honneur. Il ne restait plus à M. le Procureur général qu'un échelon à gravir pour devenir l'égal du grand-officier Cornélius Herz.

A la fin du même mois de juillet, la Chambre éprouva une perte cruelle par suite de la mort de M. Barbe, qui quitta notre planète avant d'avoir pu rendre compte du chèque de 550.000 francs à lui remis par le baron de Reinach.

M. le président Floquet prononça, au début de la séance du 31 juillet, l'oraison funèbre de ce collègue, mort, dit il, comme il avait toujours voulu vivre, en travaillant !

Puis, selon l'usage, on tira au sort la députation de vingt-quatre membres chargée de représenter l'Assemblée aux obsèques.

Le hasard voulut que mon nom sortît de l'urne, ce qui m'imposa la corvée de suivre jusqu'au cimetière du Père-Lachaise le char disparaissant sous l'écharpe tricolore et les couronnes de fleurs. Il traversa lentement Paris, traîné par six chevaux noirs, escorté d'un bataillon d'infanterie, accompagné d'une foule de ministres, de députés, de sénateurs, de banquiers connus, en un mot de tout ce qui constitue le monde politique et celui de la haute finance, deux mondes qui tendent à se confondre en un seul.

De pompeux discours furent prononcés sur la tombe, et j'entends encore Gustave Hubbard s'écrier d'une voix sonore, qui vibrait à travers les cyprès et les ifs : « Il était radical, parce qu'il voulait plus de liberté, plus de fraternité, plus de justice sociale ! »

CHAPITRE II.

Premier acte de la comédie judiciaire

M. Fallières, à la fermeté et à la grande intégrité duquel M. Delahaye rendait, le 21 juin 1899, un ironique hommage, avait formellement promis à la Chambre que, dans quelques semaines, dans quelques jours même, le rapport de M. Rossignol serait publié, que les responsabilités civiles et pénales se trouveraient déterminées et que la justice ferait son devoir. Les jours, les semaines, les mois s'écoulèrent sans qu'aucune de ces promesses fût tenue et l'affaire de Panama dormirait encore au fond des oubliettes judiciaires si MM. Gauthier de Clagny et Delahaye n'avaient menacé d'interpeller le ministre de la justice au sujet de sa coupable inaction.

Poussé l'épée dans les reins, n'osant endosser la lourde responsabilité de la prescription qui allait bientôt couvrir tous les actes délictueux, M. Fallières se décida enfin à enjoindre au Procureur général de commencer les poursuites.

Pour obéir aux ordres de son chef

hiérarchique, M. Quesnay de Beaurepaire adressa au Premier Président, le 11 juin 1891, le réquisitoire suivant :

Le Procureur général,

Vu les plaintes ci-jointes, remontant à diverses époques et revêtues d'un grand nombre de signatures ;

Attendu qu'il en résulte présomptions d'abus de confiance, d'escroqueries et de tentatives d'escroqueries à la charge de :

Ferdinand de Lesseps, président du Conseil d'administration de la Compagnie du Canal interocéanique de Panama et membre du Comité de direction de la même Compagnie ;

Charles-Aimé de Lesseps ;

Victor de Lesseps ;

Marius Fontane ;

Et Henri Cottu ;

Ces quatre derniers membres du Comité de direction de la même Compagnie du Canal interocéanique de Panama ;

Et attendu que l'une des personnes désignées plus haut, Ferdinand de Lesseps, est grand-croix de l'ordre de la Légion d'honneur ;

Vu les articles 10 de la loi du 20 avril 1810 et 479 du Code d'instruction criminelle ;

Attendu, d'autre part, que les faits visés dans les plaintes ci-jointes sont prévus par les articles 406, 408, 405, 2 et 3 du Code pénal et par la loi du 24 juillet 1867 sur les sociétés ;

Requiert qu'il plaise à M. le Premier Président de la Cour d'appel ouvrir information, par lui-même ou par un de MM. les Conseillers par lui délégué, tant contre les personnes plus haut dénommées que contre toutes autres que l'enquête ferait connaître;

Dire que l'instruction sera suivie conformément aux prescriptions du Code d'instruction criminelle, et que le magistrat chargé de l'information décernera contre les prévenus mandat de comparution.

Fait au parquet, à Paris, le 11 juin 1891.

Le Procureur général,
QUESNAY DE BEAUREPAIRE.

Cette information, quoique tardive, arrivait encore à temps, mais à la condition qu'elle fût interruptive de la prescription. Or, elle ne l'était pas; aux termes de l'article 479 du Code d'instruction criminelle, le Procureur général devait, dans l'espèce, citer directement les prévenus devant la première Chambre de la Cour d'appel; aucune autre procédure ne pouvait saisir valablement la justice et interrompre la prescription. M. Quesnay de Beaurepaire le savait fort bien, mais il entrait dans son plan d'agir comme il le fit.

En réponse au réquisitoire, M. le Premier Président désigna M. Prinet, conseiller à la Cour d'appel, pour procéder à l'information.

M. Prinet se mit consciencieusement au travail; il interrogea les prévenus, entendit de nombreux témoins, opéra des perquisitions et des saisies, envoya en Amérique des Commissions rogatoires et chargea M. Flory, expert comptable, de procéder à une expertise.

Une aussi vaste enquête ne pouvait manquer d'être fort longue, mais les intéressés en attendaient l'issue avec une patience relative, parce que, faute d'avoir étudié à fond le texte de l'article 479, ils étaient convaincus que la prescription avait cessé de courir.

CHAPITRE III

Coups de fouet à Thémis.

Cependant, les victimes de la Compagnie de Panama n'avaient pas cessé de faire pleuvoir au Palais-Bourbon une innombrable quantité de pétitions; les unes demandaient justice, les autres réclamaient l'intervention du Gouvernement pour constituer une société nouvelle qui achèverait le Canal.

Ces dernières pétitions, au nombre de 114, toutes imprimées sur le même papier et rédigées dans les mêmes termes, étaient ainsi conçues :

Les pétitionnaires, rappelant au Parlement les lois déjà votées en leur faveur, et confiants dans sa haute sollicitude pour les intérêts français engagés à Panama, demandent à la Chambre des députés de vouloir bien, d'accord avec le Gouvernement, confier à M. le gouverneur du Crédit foncier de France la mission de préparer et de soumettre à M. le ministre des finances, dans le plus bref délai, une combinaison financière capable de fournir les fonds nécessaires à l'achèvement du canal de Panama sur les nouvelles bases octroyées récemment par la République de Colombie, tout en sauvegardant les droits des premiers intéressés, et expriment le désir que M. le gouverneur du Crédit foncier de France soit invité par le Gouvernement à prendre la direction de la nouvelle Compagnie de Panama.

Il est bon de savoir, pour l'intelligence de cette pétition, que la concession accordée par le gouvernement colombien en 1878, pour une période de douze années, avait été prorogée de dix ans, par une convention signée le 10 décembre 1890, sous réserve que la déchéance serait prononcée le 28 février 1893 si, à cette date, on n'avait pas constitué une société nouvelle et repris les travaux. Or, les efforts de M. Monchicourt pour former une société nouvelle étaient demeurés infructueux. C'est dans ces conditions que les pétitionnaires sollicitaient l'appui du Gouvernement et de la Chambre.

Deux commissions, la 14e et la 17e, furent saisies de ces diverses pétitions. La 14e, par l'organe de M. Camille Krantz, son rapporteur, proposa le renvoi au Garde des sceaux des pétitions qui demandaient justice et l'ordre du jour pur et simple sur les autres, en exprimant l'avis que le Gouvernement n'avait pas à intervenir dans une entreprise privée. La 17e Commission, au contraire, influencée par M. Thévenet, qui s'était chargé du rapport, conclut au renvoi de toutes les pétitions à MM. les ministres des finances, des travaux publics et des affaires étrangères, pour qu'ils joignissent leurs efforts en vue de l'achèvement du Canal. C'était un moyen de leurrer les victimes d'une espérance trompeuse et d'endormir leur vigilance jusqu'au jour où la prescription serait définitivement acquise.

M. Gauthier de Clagny ayant exigé que les rapports de ces deux Commissions fussent discutés en séance publique, le débat s'engagea le 5 janvier 1892.

Le député de Versailles demanda d'abord au ministre de la justice de vouloir bien une seconde fois donner au pays l'assurance que l'instruction judiciaire se poursuivrait avec une grande activité et que personne n'échapperait aux responsabilités encourues. Puis, entraîné sans doute par le désir de complaire à quelques-uns de ses électeurs, il invita le Gouvernement à tenter un effort pour faciliter la constitution d'une société nouvelle.

Le comte de Douville-Maillefeu, enfant terrible qui disait brutalement la vérité, lui lança quelques interruptions dans le genre de celles-ci :

Je connais des gens qui reviennent de Panama et ils déclarent qu'une véritable forêt recouvre déjà les soi-disant travaux du Canal... Une forêt de Bondy ! (*On rit.*)

Mais vous venez demander de l'argent ! Ceux qui en donneront seront des naïfs !

La seule indication à donner, c'est d'inviter le Gouvernement à arrêter les voleurs de Panama, ce qu'il aurait dû faire depuis longtemps. Il n'y a pas autre chose à fairer. (*Très bien! très bien! sur divers bancs.*)

Et malheur à ceux qui ne sont pas de mon avis, car ils le payeront un jour ou l'autre. (*Mouvements divers*). Le peuple français commence à en avoir assez des voleurs !

— Une instruction est ouverte, déclara M. Fallières; elle a été confiée à M. Prinet et j'affirme sous ma responsabilité qu'on peut avoir confiance dans ses lumières, dans son dévouement et dans sa probité. (*Marques d'approbation sur divers bancs.*)

Un membre à droite ironiquement : Et dans sa rapidité !

A gauche : Quand l'instruction sera-t-elle enfin terminée ?

M. Peytral : Il serait bon de fixer une date !

M. Montaut : Qu'on empoigne les escrocs !

M. Camille Krantz, *rapporteur* : Messieurs, je vous demande de renvoyer les pétitions au ministre de la justice afin d'affirmer une fois de plus que la Chambre veut que pleine lumière soit faite et que, si une répression est nécessaire, cette répression soit complète.

Des poursuites sont engagées. Il n'appartient pas à la Chambre d'y intervenir; tout ce qu'elle peut dire, et elle le marquera par son vote, c'est qu'elle désire que ces poursuites soient activées et que la justice, pour boiteuse qu'elle soit, n'arrive pas trop tard.

Mais je n'admets pas le renvoi des pétitions au Gouvernement tel qu'il est proposé au nom de la 17ᵉ Commission. Ou bien le renvoi ne sera qu'une invitation au Gouvernement d'enterrer la question, et alors ce sera une illusion de plus que vous ferez naître parmi ces humbles et ces pauvres, trompés tant de fois et qui, leurrés une fois de plus, porteront peut-être encore le reste de leur épargne à une entreprise dont vous ne pouvez pas leur garantir le succès, ou bien l'intervention du Gouvernement sera effective et vous conduira à prêter votre concours financier et à soutenir avec l'argent des contribuables cette entreprise du canal de Panama.

Dans l'une et l'autre hypothèse, je crois que la Chambre doit se mettre en face de la situation vraie, c'est-à-dire de l'impuissance du Parlement et du Gouvernement à sauver une affaire qui a toujours été et reste encore une affaire privée, et je lui demande de passer à l'ordre du jour pur et simple sur les pétitions qui ont fait l'objet du rapport de la 17ᵉ Commission. (*Applaudissements.*)

M. LE PROVOST DE LAUNAY : J'estime que le Gouvernement n'a qu'un devoir à remplir, et la Chambre qu'une obligation à lui imposer, il faut que la lumière soit faite. (*Très bien ! à droite.*)

Si vous ne la faites pas, on dira que vous ne le voulez pas ou que vous n'osez pas le faire, parce que vous craignez d'atteindre trop haut ou trop près. (*Vifs applaudissements à droite. Très bien ! très bien ! sur quelques bancs à gauche.*)

M. THÉVENET, *rapporteur* : La 17ᵉ Commission a pensé que le Gouvernement pourrait peut-être intervenir officieusement pour aider, sans aucune garantie et sans aucune responsabilité, la reconstitution d'une société nouvelle. Si vous votez l'ordre du jour pur et simple, on ne manquera pas de dire, et de dire partout, que vous avez jugé, que vous avez apprécié que l'entreprise de Panama était absolument et radicalement impossible. Voilà ce qu'on dira, que vous le vouliez ou non. On dira que vous n'avez voulu porter aucun secours à cette épargne française qui est engagée dans une grande entreprise. Voilà comment on traduira votre vote. Eh bien, je dis qu'il ne faut pas que vous preniez cette responsabilité. Au contraire, en renvoyant les pétitions au Gouvernement, vous provoquerez une nouvelle étude de la question qui permettra peut-être de trouver le moyen de sauver, dans la mesure du possible, l'épargne engagée.

M. le comte DE DOUVILLE MAILLEFEU : Cela servira encore à faire voler quelques malheureux de plus.

M. LE PRÉSIDENT : Je viens de recevoir un ordre du jour ainsi conçu :

« La Chambre, désirant qu'une répression énergique et rapide ait lieu contre tous ceux qui ont encouru des responsabilités dans l'affaire du Panama, invite le Gouvernement à activer les poursuites commencées, et passe à l'ordre du jour. »

Cet ordre du jour est signé par MM. Peytral, Saint-Germain, Pontois, Lagnel et plusieurs autres de nos collègues.

M. LE GARDE DES SCEAUX : Il m'est impossible de laisser passer cet ordre du jour sans faire observer qu'il est inadmissible, lorsque la justice est saisie, qu'elle reçoive des injonctions. (*Très bien ! très bien ! au centre.*)

L'instruction est poursuivie avec toute l'activité possible. (*Exclamations à gauche.*) Elle est dirigée par un magistrat compétent et honnête. Rien, vous l'entendez bien, absolument rien n'est et ne sera négligé pour arriver le plus tôt possible à faire cette lumière, que je veux et que le Gouvernement veut comme le pays qui attend. (*Très bien ! très bien !*)

M. LE PROVOST DE LAUNAY : Je constate que bien souvent un pareil langage a été tenu, que bien souvent des dossiers ont été ainsi renvoyés aux ministères, que jamais on n'a obtenu un résultat. (*Très bien ! très bien ! à droite et sur divers bancs à gauche.*)

M. PEYTRAL : Je demande à la Chambre de

vouloir bien donner la priorité à l'ordre du jour que j'ai signé avec plusieurs de mes collègues. Toutefois, nous sommes désireux de tenir compte des paroles que M. le ministre de la justice vient de prononcer.

M. le ministre de la justice a bien voulu donner à plusieurs reprises l'assurance que l'instruction commencée n'avait pas été interrompue et qu'elle ne le serait pas à l'avenir. Nous sommes convaincus qu'un pareil engagement pris par M. le ministre de la justice se passe de la sanction que peut procurer un ordre du jour parlementaire. En conséquence, nous modifions notre ordre du jour en supprimant les mots : « Invite le Gouvernement à activer les poursuites commencées. »

M. LE PRÉSIDENT: L'ordre du jour serait ainsi conçu :

« La Chambre, désirant qu'une répression énergique et rapide ait lieu contre tous ceux qui ont encouru des responsabilités dans l'affaire de Panama, passe à l'ordre du jour. »

M. LE PROVOST DE LAUNAY : Ce texte devient semblable à celui de l'ordre du jour que j'ai déposé, et je m'y rallie.

L'ordre du jour ainsi modifié fut adopté par 497 voix contre 0, c'est-à-dire que pas un seul député n'osa voter contre. Tous les panamistes, Baïhaut en tête, le votèrent, par crainte de se rendre suspects.

La Chambre adopta ensuite en bloc les conclusions des deux Commissions, bien qu'elles fussent contradictoires.

Ce coup de fouet eut pour résultat d'accélérer la marche de l'instruction ; M. Flory, invité à hâter son travail, adressa à M. Prinet, le 17 mai suivant, un rapport extrêmement complet, dont voici les conclusions :

Conclusions :

Il ressort des examens et recherches relatifs aux dépenses et emplois de fonds de la Compagnie de Panama, qui ont absorbé la somme totale de 1.434.552.281 francs, que la façon contraire aux intérêts de la Compagnie dont ces dépenses ont été engagées pendant la gestion du Conseil d'administration et sur l'initiative du Comité de direction, amène à relever contre les administrateurs et directeurs le reproche d'avoir dissipé les fonds sociaux. Toutefois, ces dépenses paraissent, quant à présent, avoir exclusivement profité aux parties prenantes elles-mêmes ou à leurs participants; et parmi ces parties prenantes se trouvent les bénéficiaires des frais de syndicats, commissions et frais de publicité qui se sont élevés au chiffre total de 104.923.111 francs et dont la justification est incomplète.

Les entrepreneurs qui ont réalisé les excédents de recettes que nous avons pu constater jusqu'à concurrence du chiffre de 77.747.504 fr., dans lequel la part de M. Eiffel entre pour 33.073.455 francs, auraient à justifier de l'accomplissement des conditions qui leur étaient imposées pour que les sommes composant ces excédents puissent être considérées comme leur étant définitivement acquises.

Quant aux administrateurs, directeurs et

agents de tous ordres de la Compagnie de Panama, il ne ressort d'aucune constatation précise qu'ils aient profité directement des dépenses pour travaux et accessoires mises à la charge de la Compagnie.

Mais on constate l'intérêt qu'avaient indirectement deux des administrateurs de la Compagnie de Panama, M. Charles de Lesseps et M. le baron Poisson, qui étaient en même temps administrateurs de la Société de Dépôts et Comptes courants, dans les affaires traitées par la première société avec deux entreprises dont la deuxième société a largement profité par les commissions, allocations et répartitions de dividendes ou de primes qui lui étaient payées par ces deux entreprises.

Responsabilités :

Les faits qui résultent des présentes constatations paraissent tomber sous le coup de la loi pénale, en ce que :

1° Les fonds sociaux ont été dissipés dans des emplois et dépenses répondant plutôt aux vues et intérêts personnels des administrateurs et directeurs de la Compagnie de Panama ou à ceux des personnes et Sociétés qu'ils voulaient favoriser, qu'aux intérêts véritables de la Compagnie.

2° Les agissements consécutifs qui, depuis le début jusqu'à la fin des opérations, ont présidé à la formation du capital social et aux emprunts par émissions d'obligations, avaient pour but d'attirer, par de fausses assertions sans cesse renouvelées ou confirmées, les souscriptions et les versements, en dissimulant la véritable situation et faisant croire à un succès certain dans un délai déterminé.

La responsabilité de ces faits incombe :

A. — En premier lieu, à M. Ferdinand de Lesseps, président du Conseil d'administration, directeur de la Compagnie de Panama, sous la signature et au nom duquel tous les faits ont été accomplis ; avec cette réserve que les renseignements plus ou moins exacts et les chiffres sur lesquels s'appuyaient ses déclarations n'étaient, pour la plus grande partie, que la reproduction des notes et documents que lui fournissaient le Comité de direction et, plus spécialement, M. Charles de Lesseps, vice-président de ce Comité.

B. — En second lieu : 1° à M. Charles de Lesseps, administrateur et vice-président tant du Conseil d'administration que du Comité de direction ; 2° à M. Marius Fontane, administrateur depuis le 17 décembre 1880, membre du Comité de direction depuis la même date et qui a pris une part active aux combinaisons financières de la Compagnie et à l'organisation de la publicité relative aux émissions ; 3° à M. Cottu, administrateur depuis le 10 septembre 1886 et membre également actif du Comité de direction depuis le 5 août 1887 ; 4° aux autres membres de ce Comité, qui sont restés plus ou moins effectivement en fonctions depuis la constitution de la Société.

C. — En troisième lieu, à M. le baron Poisson, administrateur, depuis l'origine, du Comité des finances, et qui, avec M. Charles de Lesseps, avait des intérêts directs ou indirects dans divers marchés passés par la Compagnie.

D. — Enfin, en quatrième lieu, aux administrateurs de la Compagnie de Panama autres que ceux qui viennent d'être spécialement désignés, et suivant la part qu'ils ont prise à l'administration de la Société pendant que s'accomplissaient les émissions et s'opéraient les versements et les emplois de fonds.

Tels sont, Monsieur le Conseiller, les résultats de la mission que vous m'avez fait l'honneur de me confier.

J'affirme et je dépose entre vos mains le présent rapport.

FLORY.

Paris, le 17 mai 1892.

Une fois en possession de ce rapport, M. Prinet activa son information et il était sur le point de la clôturer en laissant de côté les faits de corruption et en ne retenant que les actes d'escroquerie, d'abus de confiance et d'infraction à la loi du 24 juillet 1867, lorsqu'éclatèrent de scandaleuses révélations qui allaient l'obliger à élargir le champ de ses investigations.

Au mois de septembre 1892, la *Libre Parole*, journal récemment fondé et qui avait obtenu un rapide succès grâce à son indépendance, à son énergie et au talent de son éminent directeur, publia, sous le pseudonyme de *Micros*, une série d'articles contenant des révélations dont voici les plus importantes :

Numéro du 6 septembre :

M. Burdeau a vécu longtemps au râtelier de la Compagnie de Panama, — comme journaliste si on veut, — mais enfin il y a été attaché comme tant d'autres.

Numéro du 10 septembre :

A qui M. Charles de Lesseps donnait-il les parts dans les syndicats ? Est-ce aux actionnaires, aux obligataires ? Oh ! non. Mais à toute une bande de vautours à commencer par les administrateurs, les hommes politiques, dont on payait ainsi le concours. Voulait-on, par exemple, payer un ministre ? Sous un nom d'emprunt quelconque, mais ordinairement par l'intermédiaire d'un établissement financier, on lui attribuait le nombre de parts représentant la somme promise, et Charles de Lesseps levait les bras au ciel, jurant ses grands dieux qu'il n'avait jamais payé un député quelconque.

Numéro du 12 septembre :

Ce Gomot, on le trouve dans tout, même comme administrateur d'une banque de la rue Boudreau, dont le principal titre est d'être bénie par le pape. Il a été ministre avec Brisson, et Panama comptait bien sur lui pour arracher à l'austère puritain l'autorisation sollicitée par M. de Lesseps. On le retrouve ensuite aux Dépôts et Comptes courants avec Charles de

Lesseps. C'est cette Société, aujourd'hui en faillite, qui favorise les premiers tripotages parlementaires en servant de prête-nom.

. . . .

Des personnes bien placées, ayant tout ce qu'il faut pour opérer utilement à la Bourse, me proposèrent d'agir sur M. Richard et de l'amener à faire un rapport défavorable, ce qui était son droit strict. Cinq cent mille francs pour lui et autant pour moi m'étaient offerts si j'atteignais ce résultat qui consacrerait définitivement la ruine de la Compagnie de Panama, — la somme est ronde, mais l'affaire eût été bonne pour les bailleurs, une vente d'actions au moment opportun aurait rapporté gros; — j'en parlai à Richard à titre documentaire; pas plus lui que moi n'avions envie d'accepter. Mais Fontane, auquel je fis part de la chose plus tard, me répondit : « Vous êtes deux imbéciles ! »

Toujours imbécile, Richard, en soumettant son rapport à la lecture de Fontane et en ne le relisant pas avant de le remettre à l'imprimerie; le rapport contenait une ligne de plus, peu de chose en somme; ce n'était que ceci : « L'affaire paraît bien dirigée et honnêtement conduite. »

On comptait tellement payer Richard, que l'offre m'en fut faite plusieurs fois et toujours déclinée; je n'avais aucun mandat à accepter, mais plus tard M. Charles de Lesseps se le rappellera et me fera remettre vingt mille francs de la main à la main pour être affectés à payer les concours dont j'avais pu avoir besoin. Je fis la commission. Richard refusa net; d'autres acceptèrent sans se faire prier.

Numéro du 14 septembre :

S'il faut en croire M. Baïhaut et trois ou quatre de ses chefs de bureau d'alors, des précautions infinies avaient été prises pour tenir secret le rapport Rousseau. Le précieux rapport était renfermé dans un meuble à trois fermetures; néanmoins, des extraits tronqués parurent dans le journal *Le Temps*. Qui les lui avait fournis? Il faut ajouter que lesdits extraits étaient défavorables, et leur publication devait appuyer une opération de Bourse à la baisse; elle eut lieu d'ailleurs avec plein succès.

L'indiscrétion fut commise le jour même où la communication du rapport fut donnée au Conseil des ministres. M. Baïhaut n'hésita pas à dire que sa responsabilité avait pris fin à l'instant précis où la lecture du document était faite, et que, d'autre part, le rapport avait paru dans la presse bien avant ce moment.

Or, si M. Baïhaut veut se donner la peine de me faire interroger, je lui fournirai la preuve que, trois jours avant, j'avais prévenu M. de Lesseps de cette manœuvre en lui désignant le *Temps* comme l'organe choisi pour la publication des extraits tronqués; c'eût été deviner juste, mais je ne devinais rien du tout : on m'avait donné ces détails en m'engageant à participer au syndicat à la baisse.

. . . .

M. Barbe était hostile au début à la Société de Panama. Le jour de l'élection de la Commission chargée d'examiner le projet Baïhaut, les amis de M. Barbe et ceux des journaux *Le Matin* et *La Lanterne*, dont il avait obtenu le concours, se présentèrent comme hostiles dans chacun des onze bureaux. La Compagnie de Panama avait bien, par ci, par là, prié quelques personnes de s'intéresser à cette élection, mais ces personnalités avaient nom baron de Mackau, Clémenceau, Pelletan, Wilson, toutes, sauf la dernière, fort indifférentes à des questions d'un ordre secondaire et quelque peu compromettantes; la lutte n'était pas égale avec Barbe, qui se présentait lui-même comme hostile et faisait présenter Le Guay, Germain Casse, Saint-Martin avec un plan de conduite bien arrêté.

Numéro du 16 septembre :

L'attitude de la Compagnie changea avec les événements, et le grand chic fut de laisser planer le soupçon sur les amis comme sur les ennemis. Ainsi, lorsque M. de Cassagnac se donnait un mal de chien pour sauver ces goujats de la faillite en pressant le vote de la loi sur la liquidation judiciaire, il n'y a pas un des reporters visitant journellement la rue Charras qui n'y ait entendu dire cette phrase à double entente : « Oh ! Cassagnac, il est comme les autres !... »

. . . .

Dans le premier semestre de l'année 1888, des réunions eurent lieu tous les jours au siège de la Compagnie de Panama, sous la présidence de Charles de Lesseps. Y assistaient : Gomot, Michel, Chavoix, Albert Pesson, Saint-Martin, Naquet, Richard, Sarlat et Arton, quelquefois d'autres, mais pas régulièrement.

Arton avait une promesse de participation dans le futur syndicat d'émission, promesse qui lui permettait d'en faire à son tour jusqu'à concurrence de un million.

Quand on trouverait un récalcitrant, Cottu devait se joindre à Arton et enlever la place d'assaut. Les opérations commencèrent immédiatement, et soit à la Chambre, soit au domicile des députés, on ne vit qu'Arton et Cottu faire du marchandage.

Numéro du 18 septembre :

Quand l'émission eut été lancée et qu'Arton eut touché la grosse somme, les pauvres diables attendaient avec impatience les résultats de l'opération sûre. Arton alla se reposer à Spa, où il demeura tout le temps nécessaire pour permettre à ses dupes d'aller assister à la fête du 14 juillet dans leurs circonscriptions respectives; mais de répartition, il n'en fut jamais question. Il revint lorsqu'ils furent partis.

Ces articles causèrent un vif émoi dans le monde politique. On sut bientôt que leur auteur était M. Ferdinand Martin, ancien banquier à Nyons, qui, en 1886 et en 1887, avait reçu de l'argent de la Compagnie de Panama pour mener la campagne de pétitionnement, faire œuvre de corruption et spéculer à la Bourse sur les titres de la Société, et qui, furieux de n'avoir pas obtenu la rémunération à laquelle il prétendait, se vengeait en dénonçant ses complices.

Il ne tarda pas à s'apercevoir que sa vengeance, bien loin de contrarier MM. Charles de Lesseps, Marius Fontane et Cottu, cadrait au contraire merveilleusement avec le plan qu'ils venaient d'adopter. Ceux-ci, en effet, dès qu'ils s'étaient vus sur le point d'être traduits devant la Cour d'appel, avaient résolu de détourner l'attention publique et d'intimider le Gouvernement en livrant à la publicité une collection de papiers très compromettants pour les membres les plus influents de la majorité républicaine.

Afin de se mettre à l'abri des récriminations, ils prirent le parti de se laisser *chiper* ces documents; dans ce but, ils les retirèrent de l'armoire qui les renfermait et les placèrent en un endroit apparent, bien persuadés qu'on ne tarderait pas à les dérober.

C'est ce qui arriva : un monsieur V..., profitant de ce qu'on l'avait laissé seul dans le bureau, emporta le précieux dossier, et, dès qu'il se fut rendu compte de son importance, courut le communiquer à M. de Morès dans l'espoir que celui-ci lui en offrirait un bon prix ; M. de Morès ne s'étant pas trouvé à ce moment-là en mesure de le payer à sa valeur, il alla faire ses offres à M. Constans.

Depuis le commencement de l'année 1892, M. Constans avait eu bien des malheurs. Rochefort, le redoutable sagittaire, s'était mis à lui lancer à travers le détroit ses flèches les plus acérées ; chaque matin, l'*Intransigeant* racontait les histoires de Puig y Puig, de la petite Grazidou, du tripot de Toulouse, de la ceinture du roi Noroddon, et une foule d'autres non moins édifiantes, si bien que l'infortuné *saucissonnier*, quotidiennement roulé dans ses propres ordures, en était devenu si malpropre que Freycinet, Yves Guyot, Jules Roche, Rouvier lui-même commencèrent à craindre de se salir à son contact. Freycinet surtout, dont la réputation demeurait encore aussi blanche que la blanche hermine, craignait beaucoup les éclaboussures ; les coups de cravache que Rochefort lui allongeait quelquefois en passant lui étaient extrêmement sensibles, à tel point qu'il lui envoya un émissaire, à Londres, avec mission de lui proposer un traité de paix dont Constans devait faire tous les frais. Rochefort ne voulut pas se prêter à cette fourberie et ne répondit que par l'expression de son profond mépris.

Constans, devinant les sentiments de ses collègues, écumait de rage comme un taureau lardé de banderilles, lorsque Francis Laur vint déposer une demande d'interpellation pour le mettre en demeure de se justifier. C'en était trop; le roué Toulousain, ordinairement si maître de lui, vit rouge, et, perdant toute notion des convenances parlementaires, frappa son adversaire au visage au moment où celui-ci descendait de la tribune.

Cette singulière façon de répondre à un député causa un énorme scandale dont Freycinet se réjouit beaucoup en lui-même; il félicita d'abord Constans de son *acte de rigueur*, puis se rendit à l'Elysée et déclara à Carnot qu'il ne voulait plus rester le collègue d'un homme qui discréditait le régime parlementaire en se livrant à des scènes de pugilat en pleine Chambre. Carnot, qui était la correction en personne, ne pouvait blâmer cette détermination; il pria seulement Freycinet d'attendre une occasion favorable.

Les ministres qui veulent se débarrasser d'un collègue ont un moyen bien simple : ils manœuvrent de façon à essuyer un échec, donnent leur démission et forment un nouveau ministère en laissant de côté le gêneur qu'ils désirent évincer.

C'est ainsi que procéda M. de Freycinet. Le 18 février, M. Hubbard demandait la déclaration d'urgence pour le projet de loi relatif à la liberté d'association; le vote de l'urgence n'aurait eu d'autre résultat que de simplifier les formalités parlementaires; c'était une mesure sans conséquence. M. de Freycinet ne s'y opposa pas, mais il profita de l'occasion pour prononcer un long discours dans lequel il s'appliqua à mécontenter les conservateurs et les radicaux, les catholiques et les libre-penseurs, les partisans et les adversaires de la séparation de l'Eglise et de l'Etat; puis, la discorde étant à son comble, il demanda à la Chambre de s'unir dans le vote d'un ordre du jour conforme à ses déclarations. Cet ordre du jour n'ayant pas obtenu la majorité, il quitta aussitôt la salle des séances en déclarant que le Cabinet donnait sa démission.

Quelques jours après, M. Loubet formait un nouveau ministère dans lequel MM. de Freycinet, Bourgeois, Jules Roche, Rouvier et Develle conservaient leur portefeuille. Constans fut jeté sans aucun égard hors de la barque opportuniste qu'il avait sauvée en 1889. Fallières, brave homme au fond, refusa de s'associer à cet acte d'ingratitude; on le remplaça par Ricard, surnommé *la belle Fatma*, à cause de la régularité de ses traits, disent les uns, parce que, affirment les autres, on avait remarqué ses assiduités auprès de la ravissante algérienne, alors que celle-ci embellissait de sa présence la ville de Rouen dont il était maire.

Mis au rebut comme un instrument devenu inutile, Constans se serait, à la rigueur, consolé de la perte du pouvoir; ce qui lui était insupportable, c'est qu'en le traitant en brebis galeuse, on ratifiait toutes les attaques dirigées contre son honneur par les feuilles de l'opposition. « Ah ! les canailles, murmurait-il dans ses accès de froide rage, il leur sied bien de poser pour la vertu; si j'ai accepté un saucisson et une ceinture, je n'ai pas tripoté comme eux dans le Panama. On ne peut pas me soupçonner à cet égard ; j'étais en Indo-Chine à l'époque de la distribution des chèques ! »

On comprend que, dans cet état d'âme, il se trouvait tout disposé à accueillir favorablement l'offre du dossier soi-disant dérobé à M. Cottu; aussi le paya-t-il sans marchander, heureux de tenir en main sa vengeance.

Cette vengeance, il la savoura voluptueusement en faisant parvenir tantôt à la *Libre Parole*, tantôt à la *Cocarde*, mais indirectement et sans se découvrir, les documents qu'il lançait un à un sur la victime chaque jour choisie; et chaque jour il se délectait à la vue d'un de ses anciens amis cloué, nu et pantelant, au pilori de l'opinion publique.

CHAPITRE IV

Second acte de la comédie judiciaire

Toutes ces révélations scandaleuses produisirent un tel tapage, que M. Prinet crut devoir les tirer au clair; mais, comme il s'agissait de mettre en cause un grand nombre de membres du Parlement, il dut en demander d'abord l'autorisation au ministre de la justice. M. Ricard, avec un empressement qui lui fait le plus grand honneur, l'autorisa à poursuivre cette nouvelle face de l'affaire, complètement et entièrement, lui donnant carte blanche et l'engageant à ne se laisser arrêter par aucune considération.

En conséquence, une information supplémentaire fut ouverte, dans laquelle M. Prinet interrogea MM. Ferdinand Martin, Charles de Lesseps, Marius Fontane, Henri Cottu et le baron de Reinach. Quant à Arton, il ne put être cité, car il avait pris la fuite au mois de juin, sous le coup d'un mandat d'amener décerné contre lui à raison de détournements commis au préjudice de la Société de Dynamite.

Devant le conseiller instructeur, M. Ferdinand Martin confirma toutes ses allégations ; MM. Charles de Lesseps et Marius Fontane dénièrent quelques-unes d'entre elles et refusèrent de s'expliquer sur les autres.

M. Cottu adopta la même tactique ; lorsqu'on lui demande : « Affirmez-vous que vous, administrateur du Panama, n'avez jamais eu connaissance d'aucun acte de marchandage et de corruption pratiqué vis-à-vis de certains sénateurs et députés et qui aurait eu pour résultat l'achat du vote de certains d'entre eux ? » il répond : « Je crois que c'est une question à laquelle je n'ai pas à répondre. » « Votre réponse ressemble bien à un aveu implicite, » lui fait observer à juste titre M. Prinet.

Le baron de Reinach, interrogé sur l'emploi d'une somme de 3.015.000 francs à lui versée par la Compagnie de Panama en 1888, déclara qu'il l'avait distribuée à des journalistes, sauf un million remis à Arton. « Etes-vous bien sûr qu'il n'ait pas employé ce million à subventionner certains hommes politiques ? » lui demande M. Prinet. « J'ai refusé catégoriquement de recevoir des confidences relativement à l'emploi fait par lui de ces fonds, » répond le baron avec dignité. « Vous sentiez sans doute, lui dit M. Prinet, que ces confidences étaient compromettantes, car il résulte de l'instruction que M. Arton a été employé par la Compagnie à faire du marchandage auprès de certains députés ou sénateurs. »

Peu satisfait des explications fournies par le baron de Reinach, M. Prinet l'inculpa séance tenante d'abus de confiance ; entré en simple témoin dans le cabinet du conseiller instructeur, il en sortit comme inculpé, et c'est en cette qualité qu'il signa son interrogatoire.

Une autre mesure s'imposait : obliger le baron de Reinach à préciser ses déclarations évasives et s'emparer de ses papiers.

M. le conseiller Prinet, comprenant l'urgente nécessité de cette double précaution, adressa, le lendemain 5 novembre, la commission rogatoire que voici, en tête de laquelle il avait pris soin d'inscrire la mention : *Urgent.*

COUR D'APPEL

Commission rogatoire.

Vu la procédure suivie contre MM. de Lesseps et autres administrateurs de la Société de Panama ;

Attendu que, dans son interrogatoire du 4 novembre courant, M. le baron Jacques de Reinach, demeurant rue Murillo, n° 20, questionné sur l'emploi de 3.015.000 francs qu'il aurait reçus de cette Compagnie en 1888, soi-disant pour frais de publicité, répond que ces 3.015.000 francs ne sont qu'un remboursement des sommes par lui avancées pour le compte de cette entreprise ;

Attendu que, invité à faire connaître l'objet et le but de ces avances, il déclare avoir versé un million à M. Arton et le reste à divers journalistes et qu'il pourra en justifier quand le moment sera venu ;

Nous, conseiller délégué de l'instruction,

Déléguons M. Clément, commissaire de police aux délégations judiciaires, à l'effet de vouloir se transporter au domicile dudit sieur de Reinach, l'invitant à faire justification des 3,015.000 francs dont il s'agit, soit qu'il les ait avancés de ses propres deniers, soit qu'il les ait reçus à priori de la Compagnie de Panama dans un but déterminé. Il devra produire : 1° Les reçus ou décharges de M. Arton ; 2° Les reçus et décharges des autres parties prenantes. *Les pièces produites seront saisies.*

M. de Reinach fournira en outre toutes les explications utiles.

PRINET.

Paris, 5 novembre 1892.

Pour accomplir l'importante mission qu'on lui confiait, M. Clément devait se transporter sans aucun retard au domicile du baron de Reinach, procéder à son interrogatoire et saisir ses papiers. S'il eût agi ainsi, l'affaire de Panama aurait été immédiatement éclaircie; les papiers saisis faisaient jaillir la lumière; tous les coupables se trouvaient pris et les innocents étaient à l'abri des soupçons et de la calomnie.

Mais M. Clément, si zélé d'habitude, n'exécuta sa mission ni le samedi 5 novembre, ni le lendemain dimanche, ni le surlendemain lundi. Ce fut seulement le mardi 8 novembre, à 9 h. 30 du matin, qu'il se rendit au domicile du baron.

Il était trop tard. Le baron de Reinach, après avoir mis ses papiers en lieu sûr, avait quitté son domicile en donnant à ses domestiques l'ordre de répondre qu'il était parti dans la soirée du vendredi 4, pour faire un voyage dans le Midi.

M. Clément se contenta de dresser le procès-verbal suivant :

PROCÈS-VERBAL

L'an 1892, le mardi 8 novembre, à neuf heures 30 du matin,

Nous, Julien Clément, officier de la Légion d'honneur, commissaire de la ville de Paris, chargé des délégations spéciales et judiciaires, officier de la police judiciaire, auxiliaire de M. le Procureur de la République ;

Agissant pour l'exécution de la Commission rogatoire décernée le 5 de ce mois par M. Prinet, conseiller à la Cour d'appel, délégué pour l'instruction dirigée contre MM. de Lesseps et autres administrateurs de la Société de Panama ;

Nous sommes transporté rue Murillo, n° 20, où il nous a été répondu par le valet de chambre que M. le baron Jacques de Reinach avait quitté Paris dans la soirée du vendredi 4 courant, pour faire un voyage dans le Midi de la France ; que son absence serait d'une vingtaine de jours.

De quoi nous avons rédigé le présent procès-verbal qui sera transmis à M. le conseiller Prinet aux fins de droit.

Le commissaire de police,
CLÉMENT.

C'était là une comédie organisée en haut lieu ; on avait prévenu le baron de Reinach et attendu son départ pour se présenter à son domicile ; et afin que le retard parut sans aucune conséquence, il avait été convenu que le baron serait censé parti dès le 4 novembre au soir, aussitôt après sa comparution devant le juge d'instruction.

Or, M. de Reinach n'était pas parti le 4 novembre, puisque le lendemain ou le surlendemain de sa comparution, c'est-à-dire le 5 ou le 6, il eut à Paris une conversation avec M. Rouvier, au cours de laquelle il le mit au courant de ce qui s'était passé dans le cabinet de M. Prinet. M. Rouvier, dont le témoignage, en cette circonstance, ne peut être suspect, l'a affirmé devant la Commission d'enquête.

En n'exécutant que le 8 novembre la mission urgente que M. Prinet lui avait confiée le 5, M. Clément a commis une faute grave et irréparable ; il ne s'est même pas donné la peine de s'en excuser, se sachant couvert et ne craignant aucune disgrâce de la part d'un gouvernement dont il tenait les principaux membres par les petits papiers recueillis dans le long exercice de ses fonctions.

Malgré cette déconvenue, M. Prinet n'abandonna pas la piste qu'il suivait; il résolut d'attendre le retour du baron de Reinach pour le mettre en demeure de justifier l'emploi des sommes par lui reçues de la Compagnie de Panama.

L'honorable conseiller instructeur en était là, lorsque, le 19 novembre, M. Quesnay de Beaurepaire l'informa qu'il citait directement devant la Cour d'appel MM. Ferdinand de Lesseps, Charles de Lesseps, Marius Fontane, Cottu, Eiffel et le baron de Reinach.

En présence de cette décision qui arrêtait ses investigations au moment où elles devenaient le plus intéressantes, M. Prinet, se trouvant dessaisi, fut obligé de rendre l'ordonnance suivante :

Nous, Prinet, conseiller délégué à l'effet de procéder à une instruction contre MM. Ferdinand de Lesseps, Charles de Lesseps et autres administrateurs de la Société du Canal interocéanique de Panama, ainsi que tous autres que ladite instruction ferait connaître, sur l'inculpation d'abus de confiance, d'escroquerie et de complicité ;

Vu la dépêche du 19 novembre courant, par laquelle M. le Procureur général nous informe qu'il a, à la date du même jour, cité directement devant l'audience de la 1re Chambre de la Cour d'appel de Paris M. F. de Lesseps, Grand Croix de la Légion d'honneur, et plusieurs d'entre les autres personnes inculpées ;

Vu l'article 479 du Code d'instruction criminelle et l'article 10 de la loi du 20 avril 1810;

Considérant que la juridiction compétente est aujourd'hui régulièrement saisie de la counaissance de l'affaire; qu'il ne nous appartient plus, dès lors, de poursuivre le cours de l'information, ni de statuer sur le sort des prévenus,

Par ces motifs, .

Déclarons nous dessaisir.

Fait à Paris, au Palais de Justice, le 21 novembre 1892.

PRINET.

Ainsi, M. Quesnay de Beaurepaire avait attendu, pour citer directement, que la prescription fût acquise, et il soulignait le caractère purement officieux de l'information en obligeant M. Prinet à se dessaisir sans lui permettre de rendre une ordonnance de renvoi.

La décision arrêtée à leur égard n'avait donc rien de bien effrayant pour les prévenus; seul, le baron de Reinach prit la comédie au sérieux et fut assez sot, comme nous allons le voir, pour donner à ce second acte une terminaison tragique.

CHAPITRE V

La mort du baron de Reinach.

Le financier qui avait été de force à mener de front l'affaire de Panama et celle des Chemins de fer du Sud n'était pas seulement un habile manieur d'argent; il maniait non moins dextrement les consciences. Possédant le génie de la corruption et de l'intrigue, devinant le besoin d'argent qui talonnait la plupart des hommes politiques, il avait tout de suite compris le parti qu'il pourrait tirer de leur influence en la mettant au service de ses combinaisons. Aussi s'était-il appliqué, dès le début, à nouer le plus de relations possibles dans le monde parlementaire. Il y pénétra sans aucune difficulté, car les portes lui en furent largement ouvertes par son neveu Joseph Reinach.

Le neveu était digne de l'oncle; jamais mouche plus importune ne bourdonna autour du char de l'Etat; jamais courtisan plus tenace et plus plat ne s'attacha aux pas des représentants du pouvoir en mendiant l'aumône de leur protection. Il se cramponna si bien à Gambetta et le flagorna avec tant de bassesse que celui-ci le prit pour chef de cabinet dans le ministère qu'il forma au mois de novembre 1881. Lorsque le ministère tomba deux mois après, il obtint, en compensation de son emploi perdu, la place de directeur de la *République Française*.

Le baron de Reinach, pénétré d'admiration pour un neveu qui vivait dans l'intimité de tous les gros bonnets de l'opportunisme, voulut se l'attacher par de nouveaux liens : il lui donna sa fille en mariage avec une forte dot puisée dans la caisse de la Compagnie de Panama.

Le beau-père et le gendre se complétaient à merveille ; l'un apportait l'argent, l'autre ses puissantes relations. Cette union de la finance et de la politique ne pouvait manquer d'être féconde ; le baron y gagna ses grandes et ses petites entrées dans le sanctuaire opportuniste ; Joseph, un siège de député dans la circonscription de Digne où il fut élu en 1889, grâce à l'influence que son beau-père y avait acquise en imposant à la Compagnie des Chemins de fer du Sud la construction de la ligne qui va actuellement de Digne à Saint-André et doit se prolonger jusqu'à Puget-Théniers pour rejoindre Nice.

Homme de plaisir en même temps que d'affaires, le baron de Reinach finissait dans les coulisses de l'Opéra, où il séduisait les petites danseuses, la journée passée dans les couloirs de la Chambre à corrompre des députés. Ses instincts le poussaient à marchander toujours quelque chose ; véritable dilettante de la corruption, il n'était content de lui-même que lorsqu'il avait triomphé d'une vieille probité parlementaire ou d'une jeune vertu chorégraphique.

Ce qui manquait totalement à cet incomparable corrupteur, c'était le caractère, le courage, le sang-froid qui font que certains gredins bien trempés envisagent sans crainte toutes les conséquences de leurs actes, bravent les poursuites, subissent stoïquement les condamnations et marchent à l'échafaud la cigarette aux lèvres.

Le baron de Reinach était pusillanime et craintif; le gendarme et le juge lui inspiraient une sainte terreur; il tremblait à la seule idée d'un scandale possible; c'est ce qui explique qu'il ait capitulé devant les menaces de Cornélius Herz au point de sacrifier toute sa fortune pour étouffer ses réclamations.

Il espérait, en consentant ce dur sacrifice, que les actes dont il s'était rendu coupable resteraient toujours ignorés : les interminables lenteurs de l'instruction ouverte le 11 juin 1891, instruction au cours de laquelle son nom n'avait pas encore été prononcé, le confirmaient dans cet espoir.

L'ordre du jour voté à l'unanimité par la Chambre, le 5 janvier 1892, commença à l'inquiéter ; dès le lendemain, il se rendit au ministère de l'intérieur et fit comprendre à M. Constans, en lui communiquant une liste de tous ceux qui avaient reçu de l'argent de la Compagnie de Panama, l'effroyable scandale qu'entraîneraient des poursuites sérieuses.

M. Constans, qui n'avait pas encore été victime de l'ingratitude de ses collègues, promit de faire son possible et garda la liste qu'il remit quelques jours après, sous pli cacheté, à M. Carnot, au Conseil des Ministres.

La remise de cette liste à M. Carnot par M. Constans a été racontée par M. Yves Guyot devant la Commission du budget. M. Yves Guyot, regrettant ensuite son indiscrétion, a essayé de la nier, mais la vérité du propos tenu par lui a été affirmée par quatre membres de la Commission du budget, MM. Caffarelli, Fouquet, Mège et Salis; elle n'est donc pas douteuse.

M. Carnot chercha-t-il à enrayer les poursuites pour empêcher le scandale qui devait rejaillir sur la République? Je n'oserais l'affirmer. Ce qu'il y a de certain, c'est que l'instruction aurait laissé de côté les faits de corruption sans les révélations qui éclatèrent au mois de septembre 1892.

Effrayé des attaques dont il était l'objet, le baron de Reinach alla implorer la pitié des directeurs de journaux qui les publiaient et, pour qu'on l'épargnât, paya sa rançon en livrant des pièces compromettant un certain nombre de députés et de sénateurs.

Malheureusement pour lui, il était signalé dans le rapport de M. Flory comme ayant reçu, en 1888, de la Compagnie de Panama, une somme de 3.015.000 francs sous prétexte de frais de publicité. M. le conseiller Prinet le questionna sur l'emploi de cette somme et, peu satisfait de ses réponses évasives, l'inculpa d'abus de confiance. Le lendemain, un ami vint le prévenir que M. Clément était chargé de se rendre à son domicile pour l'interroger et saisir ses papiers.

Le baron de Reinach, extrêmement inquiet, courut chez les principaux personnages politiques auxquels il avait distribué une partie des 3.015.000 francs, les mit au courant de ce qui se passait et les prévint qu'il serait obligé de parler s'ils ne parvenaient à le soustraire aux poursuites.

Ceux-ci, redoutant l'interrogatoire que M. Clément allait lui faire subir, le pressèrent vivement de s'y dérober en quittant Paris et lui promirent de ne rien négliger pour arranger l'affaire. Suivant leurs conseils, il partit pour Monaco avec sa famille dans la soirée du 6 ou du 7 novembre.

Arrivé sur la côte d'azur, le baron de Reinach se tranquillisa, ses nerfs se détendirent, son esprit se calma, ses inquiétudes se dissipèrent peu à peu et, n'entendant plus parler de rien, convaincu que ses puissants amis avaient obtenu sa mise hors de cause, il songea à rentrer à Paris.

Le jeudi 17 novembre, il adressait à M. Gailhard, directeur de l'Opéra, avec lequel il collaborait pour monter un ballet, le petit mot suivant :

Monte-Carlo, jeudi. — Je viens de passer huit jours avec ma femme et ma fille. Quel beau soleil ! La semaine prochaine, dès lundi, je serai aux répétitions.

La lettre se terminait par une polissonnerie au sujet des danseuses qu'il se proposait d'habiller et de déshabiller de ses propres mains.

Parti de Monaco par l'express du jeudi soir, le baron de Reinach débarquait à Paris le vendredi 18, à 5 h. 34 de l'après-midi.

En arrivant à son hôtel, il y trouva son neveu qui, informé de son retour, l'attendait avec une vive impatience; Boule-de-Juif, l'air navré, annonça à son oncle qu'il était impliqué dans les poursuites du Panama et qu'il recevrait très prochainement une citation à comparaître devant la première chambre de la Cour d'appel sous l'inculpation d'abus de confiance.

A cette nouvelle, le baron de Reinach resta un instant muet et immobile, comme frappé de stupeur; puis, prenant une résolution soudaine, il demanda à son neveu quelques renseignements complémentaires et monta précipitamment dans sa voiture qu'on n'avait pas eu le temps de dételer.

Il rentra vers dix heures du soir, sans avoir dîné, dans un état de profond abattement; ses démarches avaient été infructueuses; les personnages chez lesquels il s'était rendu lui avaient tous fait à peu près la même réponse : « On ne demanderait pas mieux que de vous laisser en dehors des poursuites, mais on n'ose pas braver l'opinion publique en présence de la violente campagne menée par la *Libre Parole* et par la *Cocarde*; si ces deux journaux cessaient leur polémique, on pourrait peut-être essayer encore de vous sauver, mais il n'y a pas de temps à perdre car les citations doivent être lancées lundi. »

Pendant la nuit, le baron de Reinach dormit fort peu et réfléchit beaucoup : les documents qu'il avait livrés aux journaux étaient depuis longtemps épuisés; de quelle source pouvaient donc provenir ceux qu'ils publiaient actuellement? On lui avait dit que Cornélius Herz et Constans les leur faisaient parvenir indirectement, mais jusqu'ici il s'était refusé à le croire; maintenant il s'expliquait la vengeance que ces deux hommes exerçaient, l'un contre les administrateurs de la Compagnie de Panama dont il croyait avoir à se plaindre, l'autre contre d'ingrats collègues. Ayant acquis la conviction qu'ils étaient les instigateurs de la polémique actuelle, il résolut de les supplier d'y mettre un terme.

Dès la pointe du jour, il alla prier M. Rouvier de l'accompagner chez Cornélius Herz auprès duquel il pensait que l'intervention du ministre des finances serait d'un grand poids. M. Rouvier, qui voyait avec appréhension les poursuites dirigées contre le baron de Reinach, consentit à cette démarche, quelque compromettante qu'elle fût pour un membre du Gouvernement. Mais connaissant le caractère vindicatif et entêté de Cornélius Herz, il jugea qu'il était nécessaire de s'adjoindre M. Clémenceau qui passait pour exercer beaucoup d'ascendant sur son esprit. Comme il y avait dans la matinée réunion du Conseil des Ministres, rendez-vous fut pris pour se rendre chez lui après déjeuner.

A l'heure dite, le ministre et le baron sonnaient à la porte de M. Clémenceau; on leur répondit qu'il venait de sortir pour se rendre à la Chambre.

C'était précisément ce jour-là que devaient être discutées les interpellations de MM. Argeliès, Gauthier de Clagny et Delahaye sur l'affaire de Panama, interpellations dont nous parlerons au chapitre suivant. M. Rouvier tenant à les entendre pour se défendre contre des attaques possibles, il fut convenu qu'il verrait M. Clémenceau à la Chambre et qu'il le conduirait, après la séance, à son domicile, ou le baron de Reinach attendrait.

En entrant au Palais-Bourbon, Rouvier aperçut Clémenceau assis avec quelques amis sur une banquette de la salle Casimir-Périer; il lui fit signe qu'il désirait lui parler, le tira à l'écart et lui exposa le service qu'on attendait de lui.

M. Clémenceau ne refusa pas ses bons offices. Aussitôt après la séance, il accompagna M. Rouvier au domicile de celui-ci, à Neuilly, où se trouvait déjà le baron de Reinach. Tous trois montèrent dans un fiacre qui les conduisit chez Cornélius Herz, avenue Henri-Martin, n° 78.

Aussitôt introduits, le baron dit à Cornélius Herz : « La démarche que je viens faire auprès de vous est si grave que j'ai prié M. le ministre des finances et M. Clémenceau de m'accompagner. Je viens vous supplier de mettre un terme à la polémique que vous entretenez dans la *Libre Parole* et dans la *Cocarde*. En la continuant, vous me perdez. C'est pour moi une question de vie ou de mort. »

« Je regrette, répondit Cornélius Herz, que vous ne soyez pas venu quelques jours plus tôt ; j'aurais peut-être pu faire ce que vous me demandez. Aujourd'hui cela ne m'est plus possible. »

Le baron de Reinach, tout à fait désappointé, bégaya quelques supplications d'une voix étranglée.

« Inutile d'insister, fit Cornélius Herz ; je vous répète qu'il est trop tard et que je ne puis plus agir. »

Convaincus que leurs instances ne serviraient à rien, les trois visiteurs se retirèrent. Rouvier héla une voiture qui passait et rentra à son logis. M. de Reinach, resté seul avec Clémenceau, le pria de l'accompagner chez M. Constans pour faire auprès de lui une suprême tentative.

M. Constans finissait de dîner lorsqu'on lui présenta les cartes de MM. Clémenceau et de Reinach. Etonné de cette double visite à pareille heure, il se leva de table aussitôt pour aller dans son antichambre au devant des visiteurs qu'il introduisit dans son cabinet en leur exprimant sa surprise.

Aux premiers mots du baron de Reinach, il s'écria vivement : « Quelle est la personne qui vous a dit que j'exerçais une action sur les journaux qui vous attaquent en ce moment ainsi que certains de mes collègues ? »

« Je l'ai lu quelque part », balbutia le baron.

« Vous vous êtes mépris ou on vous a trompé, reprit Constans, très vexé des soupçons dont il était l'objet. Je suis absolument étranger à la polémique en question et ne puis en aucune espèce de façon intervenir auprès des journaux qui s'y livrent. »

Le baron de Reinach, qui était assis sur un canapé, se leva en chancelant comme un homme ivre. Au moment de franchir le seuil, il se rappela qu'il n'avait pas d'argent dans sa poche pour payer son fiacre et demanda 5 francs à M. Constans. « Oh ! pour cela, avec plaisir, dit le roué Toulousain en reprenant son air jovial ; je puis bien prêter cinq francs à un millionnaire. » Et il lui remit une pièce de cent sous.

Sur le trottoir, le baron pria M. Clémenceau de le reconduire ; celui-ci s'excusa : il était huit heures du soir et on l'attendait à dîner.

« Je suis perdu, murmura le baron, en lui serrant la main. » Puis, il monta seul dans le fiacre qui le ramena à son hôtel.

Le lendemain matin, le valet de chambre du baron de Reinach le trouvait mort dans son lit : il s'était empoisonné.

A la suite de la mort mystérieuse de cet inculpé, la justice devait apposer immédiatement les scellés; elle négligea de remplir cette formalité élémentaire, en sorte que les parents du défunt purent enlever tout à leur aise les papiers qui se trouvaient dans la maison.

Le médecin de l'état civil ayant délivré, après un examen très sommaire, un certificat attestant que le baron était mort d'une congestion cérébrale, son cadavre, mis en bière dès le lendemain lundi, fut expédié au château de Nivilliers, près de Beauvais, et inhumé précipitamment dans un caveau inachevé.

Ainsi finit ce héros de la corruption qui se pavanerait sans doute encore dans les couloirs de la Chambre et dans les coulisses de l'Opéra, si une frayeur inconsidérée ne l'avait poussé à mettre fin à ses jours.

CHAPITRE VI

L'interpellation Delahaye.

MM. Charles de Lesseps, Marius Fontane et Cottu, persuadés que le Gouvernement arrêterait les poursuites le jour où il serait mis en demeure d'y impliquer tous les parlementaires compromis, avaient imaginé de révéler au député le plus énergique de l'opposition, M. Delahaye, le détail précis des actes de corruption et de lui communiquer la liste complète des personnages corrompus. Selon leurs prévisions, M. Delahaye estima qu'il était de son devoir de dénoncer du haut de la tribune cette longue série de turpitudes et d'exiger que tous les coupables fussent démasqués et punis.

Le 10 novembre, il déposait une demande d'interpellation en même temps que MM. Argeliès et Gauthier de Clagny demandaient de leur côté à interpeller sur les mesures prises pour donner suite aux pétitions des porteurs de titres. Ces trois interpellations furent jointes et la discussion fixée au jeudi suivant 17 novembre.

Les séances du 17 et du 18 ayant été

absorbées par les débats des restrictions que le Gouvernement proposait d'apporter à la liberté de la presse à la suite d'attentats anarchistes qui se renouvelaient à cette époque avec une singulière fréquence, le tour des trois interpellations ne vint en ordre utile que vers la fin de la séance du samedi 19.

Arrêtant d'un geste nerveux le ministre de la justice qui se disposait à monter à la tribune, M. Floquet se leva de son fauteuil présidentiel et prononça, au milieu d'un profond silence, la justification que voici :

Avant de donner la parole aux orateurs inscrits, avant de la donner à M. le Garde des Sceaux qui la réclame, je vous demande la permission, Messieurs, de répondre à des allégations qui ont été produites contre moi. Je serai bref. (*Mouvement d'attention.*)

J'affirme devant la Chambre que, dans les circonstances dont on a parlé, non seulement je n'ai exercé de pression sur qui que ce soit, non seulement je n'ai rien exigé, mais je n'ai rien demandé, je n'ai rien reçu et je n'ai rien distribué. (*Bravos et applaudissements prolongés sur tous les bancs.*)

Le Gouvernement que j'ai eu l'honneur de présider a été loyal et probe. (*Très bien! très bien!*) L'administration qui m'a été particulière, du ministère de l'intérieur et de la sûreté générale, a la conscience nette et les mains propres. (*Nouveaux applaudissements.*)

Je n'aurais jamais eu l'audace d'accepter et de garder l'honneur de présider cette Assemblée si sur mon passé ministériel pouvait planer le souvenir, je ne dis pas d'un acte coupable, mais seulement d'un acte équivoque. (*Applaudissements prolongés et répétés sur tous les bancs.*)

Cette protestation fut faite d'un accent si pénétré qu'elle souleva les applaudissements de la Chambre entière, indignée de la calomnie que son président venait de repousser en termes si catégoriques.

Sitôt que le calme fut rétabli, M. le Garde des Sceaux Ricard fit la déclaration suivante :

Je tiens à dire à la Chambre que la justice étant, à l'heure actuelle, saisie par les citations qui doivent être délivrées par M. le Procureur général près la Cour d'appel de Paris, il m'est impossible de répondre aux interpellations qui me sont adressées sur les poursuites exercées dans l'affaire de Panama. (*Mouvements divers.*)

MM. Argeliès, de Douville-Maillefeu, Delahaye et Barthou répliquèrent qu'il ne s'agissait pas d'empiéter sur les attributions de la justice, mais de rechercher les responsabilités encourues par certains magistrats et par certains ministres à raison de leur longue inaction. Conformément à leurs observations, les interpellations furent maintenues à l'ordre du jour et la discussion renvoyée, vu l'heure tardive, à la séance du lundi.

Au commencement de cette séance, M. Argeliès développa son interpellation en invitant le ministre des finances à rechercher une combinaison qui permît de constituer une société nouvelle et de reprendre les travaux afin d'empêcher la déchéance. Son discours, couvert par le bruit des conversations particulières, ne fut écouté par personne. Mais lorsque, après lui, M. Delahaye monta à la tribune, un grand silence s'établit; à son air résolu, on comprit qu'on allait entendre autre chose que de banales déclamations et les chéquards sentirent un frisson leur passer dans le dos dès que l'orateur eut indiqué, par ses premières paroles, qu'il était décidé à porter le fer rouge en pleine gangrène parlementaire.

Messieurs, dit-il, je viens vous proposer de remplir un grand devoir, qui domine toutes nos querelles politiques, un devoir de salubrité sociale qui intéresse tous les partis : je viens vous demander de nommer une Commission d'enquête pour vérifier les faits que je vais affirmer ici hautement, au risque de mon honneur ou au risque du vôtre... (*Très bien! très bien! sur divers bancs à l'extrémité gauche de la salle et à droite. — Mouvements divers.*)

M. Boissy d'Anglas : Occupez-vous seulement du vôtre; nous nous chargeons du nôtre!

M. Jules Delahaye : ... des faits que les poursuites engagées ont, à mon avis, manifestement pour but de dissimuler au pays. (*Exclamations à gauche.*)

N'ayez pas crainte, messieurs, que j'abaisse ce débat à des questions de personnes, que je pourrais nommer.

A gauche : Mais si ! Nommez-les !

M. DARLAN : Si vous ne les nommez pas, votre considération sera immédiatement, et par ce fait seul, compromise !

M. Jules DELAHAYE : Quoi que vous disiez, je n'oublierai pas la dignité de mon mandat, ni celle de l'Assemblée devant laquelle je parle. (*Bruit.*) Mon premier souci est de paraître à vos yeux, non en dénonciateur, mais en représentant du pays qui a le sentiment profond des obligations qui lui incombent, en ce moment, comme à vous. (*Interruptions.*)

On a comparé le scandale du Panama à celui d'un ancien député, gendre du président de la République, tenant le commerce que vous savez dans le palais même de l'Élysée. Hélas ! le trafic de la croix d'honneur n'est qu'une misère à côté des trafics du Panama.

M. le comte DE LANJUINAIS : Très bien !

M. Jules DELAHAYE : Daniel Wilson, ce n'était qu'une impudence, qu'une inconscience personnelle ; Panama, c'est tout une camarilla, tout un syndicat politique sur qui pèse l'opprobre de la vénalité. (*Interruptions et bruit.*)

M. LE PRÉSIDENT : Veuillez ne pas nommer des personnes qui ne sont pas dans cette Assemblée ; il serait plus courageux de nommer celles qui sont présentes. (*Très bien ! très bien ! à gauche et au centre.*)

M. Jules Delahaye : Je ne reçois de leçons de courage de personne. (*Exclamations*.)

Les faits que je viens de rappeler n'étaient qu'un accident qui révélait le mal; Panama c'est le mal lui-même qui a gagné tous les membres du corps social, parce que vous l'avez laissé s'étendre et se développer. (*Interruptions à gauche*.) Panama, c'est le gaspillage effronté, c'est la curée au grand soleil.

M. Boissy d'Anglas : Ce sont des boulangistes qui sont à la tête du Panama. (*Nouvelles interruptions*.)

M. Paul Déroulède : Les boulangistes restent à la tête de toutes les revendications de la justice. On parle de partis; je dis qu'il n'est pas question de partis dans ce débat, et je suis avec M. Delahaye qui demande la justice et la vérité. (*Bruit*.)

M. Jules Delahaye : C'est la curée, au grand soleil, de la fortune des citoyens, des pauvres, des besogneux, par des hommes ayant mission de la protéger et de la défendre. Je m'explique, messieurs.

C'était en 1888. Les administrateurs de la Compagnie de Panama avaient découragé les souscripteurs. Les bruits les plus inquiétants circulaient sur l'état des travaux, sur les dilapidations, les malversations des ingénieurs et des entrepreneurs de la Compagnie. M. Rousseau avait été envoyé dans l'isthme pour éclairer le Gouvernement. Alors M. Ferdinand de Lesseps crut que l'heure des efforts suprêmes, désespérés, qu'il avait connue pour Suez, était venue. Il partit à travers la France afin de ranimer l'enthousiasme. Il réveilla bien l'enthousiasme des actionnaires toujours crédules, mais il revint à Paris les mains vides.

Il fallait à tout prix, pensèrent alors les administrateurs de la Compagnie, surexciter l'épargne épuisée, et pour cela lui offrir, à côté d'une garantie solide, d'un titre de tout repos, l'attrait d'un grand gain, l'attrait des joueurs, d'un billet de loterie.

L'homme qui conçut cette opération financière n'est plus de ce monde depuis hier. Par respect de la mort et du deuil, je ne prononcerai même pas son nom. (*Mouvement.*)

Il vint, un jour, trouver les administrateurs de la Compagnie pour leur recommander son ingénieuse combinaison des valeurs à lots; il fut accueilli comme un sauveur. Mais, messieurs, je suis bien obligé de le dire, il devint bientôt l'un des plus mauvais génies de l'entreprise de Panama.

Vous savez ce que je pense des directeurs et des administrateurs de la Compagnie, avec quelle dureté, quelle sévérité j'ai plusieurs fois parlé d'eux à cette tribune. J'ai demandé contre eux un châtiment exemplaire, impitoyable; ce châtiment, je le demande encore, parce que j'estime qu'ils ont indignement abusé de la confiance publique, dilapidé follement, criminellement géré le milliard et demi qui avait été remis entre leurs mains. L'enquête à laquelle je me suis livré n'a nullement changé mon sentiment à leur égard. Mais, messieurs, qui le penserait? j'ai découvert que ces grands dupeurs avaient été dupés, que ces exploiteurs avaient été exploités avec un tel cynisme, une telle âpreté, que si le malheur des actionnaires et des obligataires de Panama permettait de prononcer le mot de pitié en face de pareils coupables, c'est à eux qu'il faudrait la réserver dans la lamentable catastrophe où ils ont sombré avec l'entreprise de Panama. (*Mouvements divers.*)

Pour émettre des valeurs à lots, l'intervention des pouvoirs publics était nécessaire : il fallait une loi. Le financier se fit fort de l'obtenir par la toute-puissance de ses relations politiques et par la corruption. Il demanda 5 millions dont il ne devait rendre compte à personne. Cette somme lui parut d'abord suffisante pour sa commission et pour acheter toutes les consciences à vendre dans le Parlement. (*Rumeurs sur divers bancs. Interruptions.*)

Voix nombreuses : Des noms! des noms!

M. Jules DELAHAYE : Si vous voulez les connaître, vous voterez l'enquête. (*Très bien! très bien! à droite.*)

Un membre : L'enquête, c'est un enterrement.

M. Jules DELAHAYE : Son siège était fait. Il connaissait, paraît-il, jusqu'au chiffre des dettes d'un grand nombre de députés : chacun fut tarifé suivant l'importance de ses dettes ou de sa valeur politique. Le financier avait, entre autres, pour remplir cette mission, un homme de confiance digne de la besogne, un nommé Arton, qui depuis a passé la frontière. Vous savez pourquoi. Un livre de chèques fut remis au sieur Arton chargé de « faire le nécessaire » : telle fut l'expression convenue pour faire comprendre aux membres des deux Chambres que l'on était prêt à estimer leurs votes. (*Nouvelles interruptions à gauche.*)

A gauche : Lesquels?

M. Paul Déroulède : L'enquête vous dira leurs noms si vous désirez les connaître.

M. Jules Delahaye : Trois millions furent distribués à plus de cent cinquante membres du Parlement.

A gauche : Donnez les noms!

M. Jules Delahaye : Vous voterez l'enquête si vous voulez des noms.

Vous savez bien que je ne peux pas discuter librement et décemment des questions personnelles. (*Bruit.*)

Trois millions furent distribués entre cent cinquante membres du Parlement, parmi lesquels, je dois le dire, il n'y avait qu'un petit nombre de sénateurs. (*Mouvements divers.*)

Mais les appétits excités grandirent démesurément. Ils devinrent énormes. Le financier revint plusieurs fois demander qu'il fût ajouté des suppléments aux millions qu'il avait reçus. Les administrateurs de la Compagnie de Panama furent assaillis par une véritable meute de politiciens.

A gauche : Lesquels?

M. Jules Delahaye : Oh! si vous en êtes bien curieux, vous les trouverez. (*Très bien ! à droite.*)

M. Darlan : Nous voulons les connaître pour faire justice!

M. Jules Delahaye : Vous la ferez; je vous y aiderai.

Une véritable meute de politiciens assaillit les administrateurs de la Compagnie pour exiger d'eux de nouvelles sommes au budget de la corruption du Panama.

Il fallait vider les caisses ou succomber.

A gauche : Dites donc les noms!

M. Ducoudray : Vous ne pouvez pas laisser planer le soupçon sur le Parlement; donnez les noms!

M. Paul Déroulède : M. Delahaye s'expose en accusant; il prend la responsabilité de ses assertions.

M. le Président : Monsieur Déroulède, vous n'avez pas la parole. Veuillez écouter, je vous en prie; il importe de ne pas perdre un mot de ce que dit M. Delahaye.

M. Jules Delahaye : Un jour, ce fut l'élection du Nord, et non pas l'élection de Paris, comme on l'a dit, qui fut la raison ou le prétexte de ces sollicitations.

M. Moreau : Lesquelles?

M. Jules Delahaye : Des sollicitations d'argent, c'est clair.

M. le Président : J'avais l'honneur d'être ministre de l'intérieur, lorsqu'ont eu lieu les deux élections du Nord, la première au mois d'avril, commencée sous le ministère de M. Tirard et qui s'est achevée sous mon ministère, la seconde au mois d'août...

A droite : A la tribune! à la tribune!

M. le vicomte DE LA BOURDONNAYE : Vous voterez l'enquête!

M. LE PRÉSIDENT : Quand vous voudrez, monsieur! Je suis tout prêt à comparaître devant toutes les enquêtes. (*Très bien! très bien! à gauche. — Bruit à droite.*)

M. Jules DELAHAYE : Un jour, disais-je, ce fut l'élection du Nord, et non pas l'élection de la Seine, qui fut la raison des sollicitations. Il fallait 100,000 francs pour un journal, 100.000 fr. pour un autre journal, 100.000 fr. pour les frais de l'élection.

Voix à gauche : Donnez les noms!

M. Jules DELAHAYE : C'est à l'enquête qu'il faut les demander. Je n'ai pas à rechercher — cela sera le but de l'enquête que je demande — par qui furent sollicités, par qui furent reçus, par qui furent distribués ces 300.000 francs, mais ce que j'affirme, — et je vous défie de trouver le contraire dans l'enquête, — c'est que 300.000 francs ont été versés et touchés pour l'usage que je dis. (*Bruit à gauche et au centre.*)

Un autre politicien, un ancien ministre — il est mort — exige 550.000 francs. Cette fois le chèque est touché à la Banque de France. Vous le voyez, cela mérite une enquête.

Puis c'est un journal qui n'avait que le souffle, qui ne valait pas 20 francs, et qui est acheté 200.000 francs à raison de l'influence qui était par derrière.

Au centre et à gauche : Nommez! nommez!

M. Jules DELAHAYE : L'enquête! l'enquête!

(*Exclamations au centre et à gauche. — Applaudissements à droite et sur divers bancs à l'extrémité gauche de la salle.*)

Divers membres à gauche : C'est incroyable! Nommez ceux que vous accusez!

M. Jules Delahaye : S'il me fallait vous nommer tous les noms propres ici (*Oui! oui!*), une séance de nuit serait nécessaire. (*Mouvements divers.*)

Je pourrais multiplier les exemples de cet assaut sans nom contre la fortune des malheureux actionnaires et obligataires de Panama. Je ne veux que vous citer un trait pour achever ce tableau d'immoralité publique et sociale.

Les administrateurs de la Compagnie pouvaient se croire au bout de ces détournements, auxquels ils avaient été, pour ainsi dire, contraints, lorsque le jeu de nos institutions mit entre les mains d'un seul homme, d'un seul député, la destinée de cette immense intrigue.

La Commission nommée pour étudier le projet des valeurs à lots était partagée par moitié : cinq pour et cinq contre. Du onzième dépendait donc le rejet ou l'adoption. Il alla s'offrir au siège même de la Compagnie pour 200.000 fr.

M. Gustave Rivet. — Il faut faire la lumière absolue ; il faudra que la personne que vous visez soit connue. Un membre de cette Chambre ne saurait rester sous cette accusation.

M. Jules Delahaye : Vous voyez que l'enquête est nécessaire.

On ne se rendit pas compte tout d'abord de sa valeur relative, et on refusa. Le député se mit alors à la tête d'un syndicat qui, escomptant le prochain rejet de la loi, joua à la baisse avec la participation d'un banquier que tous ceux qui sont au courant de ces affaires connaissent bien.

Le banquier avait déjà vendu 6 à 8.000 titres du Panama; les administrateurs de la Compagnie comprirent leur faute et l'imminence du danger. La Commission était réunie; encore une heure ou deux, et le sort en était jeté.

Un agent de la Compagnie se présenta dans la salle des Pas-Perdus, fit appeler le député, qui sortit une première fois. — Voulez-vous 100.000 francs? — Non, c'est 200.000... Le député rentra. Quelques instants après, l'agent de la Compagnie le fit mander une seconde fois; il sortit de nouveau. Cette fois il reçut les 200.000 francs. Il rentra, et le projet fut adopté par la Commission par six voix contre cinq.

Mais, messieurs, le législateur satisfait avait oublié de prévenir son banquier qui, à ses risques et périls, continuait à vendre, à vendre toujours. Les titres de Panama montèrent d'un coup, d'un bond, à des cours qu'ils n'avaient pas encore atteints. Le banquier fut ruiné; vous le connaissez tous, je n'ai pas besoin de le nommer. (*Mouvements divers.*)

Eh bien, messieurs, je vous ai dit, en commençant, que je vous conviais à une œuvre de salubrité sociale qui intéressait tous les partis. (*Très bien! très bien! à droite.*) J'espère que mon récit a convaincu le plus grand nombre d'entre vous.

Vous me direz : « La preuve ! » n'est-ce pas ?

La preuve, vous savez bien où elle est. (*Vives protestations à gauche.*)

Il y en a cent parmi vous qui savent où elle est. (*Exclamations et bruit prolongé à gauche et au centre.*)

Voix nombreuses : Lesquels ?

M. Jules DELAHAYE : Il y a ici deux catégories de personnes qui m'écoutent : celles qui ont touché et celles qui n'ont pas touché. (*Nouvelles exclamations sur les mêmes bancs.*)

M. LE PRÉSIDENT : Je vous prie, Monsieur Delahaye, de ne pas vous adresser ainsi à vos collègues ou de nommer les personnes dont vous parlez. Ayez le courage de votre opinion. (*Applaudissements à gauche et au centre.*)

M. Jules DELAHAYE : Je vous répète que je ne reçois pas de leçons de courage.

M. LE PRÉSIDENT : Vous n'en recevez pas ? Eh bien, moi je vous dis que vous ne pouvez pas accuser collectivement cent de vos collègues sans les nommer. (*Vifs applaudissements.*)

Voix nombreuses à gauche : Les noms ! les noms !

M. GUILLEMET : Ceux qui n'ont rien touché tiennent à ce qu'on fasse connaître les noms.

A gauche : Les noms ! les noms.

M. Jules DELAHAYE : Dans ces conditions, il est impossible que vous ne votiez pas l'enquête.

M. GUILLEMET : Nous la voterons.

Voix nombreuses à gauche : Les noms ! les noms !

M. Jules Delahaye : Les noms, vous savez bien que ce n'est pas moi qui peux vous les donner, mais l'enquête. Votez l'enquête, et vous les connaîtrez. (Bruit.)

M. Vernière : Nous voterons l'enquête ; mais donnez-nous les noms ou descendez de la tribune.

M. Guillemet : Nous attendons les noms !

M. Jules Delahaye : L'enquête a précisément pour but de prouver la culpabilité des uns et l'innocence des autres. (Bruit.)

Voix nombreuses : Les noms ! les noms !

M. Gustave Isambert : Vous n'avez plus le droit de descendre de la tribune sans donner les noms !

M. Jules Delahaye : Monsieur le Président, il m'est impossible, au milieu de ce bruit...

M. le Président : On vous demande les noms. (*Vifs applaudissements à gauche et au centre.*)

Voix nombreuses : Oui, les noms ! les noms !

M. Jules Delahaye : Messieurs...

Sur les mêmes bancs : Les noms ! les noms !

M. Adolphe Turrel : Si vous ne donnez pas les noms, vous ne parlerez pas.

M. le comte de Lanjuinais : Votez l'enquête, et vous aurez les noms !

M. le Président : Messieurs, veuillez faire silence. J'ai invité pour la seconde fois l'orateur à dire les noms. (*Applaudissements à gauche et au centre.*)

M. Paul Déroulède : C'est une invitation à la dénonciation. (*Bruit à gauche.*)

M. le Président : La dénonciation personnelle est plus courageuse et plus digne que la dénonciation collective et anonyme. (*Applaudissements prolongés à gauche et au centre.*)

M. Paul DÉROULÈDE : Il ne s'agit pas d'une dénonciation anonyme, puisque le dénonciateur est à la tribune.

Voix nombreuses à gauche et au centre : Qu'il donne les noms !

M. Jules DELAHAYE : Je suis étonné, Monsieur le Président, qu'après avoir été mis en cause, vous personnellement, vous ne soyez pas le premier à vous joindre à ma demande d'enquête. (*Très bien ! très bien ! à droite et sur quelques bancs à l'extrémité gauche de la salle.*)

M. LE PRÉSIDENT : Monsieur Delahaye, je vous ai demandé les noms des collègues que vous accusiez. Quant à moi, je me tiens pour nommé par votre première phrase. (*Très bien ! très bien !*) Non seulement je ne repousse pas la demande d'enquête, mais j'ai entre les mains deux demandes analogues émanant de plusieurs de nos collègues, et j'en donnerai tout à l'heure connaissance à la Chambre. (*Vifs applaudissements sur tous les bancs.*)

M. Jules DELAHAYE : Messieurs... (*Bruit.*)

A gauche et au centre : Les noms ! les noms !

(*M. Jules Delahaye descend de la tribune. — Rumeurs prolongées.*)

Les vociférations qui couvrirent sa voix empêchèrent M. Delahaye d'achever son formidable réquisitoire, mais il en avait assez dit pour rendre l'enquête indispensable. M. Loubet lui-même, parlant au nom du Gouvernement, déclara que, n'ayant rien à couvrir, il s'associait à la demande d'enquête.

Le Président, saisi de trois propositions analogues, mit aux voix celle qu'il avait reçue la première et qui était ainsi conçue :

Une Commission d'enquête, composée de trente-trois membres, sera nommée, avec les pouvoirs les plus étendus, à l'effet de faire la lumière sur les allégations portées à la tribune à l'occasion des affaires du canal de Panama.

La proposition fut votée à l'unanimité, par les coupables comme par les innocents, par Baïhaut lui-même qui, étant monté à la tribune pour se justifier du reproche d'avoir communiqué un extrait tronqué du rapport Rousseau au journal *le Temps*, affirma qu'il venait de déposer sans hésitation un bulletin blanc dans l'urne.

La Chambre décida ensuite que la nomination de la Commission d'enquête aurait lieu le lendemain au scrutin de liste.

Cette mémorable séance fut levée sous le coup de l'indescriptible émotion causée par l'énorme pavé qui venait de s'abattre au milieu du marais où coassaient un si grand nombre de chéquards. Les innocents, furieux des soupçons qui planaient sur tous les membres de l'ancienne Chambre, voulaient qu'on arrêtât

M. Delahaye pour l'obliger à donner les noms; les coupables criaient à la calomnie; seuls, les nouveaux députés, échappant à toute suspicion, gardaient leur sang-froid, et, selon le parti auquel ils appartenaient, se réjouissaient du scandale ou le déploraient.

A la buvette, où beaucoup de gosiers altérés par de furibondes clameurs éprouvèrent le besoin de se rafraîchir, le questeur Guillaumou, ancien trombone de l'impératrice, déclara, en fermant les poings, que, s'il ne s'était pas retenu, il se serait élancé à la tribune pour y étrangler l'infâme dénonciateur.

« Vraiment, lui fit observer un boulangiste, vous êtes bien susceptible; voilà trois ans que vous nous criez : « D'où vient l'argent ? » et pour une fois que nous vous demandons : « Où est passé l'argent ? », vous vous mettez en colère. Est-ce que nous n'avons pas le droit d'être curieux, nous aussi ? »

L'ancien trombone, interloqué, roula de gros yeux, et, ne trouvant rien à répondre, avala deux bocks coup sur coup en poussant un grognement farouche.

CHAPITRE VII.

Ministère renversé par un cadavre.

Le 22 et le 23 novembre, la Chambre procéda à la nomination de la Commission d'enquête qui, après une tentative de la majorité pour éliminer les membres de l'opposition, se trouva composée des trente-trois députés dont voici les noms : MM. d'Allières, Barthou, Bérard, Bertrand, Bigot, Bory, Bovier-Lapierre, Henri Brisson, Clauzel de Coussergues, Delcassé, Deluns-Montaud, Dumay, Dupuy-Dutemps, Gamard, Gauthier de Clagny, Gerville-Réache, Grousset, Guieysse, Guillemet, Jolibois, de La Batut, Labussière, Leydet, Loreau, de Ramel, Mathé, Maujan, Pelletan, Sarrien, Taudière, Terrier, Vallé, de Villebois-Mareuil.

La Commission se réunit dès le 23 novembre. Elle constitua d'abord son bureau comme suit :

Président : M. Brisson;

Vice-Présidents : MM. Clauzel de Coussergues, Jolibois;

Secrétaires : MM. de Villebois-Mareuil, de La Batut, Terrier, Barthou;

Archivistes : MM. Bérard, Taudière, Mathé.

Cette opération terminée, la Commission décida de convoquer le Président du Conseil et le Ministre de la justice pour leur demander de faire procéder à la saisie des papiers du baron de Reinach ainsi qu'à une enquête médicale sur les causes de sa mort.

MM. Loubet et Ricard vinrent à la séance du 26 novembre et, sans oser opposer un refus formel au désir qu'on leur exposa, ne voulurent prendre aucun engagement.

Lorsqu'ils se furent retirés, la Commission, afin de les mettre au pied du mur, vota à l'unanimité la décision suivante :

La Commission d'enquête exprime le désir que le Gouvernement prescrive les mesures médico-légales qu'il convient à l'effet d'établir si M. le baron de Reinach est mort ou non de mort violente, et que le Gouvernement prenne telles mesures qu'il appartiendra concernant les papiers du baron de Reinach.

MM. Henri Brisson et de Villebois-Mareuil se rendirent, le même jour 25 novembre, chez le Président du Conseil et laissèrent sur son bureau une copie de cette décision. Ils en portèrent le lendemain une seconde copie au ministre de la justice.

Par un inexplicable entêtement, le Gouvernement refusa de faire droit à cette requête si légitime.

Questionné, à la séance du 28 novembre, par le marquis de la Ferronays, sur les motifs qui avaient empêché la justice d'ordonner l'autopsie du cadavre et l'apposition des scellés, M. Ricard se retrancha, sur le premier point, derrière le certificat du médecin attribuant la mort à une cause naturelle, et répondit, sur le second point, que la Cour d'appel étant saisie depuis le 21, le Parquet n'avait plus qualité pour prescrire aucune mesure.

M. Henri Brisson répliqua :

Lorsque le secret de l'honneur d'une centaine de membres du Parlement, et, nous a-t-on dit, de 5 ou 600 autres citoyens, peut se trouver dans les papiers d'un inculpé dont la mort est tout au moins suspecte, l'opinion publique ne comprendra pas qu'on puisse ergoter sur tel ou tel article du Code d'Instruction criminelle; elle nous crie : vous avez promis la lumière; vous avez les moyens de la faire : faites-là !

En conséquence, je dépose l'ordre du jour suivant : « La Chambre, s'associant aux désirs de la Commission d'enquête pour faire la lumière sur les affaires de Panama, passe à l'ordre du jour. »

Cet ordre du jour ayant été voté à une forte majorité malgré l'énergique opposition de MM. Loubet et Ricard, le ministère donna immédiatement sa démission.

CHAPITRE VIII

Les fourberies du ministère Ribot-Loubet.

Après un enfantement des plus laborieux, le ministère Ribot vint au monde dans la journée du 6 décembre; il se composait, outre M. Ribot qui s'était attribué la présidence du Conseil et le portefeuille des affaires étrangères, de MM. Loubet, intérieur et cultes : Bourgeois, justice ; Rouvier, finances ; de Freycinet, guerre ; Burdeau, marine ; Charles Dupuy, instruction publique et beaux-arts; Develle, agriculture; Siegfried, commerce; Viette, travaux publics.

On pouvait prédire, sans être sorcier, qu'un cabinet qui renfermait au moins trois chéquards dans son sein, ne serait pas très ardent à faire la lumière. Il est vrai que, peu de jours après, il n'en contint plus que deux, car Rouvier fut obligé de donner sa démission à la suite du scandale causé par la révélation de son étrange démarche auprès de Cornélius Herz en compagnie du baron de Reinach.

Du moment qu'il s'agissait de présider à un enterrement de première classe, le long et emphatique Ribot était le meilleur maître des cérémonies qu'on pût rêver; le tortueux Loubet, le faux bonhomme Dupuy, le panamiste Burdeau et Freycinet, roi des fourbes, possédaient toutes les qualités requises pour tenir chacun un cordon du poêle.

Comme il fallait d'abord leurrer la Chambre et le pays par de belles promesses, le nouveau ministère affirma solennellement, dans sa déclaration, qu'il arrivait avec la ferme résolution d'accomplir tout son devoir en face d'une situation qui exigeait une lumière complète.

M. Bourgeois, ministre de la justice, répondant à une interpellation de M. Hubbard, annonça qu'il avait ordonné l'autopsie du baron de Reinach et que des perquisitions seraient opérées dans les papiers du défunt au moment de la levée des scellés qu'on s'était enfin décidé à apposer.

La Chambre, satisfaite de ces engagements, accorda au Gouvernement un ordre du jour de confiance ; toujours prête à se payer de mots, elle accepta comme argent comptant des promesses illusoires : une autopsie pratiquée vingt jours après un empoisonnement par la strychnine, une perquisition dans des papiers tardivement saisis, ne pouvaient donner et ne donnèrent aucun résultat.

Ces retards, il faut le reconnaître, n'étaient pas imputables au nouveau ministère ; aussi ne l'en rendons-nous pas responsable. Ce n'est que d'après ses propres actes que nous allons le juger.

Le 15 décembre, la Chambre eut à discuter, sur l'initiative de M. Pourquery de Boisserin, une proposition de loi ayant pour objet de donner à la Commission d'enquête le droit de prescrire des perquisitions et des saisies, d'exiger communication de toutes les procédures criminelles et correctionnelles, et d'obliger les témoins à comparaître devant elle et à prêter serment, sous peine d'une amende de 100 à 500 francs. Si on désirait sincèrement que la Commission d'enquête fît la lumière, il était indispensable de lui donner ces pouvoirs, faute desquels elle se trouvait à chaque instant entravée dans sa marche.

MM. Ribot et Bourgeois refusèrent obstinément de les lui accorder; ils combattirent de toutes leurs forces la proposition de M. Pourquery de Boisserin en posant la question de confiance et l'emportèrent à une maigre majorité de six voix.

Le Gouvernement se montra digne de la confiance de sa majorité en mettant tout en œuvre pour sauver ceux de ses membres dont les noms traînaient dans les papiers du baron de Reinach ou d'Arton. Chaque fois que des perquisitions ou des saisies furent opérées, il donna à ses agents la consigne de soustraire les pièces compromettantes à l'examen de la Commission d'enquête.

Mais un grave péril restait suspendu

sur la tête des chéquards : Arton, contre lequel un mandat d'arrêt avait été décerné depuis plusieurs mois et qui vagabondait à travers l'Europe, pouvait être arrêté d'un moment à l'autre par un agent trop zélé; il était également à craindre, qu'éprouvant la nostalgie du boulevard, il ne se décidât à rentrer à Paris, ou qu'il ne vendit ses documents aux adversaires du régime opportuniste.

Pour parer à ces menaçantes éventualités, le Gouvernement chargea M. Dupas, secrétaire du directeur de la Sûreté générale au ministère de l'intérieur, de se rendre à Venise, où il se trouvait alors, d'engager des pourparlers et de voir à quelles conditions on pourrait s'entendre avec lui. M. Dupas quitta Paris le 26 décembre, arriva le 29 à Venise et y eut plusieurs entrevues avec Arton par l'intermédiaire d'un ami de celui-ci.

Le fameux proxénète panamiste, fatigué de vivre sous le coup d'une arrestation et déjà décavé par de folles dépenses, ne demandait pas mieux que de vendre ses services ; voici dans quels termes il les offrit à M. Dupas :

Je ferai le silence sur les amis du Gouvernement, mais mes ripostes seront vives et bruyantes pour ses adversaires.

Il est de mon devoir et de ma conscience de faire ce qu'on me demandera.

Mon silence vous est acquis.

Je vous jure qu'en présence de n'importe qui

et de n'importe quelle situation où je pourrai me trouver; on ne me fera jamais parler.

En récompense, il demanda qu'on lui garantit sa liberté et qu'on lui procurât un prêt de cent mille francs.

De retour à Paris, M. Dupas transmit ces propositions au Gouvernement. Je ne sais si elles furent agréées; ce qui me porterait à le croire, c'est qu'Arton garda le silence et vécut paisiblement à Londres, sans être inquiété, tant que les Ribot, les Loubet et les Dupuy occupèrent le pouvoir.

Un autre péril menaçait les parlementaires : Charles de Lesseps, Marius Fontanes, Cottu et Cornélius Herz allaient sans doute continuer leurs révélations scandaleuses. Pour les en empêcher, le Gouvernement prit le parti de les fourrer en prison et de les y tenir au secret. Le 16 décembre, à l'aube du jour, un commissaire de police se présentait à leur domicile respectif pour procéder à leur arrestation. Une heure après, MM. Charles de Lesseps, Marius Fontanes et Sans-Leroy, qu'on avait cueilli par la même occasion, se retrouvaient au Dépôt où on les fouillait comme de vulgaires malfaiteurs avant de les faire monter dans le panier à salade qui les conduisit à Mazas.

M. Cottu, absent de Paris, vint se constituer prisonnier au bout de quelques jours.

Quand à Cornélius Herz, il avait filé peu de temps après la mort du baron de

Reinach et s'était installé en Angleterre, bien décidé à ne pas repasser de sitôt le détroit qui le séparait de la justice française.

MM. Charles de Lesseps, Marius Fontanes et Cottu, soigneusement verrouillés dans des cellules séparées, ne pouvaient plus commettre aucune indiscrétion; mais à la veille de leur comparution devant la Cour d'appel, on se demanda avec anxiété s'ils n'allaient pas se rattraper de leur silence forcé en bavardant beaucoup à l'audience. Pour conjurer ce danger, on entra en négociations avec Mme Cottu; on lui offrit la mise en liberté des trois prévenus si ceux-ci voulaient consentir à accuser les membres de la Droite et à ne nommer aucun des corrompus de la Gauche. M. Soinoury, directeur de la Sûreté générale au ministère de l'Intérieur, lui remit trois permis de communiquer pour qu'elle pût voir, en même temps que son mari, MM. Charles de Lesseps et Marius Fontanes, et leur conseiller d'accepter les offres gouvernementales. Mme Cottu refusa de se prêter à cette infâme machination, moins par excès de scrupules que parce que, d'une nature défiante, elle craignit de tomber dans un piège.

Bien que toutes ses tentatives n'aient pas été couronnées de succès, le ministère, on le voit, n'avait rien négligé pour mériter la confiance de sa majorité.

CHAPITRE IX

L'enquête.

La Commission commença son enquête le 25 novembre 1892; M. Jules Delahaye fut le premier témoin qu'elle entendit. Le vaillant député de Chinon lut une longue déposition écrite dont voici le résumé :

Les circonstances dans lesquelles vous avez été nommés sont trop récentes et trop présentes à vos mémoires pour que je vous en fasse l'historique.

Vous êtes une Commission d'enquête nommée avec les pouvoirs les plus étendus, à l'effet de faire la lumière sur les allégations portées à la tribune à l'occasion des affaires de Panama.

Votre devoir consiste donc à rechercher, en toute bonne foi et sincérité et par tous les moyens dont vous pourrez disposer, la vérité.

Le mien consiste à me mettre à votre disposition pour vous indiquer les voies et moyens par lesquels vous arriverez en possession de cette vérité. Je l'accomplis ici en vous indiquant méthodiquement les divers procédés d'investigation auxquels vous devez, selon moi, avoir recours.

J'ai dit que le baron de Reinach avait proposé un forfait à la Compagnie et s'était engagé à faire le nécessaire, comme il le disait, moyennant cinq millions. En réalité, les sommes allouées à M. de Reinach dépassent ce chiffre et atteignent près de six millions, ainsi que vous pourrez le vérifier. Je m'en tiendrai, pour la commodité du langage, au chiffre primitivement indiqué.

Du moment que M. de Reinach a reçu cinq millions, c'est que cinq millions sont sortis des caisses de la Compagnie. Il est donc, tout d'abord, indispensable de vous faire apporter et d'examiner les livres de la Compagnie pour l'année 1888. Vous aurez à constater à quel chapitre a été passée cette somme, en quelle qualité et pour quels services le baron l'a touchée.

Occupons-nous maintenant de son entrée chez M. de Reinach. Ici, vous et moi, nous nous trouvons en face d'une situation tout à fait imprévue.

Deux personnes ont travaillé avec les cinq millions de Panama : M. Jacques de Reinach et son collaborateur avéré Arton. M. Arton est en fuite, M. de Reinach est mort. Il est mort dans la nuit de samedi à dimanche. Mon interpellation devait être discutée dans la journée du jeudi précédent.

Donc, je ne pouvais prévoir la disparition subite du financier. Il devait être dans ma pensée votre principal témoin et devenir, je l'avoue, votre premier accusé. J'aurais désiré l'avoir pour interlocuteur devant vous, et ce n'est point de ma faute si le dialogue instructif que je comptais établir devant la Commission devient un monologue.

Il semblerait que, par le fait de cette mort, les preuves se dérobent. Vous allez voir qu'il n'en est rien et comment on peut les retrouver.

Vous manderez devant vous M. Kohn, associé de M. de Reinach, et M. Propper, fondé de pouvoirs, devenu aujourd'hui, depuis janvier 1891, successeur de la maison Kohn, Reinach et Cie. Vous les interrogerez et vous demanderez à feuilleter leurs livres.

Vous appliquerez les mêmes procédés à l'égard des livres et des chefs de la maison Thierrée et Cie. La maison Thierrée est commanditée par la maison Kohn-Reinach. Le baron de Reinach faisait en cette maison la plus grande partie de ses affaires.

Ici, vous vous trouverez en face d'une difficulté, car, vraisemblablement, les noms des bénéficiaires des chèques ne vous apprendront que peu de chose. L'enfance de l'art consiste, quand on ne veut pas que son nom figure sur un chèque et demeure dans les livres d'une société, à faire acquitter le chèque par son valet de chambre, son bottier ou son garçon de bureau.

Vous serez donc obligés d'aller plus loin; de mander les personnes dont les noms figurent au dos des chèques et de leur poser la question suivante :

— Est-ce pour votre compte que vous avez touché cet argent ?

Si ces personnes répondent affirmativement, elles devront établir la contre-partie et quels services elles ont rendus pour justifier les sommes qu'elles ont touchées; et si elles ne font pas cette preuve, elles devront restituer.

Si elles répondent négativement, elles devront vous dire pour le compte de qui elles ont remis les fonds qu'elles ont touchés. Votre enquête sera, à ce moment, tellement serrée, que la vérité surgira d'elle-même.

Mais ce n'est pas encore tout.

Vous demanderez aux divers employés de la maison Kohn-Reinach, qui déposeront devant vous, s'ils ont vu M. Arton journellement dans leurs bureaux, quelle était sa situation dans leur maison. Vous interrogerez sur ce fait MM. Kohn et Propper. M. Arton étant détenteur des carnets de chèques, son nom doit être aussi connu que sa personne dans les maisons qui ont payé.

Ceci dit, reste encore autre chose. Il reste un autre ordre de preuves matérielles. Vous aurez vu les chèques. Il sera nécessaire de rechercher les talons de ces chèques. Les talons de ces chèques sont dans les papiers de deux personnes. L'une est morte : c'est M. de Reinach; l'autre est en fuite : c'est M. Arton. Je ne suis responsable ni de cette mort, ni de cette fuite.

Si les talons des chèques sont dans les papiers de M. de Reinach, son liquidateur judiciaire les y trouvera et vous les donnera.

Quant à M. Arton, vous êtes munis des pouvoirs les plus étendus. Vous n'excéderez certainement pas ces pouvoirs en employant la police à savoir où il se trouve et en lui proposant un sauf-conduit pour venir déposer devant vous.

Ce jour-là, vous en saurez assez déjà pour n'avoir pas besoin que je vous indique les questions qu'il conviendra de lui poser. Néanmoins, je me tiendrai, comme aujourd'hui, à votre disposition.

Dans mon interpellation, et c'est par là que je terminerai cette note destinée à rester sur votre bureau et dont j'ai d'ailleurs pris copie, dans mon interpellation, j'ai dit à la Chambre que je montrerais à la Commission la clef des tiroirs où sont renfermées les preuves de tous les faits dont s'alimentent depuis deux mois les conversations et que j'ai cru devoir dénoncer à la tribune.

Cette clef, je crois vous l'avoir mise dans les mains.

C'est à vous maintenant de vous en servir.

A la même séance, la Commission entendit MM. Antonin Proust et Béral, qui, accusés l'un et l'autre par la *Libre Parole* d'avoir reçu de l'argent de la Compagnie de Panama, vinrent spontanément protester de leur innocence.

La séance du 26 novembre fut absorbée par une intéressante déposition de M. Le Provost de Launay qui incrimina la conduite des entrepreneurs et des maisons de Banque et rapporta les doléances de M. Charles de Lesseps au sujet des chantages de toute sorte dont il avait été victime.

Le 28, M. le conseiller instructeur Prinet, répondant à la convocation à lui adressée, vint déclarer qu'il consentait à déposer devant la Commission, sous réserve du secret professionnel. Il affirma qu'il résultait de l'étude des pièces que les sommes touchées par le baron de Reinach à titre de bénéfices sur les syndicats, de frais de publicité ou de commissions, s'élevaient au total de neuf millions environ.

Le 29, M. Georges Laguerre fit la déposition que voici :

Arton m'a dit à plusieurs reprises qu'au moment de l'élection du Nord il avait été un intermédiaire dans l'intérêt de la Compagnie de Panama et que, pour des besoins purement politiques, il avait versé une somme de 390.000 francs au Gouvernement.

La Commission procéda ensuite à l'interrogatoire de MM. Kohn et Propper. M. Kohn avoua qu'Arton avait touché à la banque Kohn, Reinach et Cie, sur le compte personnel du baron de Reinach, un million par petites sommes de 5.000 à

17.000 francs pendant le premier semestre de l'année 1888, précisément à l'époque où on achetait les votes des parlementaires. M. Propper confirma cette grave déposition.

Suivant les indications de M. Delahaye, la Commission avait convoqué pour le 30 novembre M. Thierrée. Celui-ci lut la déclaration suivante rédigée au nom de la maison de banque dont il était le chef:

M. le baron de Reinach a remis à ma maison, pour l'encaisser, le 17 juillet 1888, un chèque de 3.390.475 francs sur la Banque de France. Je crois qu'il avait été tiré par la Compagnie de Panama.

Ma maison a remis à M. de Reinach la contre-valeur de ce chèque en 26 chèques au porteur sur la Banque de France, pour un même total de 3.390.475 francs.

Ces 26 chèques, une fois payés par la Banque, nous ont été rendus comme d'usage, et, comme d'usage, ils sont restés dans nos archives de caisse.

Il a paru à ma maison, après mûre réflexion, qu'elle ne pouvait se dessaisir de ces chèques qu'aux mains de la justice ordinaire, si elle en était requise.

Les 26 chèques dont M. Thierrée venait de révéler l'existence furent saisis le 3 décembre par M. Clément, sur l'ordre du préfet de police, et remis à la

Commission. Voici, d'après le procès-verbal de M. Clément, leur énumération :

Chèque de 80.000 francs, n° 9919. Créé le 17 juillet 1888. Acquitté le 17 juillet 1888, par (illisible), 26, rue du Quatre-Septembre.

Chèque de 40.000 francs, n° 9920. Créé le 17 juillet 1888. Acquitté le 18 juillet 1888, par Kohn-Reinach.

Chèque de 40.000 francs, n° 9921. Créé le 17 juillet 1888. Acquitté le 20 juillet 1888, par le Crédit mobilier.

Chèque de 20.000 francs, n° 9922. Créé le 17 juillet 1888. Acquitté le 18 juillet 1888, par Aigoin, 4, rue du Dôme.

Chèque de 20.000 francs, n° 9923. Créé le 17 juillet 1888. Acquitté le 23 juillet 1888, par Castelbon, 37, rue des Acacias.

Chèque de 25.000 francs, n° 9924. Créé le 17 juillet 1888. Acquitté le 18 juillet 1888, par Elouis, 24, rue Chauchat.

Chèque de 20.000 francs, n° 9925. Créé le 17 juillet 1888. Acquitté le 23 juillet 1888, par Busterl, 3, rue Saint-Georges.

Chèque de 20.000 francs, n° 9976. Créé le 17 juillet 1888. Acquitté le 19 juillet 1888, par Pralon frères et Cie, rue des Mathurins, 3.

Chèque de 20.000 francs, n° 9977. Créé le 17 juillet 1888. Acquitté le 19 juillet 1888, par Orsatti, 5, rue Pigalle.

Chèque de 20.000 francs, n° 9978. Créé le 17 juillet 1888. Acquitté le 21 juillet 1888, par P. Schmitt, 78, rue d'Anjou.

Chèque de 40.000 francs, n° 9979. Créé le 17 juillet 1888. Acquitté le 20 juillet 1888, par (illisible), 64, rue de la Chaussée-d'Antin.

Chèque de 25.000 francs, n° 9980. Créé le 17 juillet 1888. Acquitté le 19 juillet 1888, par Siméon, chez M. Janin (agent).

Chèque de 20.000 francs, n° 9981. Créé le 17 juillet 1888. Acquitté le 19 juillet 1888 par Albert Grévy, 43, boulevard Haussmann.

Chèque de 20.000 francs, n° 9990. Créé le 18 juillet 1888. Acquitté le 18 juillet 1888, par Léon Renault, rue Murillo, 8.

Chèque de 5.000 francs, n° 9991. Créé le 18 juillet 1888. Acquitté le 19 juillet, par Léon Renault.

Chèque de 50.000 francs, n° 9983. Créé le 17 juillet 1888. Acquitté le 21 juillet 1888, par Davoust, 15, place Vendôme.

Chèque de 150.000 francs, n° 9984. Créé le 17 juillet 1888. Acquitté le 18 juillet 1888, par Chevillard, 53, rue de Châteaudun.

Chèque de 100.000 francs, n° 9985. Créé le 17 juillet 1888. Acquitté le 18 juillet par Chevillard.

Chèque de 100.000 francs, n° 9986. Créé le 17 juillet 1888. Acquitté le 18 juillet par Chevillard.

Chèque de 100.000 francs, n° 9987. Créé le 17 juillet 1888. Acquitté le 18 juillet par Chevillard.

Chèque de 100.000 francs, n° 9988. Créé le 17 juillet 1888. Acquitté le 18 juillet par Chevillard.

Chèque de 40.000 francs, n° 9989. Créé le 17 juillet 1888. Acquitté le 18 juillet 1888, par Favre, 4 rue de la Bourse.

Chèque de un million, n° 9992. Créé le 19 juillet 1888. Acquitté le 21 juillet 1888, par Cornélius Herz, de Francfort-sur-le-Mein.

Chèque de un million, n° 9993. Créé le 19 juillet 1888. Acquitté le 21 juillet 1888 par Cornélius Herz, de Francfort-sur-le-Mein.

Chèque de 195.000 francs, n° 9994. Créé le 21 juillet 1888. Acquitté le 24 juillet 1888, par L. Chabert, rue de Lisbonne, 2.

Chèque de 140.475 francs, n° 9995. Créé le 30 juillet 1888. Acquitté le 30 juillet 1888, par L. Chabert, rue de Lisbonne, 2.

En possession de ces vingt-six chèques, la Commission avait à en rechercher les bénéficiaires et à les interroger.

MM. Léon Renault et Albert Grévy comparurent les premiers.

M. Léon Renault raconta à la Commission que les deux chèques par lui encaissés représentaient son bénéfice sur 2.200 parts syndicales que le baron de Reinach lui avait offertes gratuitement pour le dédommager de ses pertes dans l'affaire des Terrains de Bellevue, affaire où il s'était engagé sur les conseils du baron. « Au mois de juillet, ajouta-t-il, je reçus de M. de Reinach un billet conçu à peu près dans ces termes : « Votre participation se » solde par un bénéfice de 25.000 francs, » que vous trouverez ci-inclus en un chè-

» que au porteur. » Dans cette lettre se trouvait un chèque non pas de 25.000 fr., mais de 20.000 francs; et, dans la même journée, M. de Reinach m'envoya un autre chèque de 5.000 francs. »

Malheureusement pour l'éloquent sénateur, cette ingénieuse explication croulait par la base; chaque part syndicale ayant donné un bénéfice net de 5 fr. 50, il n'aurait eu à toucher que 12.100 francs pour 2.200 parts.

La justification de M. Albert Grévy fut moins embrouillée : « J'étais, dit-il, depuis plusieurs années, le conseil de M. de Reinach et surtout l'avocat de diverses Compagnies industrielles et financières importantes dont il était le principal administrateur et le membre le plus actif. Jamais je n'avais demandé ni reçu d'honoraires. C'est pour me remercier de mes services qu'il m'a intéressé dans le Syndicat. Le chèque de 20.000 fr. m'a été envoyé pour ma part de bénéfices. »

Les deux *honorables* sénateurs quittèrent ensemble le Palais-Bourbon en se félicitant des bonnes blagues qu'ils venaient de faire gober à la Commission.

Cornélius Herz écrivit de Londres qu'étant créancier de M. de Reinach pour plus de deux millions à la suite de nombreuses affaires dans lesquelles ils avaient été associés, les deux chèques d'un million chacun revêtus de son acquit représentaient le paiement d'une partie importante de sa créance.

Continuant ses investigations, la Commission découvrit bientôt que le chèque acquitté par Pralon, banquier, avait été encaissé pour le compte de M. Gobron, ancien député; le chèque acquitté par Siméon, pour le compte de M. Dugué de la Fauconnerie, et les cinq chèques acquittés par Chevillard, pour le compte de M. Barbe, ancien ministre.

M. Gobron prétendit que le chèque de 20.000 francs dont il se reconnut le bénéficiaire lui avait été remis par le baron de Reinach en paiement d'un certain nombre de parts de fondateurs d'une affaire de tannage par l'électricité.

M. Dugué de la Fauconnerie avoua que le chèque de 25.000 francs lui avait été donné par le baron pour sa part de bénéfices dans le Syndicat, tout en reconnaissant, ainsi que MM. Léon Renault et Albert Grévy, n'avoir effectué ni promis aucun versement.

M. Barbe ayant eu l'esprit de mourir avant la découverte de l'énorme pot-de-vin avec lequel le baron de Reinach l'avait arrosé, fut dispensé de se mettre en frais d'imagination pour fournir une explication plausible.

Il n'eût sans doute pas éprouvé plus d'embarras que M. Chabert qui, interrogé au sujet des deux gros chèques portant son acquit, répondit sans s'émouvoir que le baron de Reinach les lui avait donnés pour prix de sa participation à une affaire de freins de chemins de fer.

Avec M. Devès, la Commission entendit une autre histoire; accusé par la *Libre Parole* d'être le bénéficiaire du chèque de 20.000 francs acquitté par Castelbon, l'auguste sénateur expliqua, pour se justifier, que ledit chèque lui avait été envoyé par le généreux baron comme souscription à un journal que son compatriote Castelbon se proposait de fonder.

Il restait à découvrir les bénéficiaires de onze chèques.

M. Kohn, interrogé au sujet de deux chèques de 40.000 francs chacun, acquittés, l'un par Kohn-Reinach, l'autre par Favre, 4, rue de la Bourse, répondit :

Ces deux chèques ont été remis chez moi, dans ma caisse, par M. de Reinach et, en retour, on a compté à M. de Reinach le montant de ces chèques en billets de banque. Le premier porte la signature de M. Jacques de Reinach; le second, celle de Favre, ancien valet de chambre de mon beau-père avant mon mariage et devenu depuis mon garçon de recettes.

L'ex-associé du baron s'efforça ensuite de persuader à la Commission qu'il était tout naturel de faire acquitter un chèque de 40.000 francs par un garçon de recettes.

Vint ensuite le tour du banquier Vlasto :

Le chèque de 40.000 francs acquitté par le

Crédit mobilier, dit-il, et celui de 50.000 francs acquitté par Davoust, m'ont été remis en paiement par le baron de Reinach pour ma participation dans l'émission des obligations à lots de Panama.

Le chèque de 40.000 francs n° 9979 étant revêtu d'une signature illisible, il ne fut pas possible de connaître l'individu qui l'avait acquitté.

Voici enfin les explications plus ou moins saugrenues fournies à la Commission au sujet des six autres chèques :

Betzold, *ancien banquier.* — Au mois de juillet 1888, je demeurais rue du Quatre-Septembre, n° 26. Je suis étranger, de nationalité allemande. La signature du chèque de 80.000 fr. que vous me représentez n'est pas la mienne ; c'est celle de M. Cloetta qui était mon employé. M. Cloetta avait la faveur du baron de Reinach. Je suppose que celui-ci l'aura chargé d'encaisser ce chèque à la banque. J'ignore l'adresse actuelle de M. Cloetta ; il m'a quitté depuis plus d'un an.

Aigoin. — M. de Reinach m'a envoyé le chèque portant ma signature, en paiement de travaux que j'avais accomplis pour son compte, notamment d'essais de terrassements sur les dunes de la Manche.

Elouis, *ancien administrateur du « Siècle ».* — Le chèque acquitté par moi m'a été remis pour l'encaisser par le directeur du journal *le Siècle* ; j'ai versé les fonds à son propriétaire, M. Dupuy.

Bustent, *garçon de recettes à la Banque internationale de Paris.* — J'ai encaissé le chèque portant ma signature pour le compte de ma maison; j'ai versé les fonds à la caisse en rentrant.

ORSATTI, *ingénieur*. — J'ai reçu le chèque portant ma signature en rémunération des efforts que j'avais accomplis pour faciliter la réussite du Panama. Je connais une foule de députés; je suis très répandu dans le monde; j'y faisais de la propagande.

SCHMITT, *comptable*. — J'ai touché le chèque de 20.000 francs portant ma signature, pour le compte de la Compagnie des Chemins de fer garantis des Colonies françaises. Le baron de Reinach était président du Conseil d'administration de cette Compagnie.

Aucune de ces explications ne pouvait être prise au sérieux; il était évident que le baron de Reinach avait reçu de la Compagnie de Panama le chèque de 3.390.475 francs pour faire face aux engagements pris par lui vis-à-vis des parlementaires corrompus et pour étouffer les réclamations menaçantes de Cornélius Herz. Fidèle à son mandat, il avait versé à celui-ci d'abord deux millions directement, puis 335.475 francs par l'entremise de Chabert. Le reste avait été distribué à des hommes politiques. Lesquels ? Léon Renault, Albert Grévy, Gobron, Dugué de La Fauconnerie, Barbe et Devès étaient dès à présent découverts. Restait à connaître les véritables bénéficiaires qui se dissimulaient derrière Kohn, Vlasto, Betzold, Aigoin, Elouis, Bustert, Orsatti et Schmitt, ainsi que sous la signature illisible du chèque n° 9979.

La Commission, supposant que les talons des chèques pourraient fournir des indications précieuses, les demanda à M. Thierrée; celui-ci répondit qu'il les avait détruits.

Les choses en était là, lorsque le Gouvernement se décida enfin à prescrire une instruction sur le chef de corruption de fonctionnaires. M. Franqueville, chargé d'y procéder, interrogea de suite M. Thierrée, qui avoua que les talons des vingt-six chèques étaient toujours en sa possession.

Ces talons furent saisis à l'instant; ils contenaient les mentions suivantes, écrites de la main du baron de Reinach :

Chèques créés le 17 juillet 1888 :

Numéros.	Ordre.	Sommes.
9919	Raf..	80.000
9920	Ber..	40.000
9921	Vla..	40.000
9922	Aigo..	20.000
9923	Dev..	20.000
9924	Thére...	25.000
9925	Pro...	20.000
9976	Gobr..	20.000
9977	Arc..	20.000
9978	Roch.	20.000
9979	Pess..	40.000
9980	D. de La Fauc.	25.000
9981	Albert	20.000

9983	Rouv...	50.000
9984	Bar..	150.000
9985	Bar..	100.000
9986	Bar..	100.000
9987	Bar..	100.000
9988	Bar..	100.000
9989	Jós.	40.000

Chèques créés le 18 juillet :

| 9990 | L. R. | 20.000 |
| 9991 | Léon Ren. | 5.000 |

Chèques créés le 19 juillet :

| 9992 | (Pas d'ordre) | 1.000.000 |
| 9993 | (Pas d'ordre) | 1.000.000 |

Chèque créé le 21 juillet :

| 9994 | (Pas d'ordre) | 195.000 |

Chèque créé le 30 juillet :

| 9995 | (Pas d'ordre) | 140.475 |

Les annotations inscrites sur ces talons n'apprenaient rien de nouveau au sujet des chèques dont on connaissait déjà les véritables bénéficiaires; elles ne projetaient aucune lumière sur les chèques 9919, 9921 et 9922 qui restaient enveloppés de mystère. En revanche, elles semblaient indiquer que MM. Béral, Thévenet, Proust, Arène, Jules Roche, Pesson et Rouvier étaient les bénéficiaires des chèques 9920, 9924, 9925, 9977, 9978, 9979 et 9983.

Le procureur général Tanon, successeur de M. Q. de Beaurepaire nommé conseiller à la Cour de cassation en récompense de ses services *exceptionnels*, estima les charges qui en résultaient suffisantes pour motiver l'inculpation des personnages désignés par les lettres initiales de leur nom. En conséquence, il demanda, par lettre en date du 20 décembre 1892, l'autorisation de les poursuivre.

Lorsque M. Floquet annonça, d'une voix tremblotante, qu'il venait de recevoir du ministre de la justice une demande en autorisation de poursuites contre cinq membres de la Chambre, une partie de l'Assemblée demeura muette d'épouvante, tandis que l'autre s'agitait sous l'aiguillon d'une ardente curiosité. Comme tous, pour des motifs divers, éprouvaient une égale impatience de déchiffrer la cruelle énigme, on suspendit la séance afin de nommer immédiatement la Commission qui allait avoir à statuer sur le sort des accusés. Trois heures après, la séance reprenait, et M. Millerand lisait, au milieu d'un lugubre silence, le rapport dont il avait été chargé :

Votre Commission, conclut-il, vous propose à l'unanimité d'adopter le projet de résolution dont voici le texte :

La Chambre prononce la suspension de l'immunité parlementaire en ce qui concerne

MM. Emmanuel Arène, Dugué de la Fauconnerie, Antonin Proust, Jules Roche et Rouvier.

MM. Emmanuel Arène et Rouvier se levèrent seuls pour faire entendre une véhémente protestation. Dès que ce dernier eut terminé ses lamentations, le projet de résolution fut adopté à main levée.

M. Jules Roche, absent ce jour-là, monta à la tribune au début de la séance du lendemain pour s'y livrer à d'amères récriminations contre les procédés du Gouvernement à son égard; puis, passant devant le banc des ministres en regagnaht sa place, il leur jeta au nez l'épithète de crapules. Je vis Bourgeois se lever, pâle de colère, et Ribot le retenir par le bras, tandis que Jules Roche montait les gradins, les poings crispés, l'œil injecté de sang, avec des contractions qui rendaient plus hideuse encore que d'habitude son anguleuse figure de serpent.

Ce fut également le 20 décembre que M. Le Royer, président du Sénat, donna connaissance à la haute Assemblée de la lettre par laquelle le Procureur général demandait l'autorisation de poursuivre MM. Béral, Devès, Albert Grévy, Léon Renault et Thévenet. Cette autorisation fut accordée en dépit des protestations d'innocence des cinq inculpés.

S'il était encore possible de conserver l'ombre d'un doute sur la culpabilité des

— 398 —

parlementaires que leurs collègues venaient de livrer à la justice, ce doute allait s'évanouir en présence du nouveau document que M. Andrieux communiqua à la Commission d'enquête le 22 décembre.

Pour comprendre l'existence du document dont nous allons parler, il faut se rappeler le chantage exercé sur le baron de Reinach par l'insatiable Cornélius Herz. Les 2.335.475 francs par lui encaissés au mois de juillet 1888 n'avaient fait que le mettre en appétit. Au commencement de l'année 1890, il recommença ses réclamations et accusa le baron de Reinach d'avoir mis dans sa poche une partie de l'argent qui lui était destiné. C'est alors que le baron, pour justifier l'emploi des sommes à lui remises par la Compagnie de Panama, dicta à l'un de ses secrétaires, puis adressa à Cornélius Herz la note explicative dont voici le texte :

Il est facile de se rendre compte à la Banque de France que les distributions suivantes ont été faites à l'occasion de l'affaire de Panama par chèque du 17 juillet 1888.

Chèque 20.000 francs touché par Arène, encaissé par Orsatti, son secrétaire;
Chèque 20.000 francs, touché par Devès, acquitté par Castelbon, son secrétaire;
De 550.000 francs, touché par Barbe, ancien ministre, acquitté par le commandant Chevillard, secrétaire;

De 20.000 francs, touché par Albert Grévy, acquitté par lui.

De 20.000 francs, touché par Jules Roche, acquitté par Schmitt, son employé;

De 25.000 francs, touché par Dugué de la Fauconnerie, acquitté par...;

De 20.000 francs, touché par Aigoin pour le compte de M. Floquet;

De 40.000 francs, touché par Rouvier, acquitté par Vlasto;

De 80.000 francs, touché par Cloetta pour le compte de   et quatre autres députés dont les noms peuvent être retrouvés et parmi lesquels figure un personnage influent;

Chèque de 40.000 francs, touché par Pesson, acquitté par Favre, garçon de recettes;

De 50.000 francs, touché par Rouvier, acquitté par un garçon de recettes du Crédit mobilier dont Vlasto était président;

De 25.000 francs, touché par Léon Renault, acquitté par lui;

De 20.000 francs, touché par Gobron, acquitté par Pralon, son banquier;

De 20.000 francs, touché par M. Proust, acquitté par Bustert, son domestique;

De 40.000 francs, touché par Béral, acquitté par Audenger, son employé;

De 25.000 francs, touché par Thévenet, ancien ministre.

Chèque de 1.340.000 francs, touché en divers chèques aux mêmes époques par Arton, et distribués à cent quatre députés dont il peut fournir la liste, et qui ont reçu des sommes variant de 1.000 à 300.000 francs (ce dernier chiffre, Sans-Leroy). Il faut aussi y comprendre MM. Henry Maret et Le Guay. En plus, il a été remis 250.000 francs à M. Floquet, alors président du Conseil, pour usages gouvernementaux.

Cornélius Herz confia à M. Andrieux, son avocat-conseil, une photographie de cette note en l'autorisant à en faire tel usage que bon lui semblerait, mais à la condition expresse qu'il ne révélerait pas le nom du bénéficiaire du chèque de 80.000 francs. Esclave de la parole donnée, M. Andrieux ne remit cette photographie à la Commission d'enquête, le 22 décembre, qu'après avoir enlevé avec un canif le nom qui devait rester secret.

Ce trou fit accomplir de prodigieux efforts d'imagination à une multitude de cervelles; les journaux s'abandonnèrent aux suppositions les plus absurdes; l'un d'eux, sans même se donner la peine de remarquer que le bénéficiaire était un député, imprima le nom de l'ambassadeur de Russie à Paris, et Ribot, prenant au sérieux cette monumentale sottise, commit la sottise plus monumentale encore de monter à la tribune pour la démentir.

A part l'énigme résultant du coup de canif de M. Andrieux, la note explicative était très claire; elle corroborait, à l'égard des parlementaires compromis, les charges déjà relevées contre eux et dissipait le doute qui subsistait jusque là au sujet de certains bénéficiaires.

Floquet et Rouvier se sentirent particulièrement atteints.

Comme s'il eût pressenti le coup qui le

menaçait, Floquet venait de modifier son système de défense; introduit devant la Commission une heure avant M. Andrieux, il y avait lu une déclaration ambiguë dans laquelle il disait avoir cru de son devoir, comme chef du Gouvernement, *d'observer et de suivre d'aussi près que possible la répartition des sommes distribuées aux journaux par la Compagnie de Panama.* Cet aveu, enveloppé de réticences, ne ressemblait guère aux dénégations catégoriques qu'il avait laissé tomber du haut de son fauteuil présidentiel à la séance du 19 novembre.

En ce qui concerne Rouvier, il expliqua à la Chambre, le 23 décembre, en réponse à une interpellation de M. Millevoye, qu'en 1887, alors qu'il était président du Conseil des ministres, M. Vlasto avait avancé au Gouvernement une somme de 50.000 francs pour parer à l'insuffisance des fonds secrets et que cette avance avait donné lieu à un règlement entre ce financier et le baron de Reinach. Telle fut textuellement l'amphigourique explication de M. Rouvier au sujet du chèque de 50.000 francs acquitté le 21 juillet 1888 par Davoust, employé de Vlasto; elle était en contradiction avec les dires de celui-ci qui avait affirmé devant la Commission d'enquête que le chèque de 50.000 francs lui avait été remis en paiement, ainsi que celui de 40.000 francs, pour sa participation dans l'émission des obligations à lots. M. Rouvier s'asbtint de parler de ce second chèque dont on l'accusait également d'être le bénéficiaire.

Ce fut au milieu du scandale causé par la révélation de tous ces répugnants tripotages que s'acheva l'année 1892. L'indignation publique était à son comble; un océan de boue, dont le flot montait toujours, menaçait de submerger le régime parlementaire; le Gouvernement n'osant ni se refuser à l'œuvre de justice que quelques hommes courageux réclamaient avec persistance, ni poursuivre tous les coupables, se résignait à sacrifier les plus compromis tout en cherchant à repêcher les autres. Députés, sénateurs, anciens ministres disputaient à la Commission d'enquête les lambeaux de leur honneur ou encombraient le cabinet du juge d'instruction qui faisait semblant d'être dupe de leurs mensonges. Tandis qu'on discutait à la tribune les derniers articles du tarif des douanes, les rares députés présents aux séances se chuchotaient à l'oreille des noms et des chiffres ou se poussaient le coude en se montrant les collègues qui revenaient du Palais de justice avec une mine déconfite. La classification des partis politiques n'avait plus qu'une médiocre importance; la Chambre se trouvait divisée en trois groupes : celui des purs, celui des douteux, celui des panamistes notoires. Ce dernier renfermait les membres les plus éminents de la majorité; devenus aussi souples qu'ils étaient arrogants naguère, on les voyait se glisser dans les couloirs en prodiguant leurs sourires et en mendiant des poignées de main. Baïhaut se faisait remarquer entre tous par son obséquiosité. Je l'aperçus pour la dernière fois au Palais-Bourbon le 24 décembre, jour de clôture de la session de 1892. Il ne devait plus y rentrer.

Le 9 janvier, à la veille de l'ouverture de la session de 1893, il fut arrêté à son domicile et conduit à Mazas où son complice Blondin était enfermé depuis cinq jours.

Au moment où Baïhaut entrait à Mazas, deux ministres, celui de la guerre et celui de la marine, se trouvaient dans l'obligation d'abandonner leur portefeuille sous le coup des plus graves accusations.

M. de Freycinet, déjà suspect à cause de l'intimité de ses relations avec Cornélius Herz, avait, disait-on, vendu son influence à la Compagnie de Panama, en 1886, moyennant l'achat, par celle-ci, au prix de 200.000 francs, du journal *le Télégraphe*, journal sans valeur et criblé de dettes dont il s'était porté caution; cet achat l'avait libéré de ses engagements.

M. Burdeau gisait en non moins mauvaise posture par suite de la publication, dans la *Libre Parole*, des articles dithyrambiques jadis écrits par lui pour célébrer l'entreprise de M. de Lesseps et appuyer le vote de la loi relative à l'émission des valeurs à lots. On soupçonnait le député du Rhône d'avoir été payé en proportion de son influence politique. M. Ferdinand Martin dissipa tous les doutes en affirmant devant la Commission d'enquête que M. Burdeau avait vécu longtemps au râtelier de la Compagnie de Panama, dont il recevait l'inspiration, et qu'il passait régulièrement à la caisse.

Un gouvernement qui voulait avoir l'air de poursuivre résolument tous les coupables ne pouvait conserver ces deux hommes dans son sein; il les remplaça par le général Loizillon et par l'amiral Rieunier. M. Loubet, désireux de prendre un repos bien gagné, fut remplacé à l'Intérieur par M. Ribot qui céda à M. Develle le portefeuille des affaires étrangères.

Alors que le ministère s'épurait lui-même, la Chambre ne pouvait se dispenser de suivre ce bon exemple; elle s'épura, elle aussi, en chassant M. Floquet du fauteuil de la présidence. Le 10 janvier, à l'ouverture de la nouvelle session, celui-ci eut l'impudence de poser sa candidature, mais il se vit contraint de battre en retraite devant l'abstention systématique d'une partie de l'Assemblée et en présence des manifestations hostiles qui se produisirent pendant le scrutin. M. Casimir-Périer fut élu à sa place; il avait au moins le mérite de n'être effleuré par aucun soupçon.

CHAPITRE X

Troisième acte de la comédie judiciaire

La mort du baron de Reinach réduisait à cinq le nombre des prévenus appelés à rendre compte de la dilapidation des sommes versées à la Compagnie de Panama. Voici la citation qui leur fut délivrée :

L'an 1892, 21 novembre, à la requête de M. le Procureur général près la Cour d'appel de Paris, en son parquet, sis dite ville, au Palais de Justice,

J'ai, Charles-Marie-Georges Dupuis, huissier-audiencier près la Cour d'appel de Paris, demeurant au Palais de Justice, soussigné,

Cité à comparaître par devant M. le Premier Président, les présidents et conseillers de la Cour d'appel, leur déclarant que, faute de comparaître, il sera pris défaut contre eux et passé outre à l'arrêt :

1° M. Ferdinand-Marie de Lesseps, grand-croix de la Légion d'honneur, demeurant à Paris, avenue Montaigne, 11 ;

2° M. Charles-Aimé-Marie de Lesseps, ancien membre de la Société du Canal interocéanique de Panama, demeurant à Paris, avenue Montaigne, 51 ;

3° M. Marius-Etienne Fontane, demeurant à Paris, rue Charras, 3 ;

4° M. Henri-Louis-Félix Cottu, demeurant à Paris, avenue du Bois-de-Boulogne, 36 ;

5° M. Alexandre-Gustave Eiffel, demeurant à Paris, rue Rabelais, 1 ;

Prévenus,

D'avoir conjointement, et depuis moins de trois ans avant le dernier acte de poursuite, à Paris, en employant des manœuvres frauduleuses pour faire croire à l'existence d'un événement chimérique et d'un crédit imaginaire, dissipé des sommes provenant d'émissions qui leur avaient été remises pour un usage et un emploi déterminés, et escroqué tout ou partie de la fortune d'autrui.

Délits prévus et punis par les articles 405, 406, 408, 2, 5, 59 et 63 du Code pénal.

En vertu de cette assignation, MM. Charles de Lesseps, Marius Fontane, Cottu et Eiffel comparaissaient le 10 janvier 1893 devant la première Chambre de la Cour d'appel, assistés de Mes Barboux, Du Buit, Martini et Waldeck-Rousseau. M. Ferdinand de Lesseps faisait défaut. Les débats étaient dirigés par M. le premier président Périvier. M. Rau, doyen des avocats généraux de la Cour de Paris, occupait le siège du ministère public.

L'interrogatoire de M. Charles de Lesseps absorba la première audience ; il prétendit que, s'il avait distribué des sommes considérables aux journaux et à une foule de gens de toute catégorie, c'est qu'il s'y était trouvé forcé par d'innombrables sollicitations auxquelles il fallait répondre favorablement pour obtenir les concours nécessaires et éviter des hostilités nuisibles.

— Voyons, lui demanda discrètement l'avocat général, pourriez-vous nous faire connaître l'emploi des fonds, sans révéler les noms des bénéficiaires?

— Non, s'écria le président, piqué des murmures de l'auditoire, il est impossible de dire la vérité sans la dire tout entière. Monsieur de Lesseps, je vous invite à parler... Allons, Monsieur de Lesseps, parlez.

— Eh bien! je vais parler, fit M. Charles de Lesseps, après un moment d'hésitation. En 1886, nous étions en instance auprès du Gouvernement au sujet de notre émission d'obligations à lots. M. le ministre Baïhaut nous a fait demander par un intermédiaire qu'il fût mis un million à sa disposition. Un premier acompte de 375.000 francs fut remis à cet intermédiaire. Nous avions le couteau sous la gorge.

— Dans ce cas, on appelle la police, objecta M. Périvier.

L'audience fut levée sous le coup de l'émotion produite par cette révélation sensationnelle et au milieu de l'hilarité soulevée par l'observation de M. le Premier.

— Vous figurez-vous, disait un journaliste, M. Charles de Lesseps, en 1886, allant prier M. Lozé de se rendre au ministère des travaux publics pour y empoigner le tout puissant Baïhaut!

Et les éclats de rire résonnaient sous les voûtes sévères, tandis que MM. de Lesseps, Fontane et Cottu regagnaient leurs cellules et que M. Eiffel montait dans l'élégant équipage qui l'attendait devant la grille du Palais de Justice.

Le lendemain, MM. Fontane, Cottu et Eiffel furent interrogés à leur tour. MM. Fontane et Cottu soutinrent qu'en distribuant l'argent, ils n'avaient fait qu'obéir aux ordres de M. Charles de Lesseps. M. Eiffel s'efforça d'établir qu'il avait légitimement encaissé ses trente-trois millions.

La déposition de M. l'expert Flory occupa la fin de cette seconde audience.

A la troisième audience, on entendit une dizaine de témoins :

M. Rossignol raconta les tergiversations de M. Brunet qui, dit-il, ne put jamais se décider à engager des poursuites, même civiles, contre les individus signalés dans son rapport comme ayant touché de grosses sommes sans cause avouable.

M. Monchicourt plaida les circonstances atténuantes en faveur de M. Ferdinand de Lesseps, victime de ses propres illusions.

M. l'ingénieur Rousseau affirma que le canal à niveau était irréalisable et qu'on ne pouvait sincèrement promettre son achèvement moyennant 600 millions.

M. Dingler se montra au contraire partisan du canal à niveau, mais en déclarant que son exécution exigerait une dépense de deux milliards et vingt ans de travail.

Après quelques autres dépositions qui

démontrèrent la constante mauvaise foi des prévenus, on vit s'avancer à la barre un pauvre vieillard aveugle, appuyé sur le bras de son fils. « J'assistais, dit-il, à la conférence que M. de Lesseps vint faire à Nîmes en 1888. Il prononça un grand discours, avec chiffres à l'appui, pour persuader à ses auditeurs que le canal serait bientôt terminé et rapporterait de gros bénéfices; puis il sortit de sa poche une dépêche annonçant le succès de l'émission. Convaincu que l'affaire était excellente, je plaçai toutes mes économies en obligations de Panama. Aujourd'hui, je suis complètement ruiné; vieux et infirme, il ne me reste aucun moyen d'existence. »

Combien de mois aurait duré ce procès, si l'on eût fait défiler toutes les malheureuses victimes des escrocs qui assistaient à ces débats avec une suprême désinvolture, l'œil sec, finement gantés, arborant à leur boutonnière, sans la moindre vergogne, le ruban ou la rosette de la Légion d'honneur !

On perdit la quatrième audience à interroger le personnel du service de la caisse de la Compagnie de Panama : Hyéronimus, chef de la comptabilité, Régnier, caissier, et M. de Boudard dont les fonctions consistaient à créer les bons au porteur. On ne put tirer d'eux aucuns renseignements; ils répondirent à toutes les questions qu'ils avaient obéi aux ordres de leurs chefs sans chercher à se rendre compte et qu'ils ne se rappelaient plus les noms des bénéficiaires.

Le 17 et le 18 janvier, M. l'avocat général Rau prononça son réquisitoire. Il fit d'abord le récit complet des faits incriminés et établit ensuite qu'ils constituaient les délits d'escroquerie et d'abus de confiance. Puis il s'attacha à démontrer que la prescription avait été interrompue le 11 juin 1891 par les réquisitions de M. Quesnay de Beaurepaire. « La justice, dit-il en terminant, doit déclarer coupables les manieurs d'argent qui, par toutes sortes de faux récits et de promesses illusoires, ont drainé l'épargne de la France. »

Quelque lourde que fût la tâche de défendre M. Charles de Lesseps, elle n'était pas au-dessus du talent de M⁰ Barboux. Le sujet prêtait, du reste, aux développements oratoires; la cause du père se trouvait intimement liée à celle du fils, et un grand orateur pouvait peindre en traits éloquents l'illustre vieillard poursuivant avec conviction le succès de l'œuvre grandiose conçue par son génie, luttant corps à corps contre les obstacles de la nature, marchant toujours à son but sans crainte, sans faiblesse, sans hésitation, et vaincu, au moment où il allait l'atteindre, par suite de l'abandon des souscripteurs. L'éminent avocat développa superbement ce thème pendant trois audiences en évoquant tour à tour le souvenir de Christophe Colomb, qu'une ingrate patrie avait récompensé en lui donnant des fers; de Napoléon, prêt à combattre encore après Waterloo si on eût voulu le suivre; de Gambetta, traité de fou furieux, parce qu'il refusait d'accepter la défaite. « M. Ferdinand de Lesseps était soutenu, comme ces grands hommes, par une foi ardente qu'il avait communiquée à toute la France. Les hommages dont on l'accablait le grisaient encore davantage ; lorsqu'il se rendit à Rouen pour assister à l'inauguration du quai appelé quai de Lesseps, le maire lui adressa ces paroles : « Ici, tous les cœurs battent à l'unisson du vôtre. Quoique vivant, vous appartenez à l'histoire. Comme Victor Hugo, vous êtes entré déjà dans l'immortalité. » L'auteur de cette flagornerie n'était autre que M. Ricard qui, devenu plus tard ministre de la justice, s'est montré sans pitié pour M. de Lesseps. »

M⁰ Barboux, passant à un autre ordre d'idées, montra les directeurs de la Compagnie de Panama exploités par une bande de flibustiers dont ils avaient été obligés de subir les exigences, comme le chef d'une caravane qui traverse le Sahara paie le tribut aux pirates du désert.

« Reprochera-t-on, ajouta-t-il, à MM. de Lesseps d'avoir obtempéré aux réclamations des journaux, quand, parmi les commanditaires des journaux, se trouvaient des députés, des sénateurs, des ministres? N'avons-nous pas, dans le silence de la Chambre, entendu un homme public proclamer, avec la gravité d'un sénateur romain, que l'État ne pouvait se désintéresser de la répartition des frais de publicité? Leur reprochera-t-on d'avoir payé 600.000 francs à Cornélius Herz? Mieux vaut pour mes clients lui avoir versé cette somme que de l'avoir recommandé pour un avancement dans la Légion d'honneur. »

Après que Mᵉ Barboux eut terminé sa belle plaidoirie par une apologie du Grand Français, Mᵉ Du Buit plaida pour M. Marius Fontane, « un savant, dit-il, qui s'était épris de M. de Lesseps, l'avait suivi à Suez, puis à Panama, et à qui on ne pouvait reprocher que les distributions pour frais de publicité et l'organisation des syndicats. Si ce sont là des manœuvres coupables, il faut poursuivre le Crédit Foncier qui les pratique depuis longtemps. »

Mᵉ Martini avait été chargé par ses confrères de traiter à fond la question de la prescription; après une rapide défense de son client, M. Cottu, qu'il représenta comme ayant joué un rôle des plus effacés, il démontra péremptoirement, en s'appuyant sur de nombreux exemples, sur l'autorité de Faustin Hélie et sur une consultation de deux avocats à la Cour de Cassation, que la procédure suivie par le procureur Quesnay de Beaurepaire n'était pas légale, que l'article 479 du Code d'instruction criminelle exigeait une citation directe, que l'information de M. Prinet n'avait eu que le caractère d'une enquête officieuse et non d'une instruction, que, par suite, elle n'avait pas interrompu la prescription qui s'était trouvée acquise à la fin de l'année 1891 et opposait à la prévention une barrière infranchissable.

De la plaidoirie de M⁰ Waldeck-Rousseau, qui prit la parole le dernier, nous ne citerons que la péroraison ; elle mérite d'être retenue :

« Messieurs, s'écria-t-il, vous acquitterez M. Eiffel et vous garderez vos sévérités pour ceux qui ne pardonnent point à ces hommes d'avoir fait à la grande humiliée de 1870 l'aumône d'un peu de gloire. »

Représenter la France comme recevant l'aumône d'un peu de gloire de la part de ceux qui avaient drainé son épargne et terni son renom de probité, constituait assurément la plus audacieuse hyperbole que pût se permettre un orateur dénué de goût et de sens moral. L'avocat de *l'homme à la tour* s'était élevé à la hauteur de son client.

Le 9 février, M. le premier président Périvier donna lecture de l'arrêt suivant :

La Cour :
Ouï M. l'Avocat général en ses conclusions ;
Ouï les accusés en leur défense, les avocats en leurs plaidoiries ;
Donne défaut contre Ferdinand de Lesseps, absent, quoique régulièrement cité.
En ce qui concerne la prescription :
Considérant que, suivant les termes de la loi, le ministère public peut ou saisir directement la Cour ou faire procéder à une instruction préalable ; que l'article 479 doit être interprété dans ce sens ; qu'il en résulte que le Procureur avait le droit de faire procéder à une instruction régulière ; que cette instruction était interruptive de

la prescription; qu'il y a lieu dès lors de rejeter comme mal fondés les moyens de prescription relevés par les prévenus et de statuer au fond.

En ce qui concerne l'escroquerie :

Considérant tout d'abord que M. de Lesseps et les autres inculpés ne pouvaient croire sérieusement, en 1888, que le canal serait ouvert en 1890, que la dépense n'excéderait pas six cents millions et que le trafic serait de sept millions de tonnes ; qu'aucuns des prévenus ne pouvaient douter que leurs allégations fussent contraires à la vérité; que constamment de Lesseps et les autres, par leurs diminutions ou leurs exagérations, altéraient une partie des documents pour inspirer confiance au public et attirer les souscriptions ;

Considérant les indications mensongères de de Lesseps annonçant que les entrepreneurs étaient en avance sur les travaux ;

Considérant qu'un syndicat a été constitué et qu'il ne présentait qu'un moyen de se procurer par des moyens plus ou moins avouables les fonds nécessaires pour tromper le public; que ce syndicat où on versait seulement 2 fr. 50 par titre était fictif et procurait seulement un moyen détourné de bénéfices coupables; que pour apprécier la moralité de ce prétendu syndicat il faut en connaître les membres; que Reinach a touché pour sa part syndicale d'abord 3.390.475 francs et ensuite plus de deux millions; que les coulissiers du groupe Oberndœrffer ont touché d'abord dix-huit cent mille francs, puis deux millions; qu'il résulte de ce qui précède que non seulement les prévenus ont approuvé de mauvaise foi le versement de ces grosses sommes, mais qu'ils ont participé à une vaste conspiration solidement organisée qui a gaspillé l'épargne publique; que non seulement on a attiré l'argent des souscripteurs par l'appât de lots, mais que trente et un millions ont été dépensés pour obtenir une opinion favorable; qu'il y a lieu de retenir à la charge de tous les prévenus la prévention de ce chef.

En ce qui concerne la tentative d'escroquerie:

Considérant que les prévenus ont renouvelé, en 1888, la promesse d'achever le canal avec six cents millions, de l'ouvrir en 1890 et de bénéficier d'un transport de sept millions de tonnes; que la tentative de placement de titres ayant échoué, ils ont constitué l'union des actionnaires et obligataires; que quinze cents comités ont été formés;

Considérant que, mettant tout en œuvre pour se procurer de nouvelles ressources, M. Ferdinand de Lesseps, malgré son grand âge, est parti avec son fils faire des conférences dans de nombreuses villes de France;

Considérant que, pour placer les 400.000 titres qui restaient sur les onze cent mille non souscrits, ils ont eu recours à des affirmations mensongères, et qu'ils ont usé de la presse, des syndicats et des quatre cents comités qu'ils avaient constitués; que, notamment, à Nîmes, M. Ferdinand de Lesseps a donné lecture d'une dépêche annonçant la souscription aux quatre cent mille titres; que ce fait constitue une tentative d'escroquerie punissable.

En ce qui concerne l'abus de confiance:

Considérant que les prévenus, mandataires de la Compagnie de Panama, ont, en 1888, dépensé pour frais de syndicat onze millions, pour publicité de presse plus de dix millions et que les articles publiés, loin d'exprimer l'idée des publicistes, énonçaient seulement les indications ordonnées par les administrateurs du Panama; qu'il en est de même pour une notable partie des dix millions de commissions qui ont été la rémunération de concours inavouables et souvent inavoués; que, dans ces conditions, l'argent a uniquement favorisé les desseins des directeurs de la Compagnie et non les intérêts des porteurs de titres ; qu'une somme de trois millions huit cent mille francs a été payée à Oberndœrffer dans le seul but, de Lesseps l'a avoué, de rendre la coulisse favorable ; qu'il est établi au débat que tous les prévenus comparants ont présidé au gaspillage des fonds de la Société qu'ils ont mise en coupe réglée et qu'ils ont sacrifié à des concours inavouables ses dernières ressources ; que, par, conséquent ils ont dissipé une notable partie de l'avoir d'autrui ensemble et de concert et se sont rendus coupables du délit d'abus de confiance.

En ce qui concerne Eiffel :

Considérant que la Compagnie s'était engagée à fournir à Eiffel le matériel nécessaire à la construction des écluses et qu'une stipulation spéciale fixait à huit jours le délai de livraison de ce matériel estimé douze millions ; que quinze cent mille francs avaient été en outre prévus pour démonter, transporter et remettre en état le matériel en question ; que M. Eiffel a reçu la somme intégrale de douze millions pour la livraison du matériel d'art et celle de six millions pour le démontage et le transport de ce même matériel ;

Considérant, en fait, qu'il a été reconnu par Eiffel qu'il n'avait pas livré le matériel spécial et qu'il s'est borné à un achat fait en France de douze cent vingt-trois mille francs ; que le matériel qu'il avait dû livrer a été fourni à Panama par la Compagnie elle-même ou par des sous-traitants ; qu'Eiffel soutient vainement qu'il ne savait pas que les deux sommes lui avaient été fournies à charge par lui d'acheter le matériel ;

Considérant qu'Eiffel a reçu les sommes en question à titre de mandat ;

Considérant qu'Eiffel, en ce qui touche la

transaction Brunet, a usé de dissimulations; qu'il est, par conséquent, évident que la transaction ne saurait faire obstacle à la poursuite actuelle;

La Cour,

Déclare lesdits Ferdinand de Lesseps, Charles de Lesseps, Marius Fontane et Cottu convaincus: 1° de s'être conjointement, depuis moins de trois ans, à Paris, rendus coupables de manœuvres frauduleuses pour faire naître des espérances chimériques et d'avoir, par ces moyens, escroqué tout ou partie de la fortune d'autrui; 2° de s'être fait remettre, par les mêmes moyens, des souscriptions et d'avoir tenté d'escroquer tout ou partie de la fortune d'autrui; 3° d'avoir conjointement, depuis moins de trois ans, détourné au préjudice de la Compagnie et des obligataires les effets et deniers confiés à leur garde à titre de mandat;

Relaxe Eiffel du fait de complicité d'escroquerie;

Par contre, le déclare coupable d'avoir détourné ou dissipé au préjudice de la Compagnie de Panama les effets ou deniers qui lui étaient confiés à titre de mandat.

Vu les articles 405, 406, 408, 59 et 60 du Code pénal, la Cour, par ces motifs,

Condamne Ferdinand de Lesseps et Charles de Lesseps à cinq ans d'emprisonnement et 3.000 francs d'amende;

Condamne Marius Fontane et Cottu à deux ans d'emprisonnement et 20.000 fr. d'amende;

Condamne Eiffel à deux ans d'emprisonnement et 20.000 francs d'amende.

M. Ferdinand de Lesseps n'usa pas du droit de former opposition à l'arrêt rendu par défaut contre lui; les quatre autres condamnés signèrent immédiatement leur pourvoi en cassation.

Statuant sur ce pourvoi, la Cour de cassation rendit, le 16 juin, un arrêt infirmatif dont voici les passages principaux :

La Cour,

Attendu, en droit, qu'aux termes des articles 479 et 483 du Code d'instruction criminelle, lorsqu'une des personnes y dénommées sera prévenue d'avoir commis un délit, *le procureur général près la Cour d'appel la fera citer devant cette Cour ;*

Attendu que, dans l'espèce, la poursuite dirigée contre les demandeurs ne comportait, aux termes de l'article 479, que la procédure de citation directe ; que, d'une part, le réquisitoire tendant à information adressé le 11 juin 1891 au Premier Président ne trouvait fondement ni dans le texte de cet article, ni dans aucune autre des dispositions exceptionnelles du Code d'instruction criminelle ; qu'il ne pouvait pas davantage s'appuyer sur les règles du droit commun, d'abord parce que le Premier Président n'est pas un juge d'instruction, ensuite parce que le magistrat instructeur eût été obligé de rendre une ordonnance dans les termes de l'article 182, procédure absolument incompatible avec la disposition spéciale et expresse de l'article 479, laquelle ne permet au Procureur général de saisir la Cour d'appel que par une citation directe;

Attendu qu'il y a lieu dès lors de reconnaître que le requis d'informer du 11 juin 1891 et l'instruction qui l'a suivie manquent de base légale et ne constituent que des actes nuls n'ayant pu avoir pour effet d'interrompre la prescription;

Attendu que cet effet interruptif ne saurait

d'ailleurs résulter de la citation du 21 novembre, plus de trois ans s'étant écoulés à cette date depuis l'époque où auraient été commis les délits imputés ;

D'où suit qu'en se fondant sur le réquisitoire prémentionné du 11 juin 1891 pour repousser l'exception de prescription soulevée devant elle par les demandeurs, la Cour d'appel a formellement violé les dispositions des lois visées par le pourvoi ;

Par ces motifs,

Casse et annule l'arrêt de la Cour de Paris en date du 9 février 1893 ;

Et, attendu la prescription acquise, dit qu'il n'y a lieu de prononcer un renvoi devant une autre Cour ;

Ordonne la mise en liberté des demandeurs s'ils ne sont retenus pour autre cause.

Ainsi finit le troisième acte de la comédie judiciaire ; les hommes qui avaient criminellement dilapidé les centaines de millions obtenues à l'aide de manœuvres frauduleuses échappèrent à toute répression grâce à M. Quesnay de Beaurepaire ; le magistrat responsable de leur scandaleuse impunité bénéficia lui aussi d'une impunité complète en continuant à siéger avec sérénité dans les rangs de la Cour suprême.

CHAPITRE XI

Quatrième acte de la comédie judiciaire

Pendant que le procès en escroquerie et abus de confiance se déroulait devant la Cour d'appel, M. Franqueville poursuivait l'instruction des faits de corruption. La tâche était aussi ardue que délicate : tiraillé par les exigences de sa conscience, obsédé de hautes sollicitations, placé entre son devoir et son intérêt, l'honorable magistrat flottait dans l'indécision. D'autre part, apposition tardive des scellés sur les papiers du baron de Reinach, oubli du bureau de celui-ci lors des perquisitions à la banque Propper, disparition des pièces les plus importantes et fuite des principaux témoins, tout semblait conjuré pour entraver ses recherches.

Deux hommes savaient la vérité pour avoir joué un rôle actif dans la campagne de corruption : Arton et Cornélius Herz. Le Gouvernement avait négocié avec le premier pour l'empêcher de parler; il se prêta complaisamment à la farce imaginée par le second qui, arrêté le 19 janvier 1893, à Bournemouth, simula une maladie grâce à laquelle il s'est dispensé jusqu'ici de comparaître devant le tribunal des extraditions, et dont il n'est pas encore mort en dépit des prévisions pessimistes de M. Brouardel, doyen de la Faculté de médecine de Paris.

Outre Baïhaut, trahi par Charles de Lesseps dans un accès de franchise, M. Franqueville ne put connaître que les corrompus désignés par les chèques Thiérrée et par la note explicative du baron de Reinach. Jugeant les charges qui en résultaient insuffisantes pour les uns, suffisantes pour les autres, il rendit, le 26 janvier, trois ordonnances de non-lieu au profit de MM. Emmanuel Arène, Jules Roche et Thévenet, et conclut au renvoi en cour d'assises de MM. Charles de Lesseps, Fontane, Cottu, Baïhaut, Blondin, Arton, Sans-Leroy, Béral, Devès, Dugué de la Fauconnerie, Gobron, Albert Grévy, Antonin Proust, Léon Renault et Rouvier.

Sur ces quinze accusés, la Chambre des mises en accusation, obéissant à des considérations politiques, en relâcha cinq : MM. Devès, Grévy, Léon Renault, Rouvier et Cottu, et renvoya les autres devant la cour d'assises.

Cette inégalité de traitement, que rien ne justifiait, provoqua dans le pays un sentiment de violente indignation dont M. Godefroy Cavaignac se fit l'organe en prononçant à la Chambre, le 8 février, un éloquent discours dans lequel il flétrit vigoureusement les mœurs politiques et financières dévoilées par le scandale de Panama, exprima le regret que les faits de corruption parlementaire n'aient pas été suffisamment éclaircis et réclama une lumière plus complète dans l'intérêt du Parlement et de la République.

Comme conclusion de son discours, qui lui valut une ovation plus bruyante que sincère, il déposa l'ordre du jour suivant :

La Chambre, décidée à soutenir le Gouvernement dans la répression de tous les faits de corruption, et résolue à empêcher le retour de pratiques gouvernementales qu'elle réprouve, passe à l'ordre du jour.

Affectant une soif d'épuration qu'elle était loin de ressentir, la Chambre adopta l'ordre du jour et vota l'affichage du discours dans toutes les communes de France. Les braves gens, en le lisant sur les murs, éprouvèrent un certain soulagement et conçurent quelque espérance ; ils ne tardèrent pas à s'apercevoir qu'ils étaient dupes d'un nouvel acte d'hypocrisie, et qu'il n'y avait rien de changé dans le système gouvernemental.

Si on eût voulu, par une répression impitoyable, livrer tous les coupables à la justice, la vaste salle des Congrès, à Versailles, se fût seule trouvée assez grande pour les contenir ; comme on n'en avait retenu que dix, dont l'un, Arton, continuait à courir les champs, c'est à peine si le banc ordinaire des accusés parut complet lorsque, le 8 mars 1893, le rideau de la cour d'assises se leva pour la représentation du dernier acte de la comédie judiciaire. MM. Charles de Lesseps, Fontane, Baïhaut et Blondin occupaient le premier rang; derrière eux, le sénateur Béral était assis entre l'ancien député Sans-Leroy et le député Dugué de la Fauconnerie; Antonin Proust et Gobron siégeaient modestement au dernier rang.

Au banc de la défense, on remarquait Mes Barboux, Du Buit, Danet, Lallier, Demange, Rousseau, Rousset, Tézénas, Schaye, et, sur un banc voisin, Mes Boulay, de Las Cazes, Félix Roussel et Lagasse chargés de prendre la parole au nom d'actionnaires ou d'obligataires se portant parties civiles.

M. le conseiller Pilet-Desjardins présidait. Un jeune magistrat, M. Laffon, redevable de son rapide avancement à la protection de M. Bourgeois, remplissait les fonctions d'avocat général.

Dans l'enceinte du public, où se pressait une foule choisie, on se montrait un grand nombre de personnages politiques, venus en spectateurs ou cités comme témoins, qu'on s'étonnait de ne pas voir assis sur le banc des accusés où leur place était indiquée, et on se racontait les marchandages, les interventions puissantes, les démarches suppliantes ou menaçantes auxquels ils devaient leur scandaleuse impunité.

Un incident significatif marqua le début de l'audience : Me Danet, avocat de Sans-Leroy, se plaignit qu'on eût omis de joindre au dossier communiqué à la défense un carnet sur lequel Arton avait inscrit des chiffres en regard de certains noms de députés et de sénateurs. L'avocat général répondit avec embarras qu'il n'avait pas cru nécessaire de communiquer un document dont il n'entendait tirer aucun argument, sur quoi M° Danet observa ironiquement qu'en négligeant de le produire on avait perdu une bonne occasion de montrer *la soif de vérité qui dévorait le ministère.*

Cet incident vidé et les formalités préliminaires accomplies, le président procéda à l'interrogatoire de Charles de Lesseps; celui-ci raconta dans le plus grand détail les offres de service de Cornélius Herz, le marché conclu avec Baïhaut, le rôle joué par le baron de Reinach et par Arton, le versement d'une somme de 300.000 francs sur la demande et conformément aux indications de M. Floquet, l'intervention de MM. Floquet, Clémenceau et de Freycinet pour empêcher un scandale imminent, etc., etc. Le récit de ces faits édifiants occupa la première audience; ils sont suffisamment connus de nos lecteurs pour que nous n'ayons pas besoin d'y insister.

L'audience du lendemain débuta par l'interrogatoire de Marius Fontane qui confirma les dires de Charles de Lesseps; puis ce fut le tour de Baïhaut:

Je suis coupable, balbutia l'ancien ministre. Je viens faire une confession publique, complète. Aucun terme ne traduit ma douleur et mon repentir. Deux mois je suis resté en face de ma conscience. Je n'arrive pas à comprendre comment j'ai pu faillir. Une seule fois, dans une heure d'affolement, j'ai manqué à mon devoir. Je suis ici, maintenant, et je songe à ce passé de travail, de probité, à l'honneur compromis, aux êtres qui me sont chers. J'ai le sentiment des responsabilités encourues. Je demande pardon à mon pays.

Blondin, avoua sa démarche auprès de M. Ch. de Lesseps de la part de Baïhaut, mais il prétendit qu'il croyait que le million devait servir à des dépenses de publicité et il nia avoir touché une commission sur les 375.000 francs encaissés.

Sans-Leroy se défendit avec énergie.

L'accusation, dit-il, me poursuit, parce que, ne siégeant plus depuis cinq ans, je ne suis plus à craindre, alors qu'elle en laisse tant d'autres...

— Pas d'insinuation! s'écria le président en bondissant sur son fauteuil.

— Je n'insinue rien. Je constate une vérité, répliqua Sans-Leroy sans se laisser intimider. Je ne veux pas servir de bouc émissaire pour couvrir tous les autres.

MM. Béral, Gobron, Dugué de la Fauconnerie et Antonin Proust ne purent nier avoir reçu chacun un chèque du baron de Reinach; pour la rétribution de ses honoraires, prétendit Béral; en paiement de cinquante parts de fondateur d'une société de tannage, affirma Gobron; pour leur part de bénéfices dans le syndicat, alléguèrent les deux derniers.

Le défilé des témoins commença à la troisième audience. MM. Flory, Thierrée, Rondeleux, Salis et Félix Faure furent entendus les premiers sur des faits déjà connus, puis M. Chantagrel raconta la tentative de corruption dont il avait été l'objet de la part de M. Souligoux. Nous avons reproduit son récit aux pages 126 et 127 de cet ouvrage, en dissimulant le nom du corrupteur sous le pseudonyme de Patureau par un sentiment de réserve dont nous croyons pouvoir nous départir aujourd'hui.

L'audience avait été jusque-là assez terne; la curiosité du public se réveilla lorsque l'huissier appela M. Floquet.

Dès que l'ancien président du Conseil eut prêté, d'une voix mal assurée, le serment traditionnel, Charles de Lesseps, invité à s'expliquer en sa présence, répéta avec beaucoup de précision les détails de l'entrevue au cours de laquelle M. Floquet lui avait demandé les 300.000 francs qui lui étaient nécessaires pour la campagne électorale dans le département du Nord.

Les dénégations de M. Floquet furent si maladroites, si embrouillées, si visiblement mensongères, que le public les accueillit par des huées. Le président, furieux, ordonna à l'huissier de faire évacuer la salle.

Cet ordre exécuté, Charles de Lesseps raconta sa seconde visite à M. Floquet au sujet du chantage exercé par Cornélius Herz sur le baron de Reinach qui menaçait à son tour la Compagnie de Panama d'un procès scandaleux. M. Floquet reconnut qu'il avait appelé MM. de Lesseps au ministère de l'Intérieur pour leur conseiller d'arranger l'affaire; il affirma seulement n'avoir exercé aucune pression.

Interrogé sur le même point, M. Clémenceau déclara qu'ému des menaces du baron de Reinach et préoccupé du danger qu'un scandale financier ferait courir à son parti, il s'était rendu avec M. Ranc chez M. de Freycinet, qui connaissait déjà la situation, pour lui exposer les inconvénients d'un procès comme celui dont il s'agissait.

M. de Freycinet convint qu'aussitôt après le départ de MM. Ranc et Clémenceau, il avait envoyé un officier de son cabinet chercher M. de Lesseps pour lui demander d'éviter à tout prix un scandale.

Ces trois dépositions, bien qu'enveloppées de réticences, montraient la terreur inspirée au Gouvernement par les menaces de Cornélius Herz et du baron de Reinach, terreur qui s'explique aisément si on songe aux révélations qu'un procès eût fait surgir.

La déposition de Mme Cottu passionna vivement la quatrième audience; la voici en entier :

Mon mari s'était constitué prisonnier quand on me laissa entendre que le Gouvernement était disposé à étouffer l'affaire.

Je répondis que, par suite de la situation de mon mari, je ne pouvais ni ne voulais refuser, mais je demandai quelles seraient les bases de cette entente.

M. Berton, secrétaire de M. Cottu, m'a alors adressé un monsieur que je ne connaissais pas,

M. Goyard ; celui-ci m'offrit de la part du Gouvernement, en échange du silence de mes amis, un non-lieu certain dans le procès de corruption et la mise en liberté immédiate.

Ces propositions ne me suffirent pas, et je voulus avoir quelque chose de plus sérieux.

M. Goyard m'a alors fait dire que je verrais M. Bourgeois, garde des sceaux.

Je revis M. Goyard plusieurs fois, et toujours il me disait que M. Bourgeois avait parlé de l'affaire à M. Loubet, alors président du Conseil, et que je verrais bientôt le garde des sceaux.

Je demandai alors que quelqu'un du ministère vint me chercher ; mais on n'accepta cette demande qu'à la condition que je me trouverais dans une maison tierce, et je choisis alors la maison d'un ami de mon mari, M. Pillet, banquier, 14, avenue d'Antin.

Le 5 janvier, M. Goyard revint me voir, disant qu'on me demandait, pour terminer les préliminaires de cette entente, de voir auparavant M. Soinoury, directeur de la Sûreté générale au ministère de l'Intérieur, qui m'introduirait chez M. Bourgeois. J'ai consenti, et le rendez-vous a été fixé au 7 janvier, entre trois heures et trois heures un quart. Un peu après trois heures, M. Nicole, commissaire spécial, est venu me prendre chez M. Pillet ; ma voiture était en bas et nous partîmes ensemble.

En route, M. Nicole me dit qu'il me ferait passer par l'entrée particulière du ministère, 7, rue Cambacérès, pour qu'on ne me vît pas. Je lui répondis que la chose m'était absolument indifférente, car je n'avais pas de raison pour me cacher. On me fit passer par de nombreux couloirs, monter beaucoup d'escaliers, puis on m'introduisit dans une salle d'attente avec M. Nicole, qui ne cessait de me parler de mon mari, des conséquences funestes pour tout le monde du procès qui allait s'engager, etc.

Vers trois heures et demie, on me fit entrer, enfin, dans le cabinet de M. Soinoury.

Je lui expliquai, sur sa demande, ce qu'on m'avait dit. Il me répondit :

« C'est un peu tard, parce que M. Charles de Lesseps a parlé, il en a même dit plus qu'on ne lui en demandait. Cependant, si vous aviez des pièces compromettantes, quelque chose de tangible, je pourrais les montrer au ministre... S'il y avait, par exemple, une pièce concernant les membres de la Droite, vous comprenez quel en serait l'intérêt pour le Gouvernement. Ne serait-ce qu'une copie, apportez ce que vous avez. »

Bref, l'entretien a duré pendant une heure quarante minutes, et pendant tout ce temps M. Soinoury n'a cessé de vouloir me faire parler, me promettant, contre un nom quelconque de la Droite, la liberté de mes amis.

M. Soinoury me permit de communiquer, comme je le voudrais, avec les prisonniers alors au secret, à la condition que je donnerais des conseils à M. Charles de Lesseps. Je lui répondis que je ne pourrais aller les trouver que comme porte-paroles chargée d'une mission.

M. Soinoury me dit alors d'aller voir le ministre de l'Intérieur, M. Loubet, et que j'obtiendrais le permis de communiquer. Je refusai, et comme je me retirais il me dit : « Je pense que, dans notre intérêt mutuel, il est nécessaire que cette conversation demeure secrète. »

Je ne promis rien et je rentrai chez moi, reconduite par M. Nicole. Le lendemain, M. Nicole vint m'apporter trois permis de communiquer, signés, mais en blanc, de telle façon que je puisse les remplir comme je le voudrais.

J'ai refusé les permis, du moment qu'on ne m'apportait rien avec eux.

Sous l'empire de l'indignation soulevée par la révélation de cette honteuse intrigue, le Président ordonna, conformément à la demande de l'avocat général et des défenseurs, que MM. Soinoury et Nicole seraient mandés à l'instant.

Une heure après, l'ancien directeur de la Sûreté générale, pâle et inquiet, se présentait à la barre. Il reconnut avoir demandé à Mme Cottu des documents compromettants pour des députés de la Droite et lui avoir remis trois permis de communiquer, mais jura qu'il n'avait rien cherché à obtenir d'elle par promesse ou par menace.

Mme Cottu refit alors son récit avec un tel accent de vérité que le policier, perdant contenance, ne put que balbutier de confuses dénégations avant d'aller cacher sa honte au fond de la salle.

M. Nicole, qui lui succéda à la barre, confessa qu'ayant été chercher Mme Cottu chez M. Pillet pour la conduire chez M. Soinoury, il l'avait ramenée à son domicile après l'entrevue.

Aucun doute ne pouvait donc subsister sur la réalité des faits ; restait à savoir si Soinoury avait agi de sa propre initiative ou d'après les instructions d'un membre du Gouvernement. Cette dernière hypothèse semblait d'autant plus vraisemblable que l'ancien directeur de la Sûreté générale venait d'être nommé directeur de l'administration pénitentiaire et officier de la Légion d'honneur en récompense de ses *services exceptionnels*.

M. Bourgeois, spécialement mis en cause, sentit le besoin de se laver des soupçons qui pesaient sur lui. A cet effet, il donna sa démission de ministre de la justice pour comparaître en simple témoin et vint affirmer, à l'audience suivante, celle du 13 mars, qu'il n'avait jamais autorisé qui que ce soit à entrer en négociations avec Mme Cottu.

M. Nicole, rappelé à la barre, expliqua que le ministre dont il avait été question dans les pourparlers n'était pas M. Bourgeois, mais M. Loubet, alors ministre de l'intérieur.

M. Soinoury, à qui le président demanda si le ministre de l'intérieur l'avait autorisé à délivrer à Mme Cottu les trois permis de communiquer, invoqua, pour se dispenser de répondre, le secret professionnel. Cette discrétion ne pouvait tromper personne. M. Loubet était évidemment l'instigateur de ce complot comme des négociations avec Arton. Les panamistes sénatoriaux, sauvés par ses manœuvres, lui ont témoigné leur gratitude en assurant, par leurs bulletins de vote, son élection à la présidence de la Haute Assemblée.

Les débats se prolongèrent encore pendant sept audiences; nous allons les résumer brièvement pour éviter des redites.

Les derniers témoins, dont les dépositions n'offrirent qu'un médiocre intérêt, ayant été entendus, les avocats des parties civiles prirent la parole. Mes Boullay, de Las Cases, Lagasse et Roussel demandèrent tour à tour au jury de condamner les accusés en exprimant le regret qu'un grand nombre de coupables aient été soustraits à la justice.

L'avocat général Laffon prononça ensuite son réquisitoire :

M. Charles de Lesseps, dit-il, est un financier néfaste qui a arraché à son pays un milliard quatre cent millions, c'est-à-dire le quart de l'indemnité de guerre que nous a coûtée l'année terrible. En 1886, il achète M. Baïhaut pour que le projet soit déposé. En 1888, il achète M. Sans-Leroy pour que la Commission soit favorable, puis les parlementaires par l'intermédiaire de Reinach et d'Arton pour assurer le vote du projet. Le 17 juillet, on distribue enfin les chèques à MM. Gobron, Béral, Dugué de la Fauconnerie, Antonin Proust, etc.

MM. Béral, Antonin Proust, Dugué de la Fauconnerie et Gobron prétendent avoir coopéré à un syndicat de garantie, mais ce syndicat était purement fictif. Cela est si vrai que M. Dugué de la Fauconnerie a été obligé de convenir qu'il ignorait pour quelle part il avait été compris dans le syndicat; c'était reconnaître, par cela même, que cette participation n'était pas sérieuse.

De même, M. Gobron a soutenu que ses 20.000 francs représentaient vingt parts de fondateur de la Société de Tannage cédées à M. de Reinach. Or, ces titres n'étaient pas alors disponibles, la société n'étant pas encore constituée.

M. Antonin Proust avait été accusé dans un article d'un journal; il opposa les dénégations les plus absolues, mais la *Libre Parole* ayant publié le fac-similé d'une lettre du baron de Reinach à M. Antonin Proust, celui-ci fut forcé d'avouer. Si le gain qu'il a réalisé était licite, pourquoi ne l'a-t-il pas avoué tout d'abord ?

M. Béral, enfin, a touché 40.000 francs; la

somme est plus forte, parce qu'il ne s'est pas borné à voter; il a pris la parole en faveur du projet de loi. Il prétend que c'était là le paiement d'honoraires dus depuis longtemps. Pourquoi, dans ce cas, a-t-il attendu quatre ans avant de les réclamer?

M. Ch. de Lesseps invoque sa pauvreté. Eh bien! non; l'argent qu'il a extorqué, il l'a gardé.

Si toutes vos victimes étaient là, Monsieur Charles de Lesseps, nous entendrions leurs cris de malédiction. Ils couvriraient la voix de ceux qui voudraient vous éviter le châtiment. Je m'associe à ces victimes, et, comme elles, je crie: « Justice! Justice! Justice! »

Me Barboux reprit devant la Cour d'assises la thèse qu'il avait déjà si brillamment développée devant la Cour d'appel:

M. Charles de Lesseps, dit-il, n'est pas plus coupable que le voyageur qui, pris à la gorge par des bandits au coin d'un bois, leur donne sa montre et sa bourse... Ce que l'on vous demande, ce que vous demande le ministère, c'est un service dont sa faiblesse a besoin. Il vous présente quelques accusés comme des coupables pour sauver des amis. On vous livre les moins compromis; on néglige de vous livrer les autres, les ministres qui vous révèleraient les secrets des ministères, ceux qui, comme M. Rouvier, ont pu dire aux membres de la majorité de la Chambre : « Sans l'argent du financier Vlasto, vous ne siègeriez pas sur ces bancs. »

Me Du Buit représenta Fontane comme l'auxiliaire irresponsable de M. de Lesseps.

Baïhaut ayant avoué son crime, Me Rousseau, son défenseur, dut se borner à implorer en sa faveur la pitié du jury.

Suivant le système adopté par Blondin,

Mᵉ Lallier soutint que son client avait agi de bonne foi, en intermédiaire désintéressé.

Mᵉ Danet combattit éloquemment les lourdes charges qui pesaient sur Sans-Leroy ; il s'efforça d'établir la légitime provenance des 200,000 francs dont l'instruction relevait la trace entre ses mains à l'époque même de la corruption.

Mᵉ Rousset s'étonna avec raison qu'on poursuivit le sénateur Béral qui prétendait avoir touché son chèque en paiement d'honoraires, alors qu'on laissait indemne le sénateur Albert Grévy qui avait fourni une justification identique.

Mᵉˢ Tézénas, Schaye et Demange déployèrent tout leur talent pour démontrer que Dugué de la Fauconnerie, Gobron et Antonin Proust avaient innocemment touché les chèques du baron de Reinach sans se douter le moins du monde que l'argent provint de la caisse de la Compagnie de Panama.

La clôture des débats fut prononcée à la fin de ce beau tournoi oratoire. Les jurés, extrêmement perplexes, délibérèrent pendant plus de trois heures. Ils rentrèrent ensuite en séance et le chef du jury mit fin à l'anxiété qui étreignait des milliers de poitrines en donnant lecture du verdict : affirmatif sur les questions relatives à Ch. de Lesseps, Blondin et Baïhaut dont les deux premiers seuls bénéficiaient des circonstances atténuantes, il répondait négativement aux questions concernant les autres accusés.

En vertu de ce verdict, Marius Fontane, Sans-Leroy, Béral, Dugué de la Fauconnerie, Gobron et Antonin Proust furent immédiatement remis en liberté. Tandis qu'ils s'abandonnaient aux élans d'une joie débordante, les trois condamnés écoutaient, tête basse, les conclusions des parties civiles réclamant contre eux des dommages-intérêts à fixer par état.

Enfin la Cour, après une longue délibération, rendit un arrêt condamnant Charles de Lesseps à un an de prison, Blondin à deux ans de la même peine, Baïhaut à la dégradation civique, à cinq ans de prison et à 750.000 francs d'amende, et adjugeant aux parties civiles le bénéfice de leurs conclusions.

Baïhaut, qui avait commis la sottise d'avouer au lieu de nier effrontément, à l'exemple ses collègues, fut donc le seul parlementaire frappé; il paya pour toute la bande, entraînant Charles de Lesseps et Blondin dans son naufrage.

Aucun résultat ne pouvait être plus agréable aux panamistes des deux Chambres; ils proclamèrent dans tous leurs journaux que le jury avait reconnu l'inanité des accusations formulées par les adversaires de la République et que le châtiment du ministre concussionnaire démontrait l'inflexible rigueur de la justice.

Cette téméraire interprétation du verdict provoqua une interprétation contraire: le jury a acquitté, prétendit-on, parce qu'il a été révolté de voir qu'on ne lui livrait que les moindres coupables, parce qu'il a vu l'avocat général rester muet lorsque les défenseurs lui ont demandé : « Pourquoi les uns sont-ils assis sur les bancs de la cour d'assises, tandis que les autres, portés sur la même liste, continuent à siéger à la Chambre ou au Sénat? »

Les acquittés, gardant une attitude des plus humbles, s'abritèrent derrière l'autorité de la chose jugée, mais ce principe, cette fiction légale, pour mieux dire, reçut bientôt un coup qui lui causa une forte brèche :

Le 23 mai 1893, la cour d'assises de la Seine, jugeant Arton en état de contumace, rendit l'arrêt suivant :

La Cour : attendu qu'il est suffisamment établi qu'Arton (Emile) a, en mars et avril 1888, à Paris, corrompu par promesses, offres, dons ou présents, M. Sans dit Sans-Leroy, député, et à ce titre fonctionnaire public, pour obtenir de lui une opinion favorable, soit tout autre acte de son ministère,

Déclare Arton (Emile) coupable du crime prévu par les art. 177, 179, 34, 35 du Code pénal et le condamne à la dégradation civique, à cinq ans de prison et à 400.000 francs d'amende.

Quiconque trouvera le moyen de concilier cet arrêt avec le verdict du 21 mars pourra opposer l'autorité de la chose jugée à ceux qui prétendent que l'acquittement des parlementaires poursuivis devant la cour d'assises ne fut que le dénouement prévu d'une immense comédie.

CHAPITRE XII

Épilogue de la comédie parlementaire.

Une fois l'affaire de Panama enterrée au Palais de Justice, il ne restait plus qu'à l'ensevelir au Palais-Bourbon. La Commission d'enquête, qui avait déployé au début un zèle des plus louables, s'était peu à peu relâchée de sa première ardeur; effrayée de ses découvertes, voyant qu'elle ne pouvait faire un pas sans soulever quelque nouveau scandale, elle finit par s'arrêter tout à fait. Son président, M. Brisson, lui donna l'exemple du découragement en feignant une maladie pour se soustraire à un devoir qu'il ne se sentit pas le courage d'accomplir jusqu'au bout. La majorité, pressée d'en finir, proposa de clôturer les travaux et de nommer le rapporteur sous prétexte qu'il ne lui restait plus qu'à s'incliner devant le verdict du jury. En vain la minorité s'efforça-t-elle de soutenir qu'un verdict d'acquittement, dont on ignorait les motifs, n'était pas une preuve d'innocence, et que des actes auxquels on n'avait pas reconnu le caractère de crimes pouvaient tout au moins constituer une infraction aux règles de l'honneur et relevaient, à ce titre, de la juridiction de la Chambre. En dépit de ces protestations, la majorité résolut de ne pas pousser plus loin ses investigations et chargea un de ses membres, M. Vallé, de rédiger le rapport.

Au point de vue des partisans de l'étouffement, ce choix n'était pas mauvais. M. Vallé, député opportuniste d'Epernay, appartenait à cette nombreuse catégorie de parlementaires qui, personnellement honnêtes mais uniquement soucieux de vivre en bonne intelligence avec tout le monde, ont des trésors d'indulgence pour les faiblesses de leurs collègues et prodiguent sans aucun choix leurs poignées de main et leurs sourires; avocat retors, il possédait l'habileté nécessaire pour blanchir les camarades souillés par des éclaboussures de pots-de-vin. Disons tout de suite qu'il se montra digne de la confiance de ses amis; son rapport fut avant tout une œuvre de bonne camaraderie. En voici une courte analyse:

Le premier chapitre contient l'historique de la Compagnie de Panama depuis sa fondation jusqu'à sa mise en liquidation; l'auteur y raconte d'une manière très complète les mensonges et les manœuvres frauduleuses à l'aide desquels furent lancées les diverses émissions.

Le second chapitre est consacré aux entrepreneurs dont les exactions sont sévèrement appréciées.

Dans le troisième chapitre, l'auteur

explique l'organisation des syndicats : l'utilité des syndicats créés en vue des émissions de 1882, de 1883 et de 1884 lui paraît soutenable, mais il reconnaît que les syndicats à 2 fr. 50 n'étaient qu'un moyen détourné de rétribuer des concours et de faire des libéralités.

En ce qui concerne la presse, le prudent rapporteur, désireux de ménager une dame si puissante, s'aventure timidement à dire qu'elle n'a pas été *absolument désintéressée* en faisant, à la veille de chaque émission, l'apologie de l'entreprise.

Le rapporteur aborde enfin la dernière partie de sa tâche, la plus délicate, dit-il, celle qui a tenu la première place dans les préoccupations de la Commission d'enquête nommée principalement pour examiner les accusations portées contre le Parlement. Voulant à tout prix réfuter ces accusations, il se heurte en premier lieu aux graves révélations qui semblent les justifier: on a relevé sur les livres de la Compagnie de Panama que le baron de Reinach avait touché, en juillet 1888, 3.390.475 francs pour sa part syndicale et 1.550.000 francs sur le compte de publicité; en outre, les livres de la maison Kohn-Reinach ont appris qu'à la même époque le baron de Reinach avait versé à Arton, en plusieurs fois, une somme de 954.125 francs. L'habile rapporteur ne s'embarrasse pas pour si peu:

L'emploi de la première somme (3.390.475 fr.), explique-t-il, est connu ; il résulte de chèques retrouvés chez M. Thierrée. Les députés et sénateurs bénéficiaires de ces chèques ont été poursuivis; les uns ont bénéficié d'une ordonnance de non-lieu, les autres ont été acquittés par le jury. Inclinons-nous devant les décisions de la justice. Cicéron disait: « La chose jugée est le plus ferme soutien de la République. »

Loin d'imiter le noble exemple du grand orateur qui flétrit jadis avec autant de génie que de courage les malversations de Verrès, le complaisant rapporteur n'invoque son autorité que pour couvrir les parlementaires demeurés impunis grâce aux manœuvres de plusieurs ministères successifs et aux défaillances de la justice. Continuant ensuite son lessivage, il écrit ingénument:

Quant à la seconde somme, celle de 1.550.000 francs, on n'est pas fixé du tout. Il est vrai que la note explicative du baron de Reinach se termine par ces mots: « Chèque de 1.340.000 francs touché en divers chèques aux mêmes époques par Arton et distribués à cent quatre députés dont il peut fournir la liste, etc. » Mais un pareil document, provenant du baron de Reinach ne peut inspirer grande confiance.

M. le rapporteur oublie que ce document a été reconnu exact relativement à MM. Barbe, Devès, Albert Grévy, Dugué de la Fauconnerie, Léon Renault, Gobron, Antonin Proust et Béral. Je ne cite que ceux-là, parce que, en ce qui les concerne, on n'a pu discuter que sur les causes du paiement. La note explicative du baron de Reinach mérite donc d'inspirer confiance: Il y a lieu de penser qu'elle est véridique dans toutes ses affirmations.

Reste les 951.125 francs touchés par Arton à la banque Kohn-Reinach :

Arton a-t-il employé ces fonds à faire de la corruption ? se demande le rapporteur. Telle est la question. Que la Compagnie de Panama ait cherché à agir sur le Parlement en vue d'obtenir la loi sur les valeurs à lots ; qu'elle ait fait faire des offres à certains députés ; qu'Arton, Cottu et d'autres peut-être soient venus à la Chambre dans ce but ; qu'on ait encore tenté de négocier en dehors du Palais-Bourbon, cela ne paraît guère faire de doute. Mais les propositions ont-elles été agréées ? C'est autre chose. Arton menait grand train et entretenait plusieurs maîtresses.

Conclusion : l'argent destiné à corrompre des hommes politiques a sans doute servi à séduire des femmes ; celles-ci ayant mangé tout le gâteau, les parlementaires ne purent en attraper la moindre miette.

Les femmes ont bon dos, mais il n'en est pas moins vrai que M. Barbe, bien plus gourmand qu'elles, a touché, sur la première somme, cinq chèques formant un total de 550.000 francs. Ne pouvant contester le fait, l'ingénieux rapporteur insinue que ce gros versement a pu avoir une cause licite. « Au surplus, ajoute-t-il, cette affaire est pendante devant le tribunal civil de la Seine ; il convient d'attendre la décision de la justice. »

Le jugement que M. le rapporteur attendait sans aucune impatience a été rendu le 26 juillet 1894 ; le voici :

Attendu qu'il est établi par les documents de la cause que Barbe a reçu, le 18 juillet 1888, du baron de Reinach, la somme de 550.000 francs, représentée par cinq chèques au porteur de la maison Thierrée et Cie sur la banque de France ;

Que tout démontre jusqu'à l'évidence que cette remise ne lui a été faite que pour payer le concours inavouable qu'il avait promis de donner à la Compagnie de Panama afin d'obtenir des pouvoirs publics, par son influence, l'autorisation de l'emprunt sollicité par cette Société ;

Que, dans ce but, Charles de Lesseps remit, le 17 juillet 1888, à de Reinach, un chèque au porteur de 3.390.475 francs ;

Que l'on comprend aisément que de Reinach ait, dans l'œuvre de corruption dont il était chargé, songé à Barbe, ancien ministre, député influent, industriel et financier important, dont le concours ne pouvait manquer d'avoir la plus sérieuse portée ;

Qu'il n'existait à ce moment entre ces deux hommes aucune affaire qui put justifier le paiement d'une somme de 550.000 francs ;

Que la hâte de Barbe pour toucher les chèques aussi bien que les précautions dont il s'est entouré pour dissimuler son intervention ne sont pas moins caractéristiques ;

Qu'il importe à la morale publique que rien ne puisse subsister d'un trafic honteux qui, s'exerçant vis-à-vis des pouvoirs publics, met en péril la sûreté des citoyens ;

Par ces motifs, le Tribunal condamne les héritiers Barbe à restituer à la liquidation de Panama la somme de 550.000 francs.

L'honorable député champenois, respectueux des sentences de la justice, a été obligé de s'incliner devant celle-ci.

Sa vénération pour l'autorité de la chose jugée l'a plongé dans une terrible perplexité lorsqu'il s'est trouvé en présence de deux décisions contradictoires : verdict du jury, acquittant Sans-Leroy comme non coupable de s'être laissé corrompre; arrêt de la Cour d'assises condamnant Arton pour avoir corrompu ce même Sans-Leroy.

« Comment cette seconde décision peut-elle s'accorder avec la première ? » se demande notre champenois, aussi indécis que l'âne de Buridan entre deux bottes de foin d'égale grosseur.

Ne trouvant aucun moyen de concilier ces deux décisions inconciliables, il donne sa langue au chat en disant : « La Cour ne l'a pas dit et nous ne nous chargeons pas de l'expliquer. »

Il ne se charge pas davantage d'expliquer qu'après avoir annulé un bon au porteur de 120.000 francs destiné au journal le *Télégraphe*, on ait subrepticement effectué le paiement de cette somme par acomptes mensuels de 10.000 francs :

Il paraît constant, dit-il, d'après la déposition de M. de Boudard et d'après les mentions qui figurent sur les talons des chèque retrouvés à la Compagnie de Panama, que le *Télégraphe* est devenu la propriété de cette Compagnie. Mais de là à conclure que le journal ne valait pas

20 francs et qu'il a été acheté à cause de l'influence (celle de M. de Freycinet) qui était par derrière, il y a loin.

Le cas de M. Floquet est plus simple : M. Charles de Lesseps a affirmé à maintes reprises, avec les détails les plus précis, avoir versé, sur la demande de l'ancien président du Conseil, une somme de 300.000 francs aux journaux désignés par celui-ci. M. Floquet a opposé à cette affirmation une dénégation formelle. Entre la parole de ces deux hommes, M. le rapporteur n'hésite pas : c'est M. Charles de Lesseps qui ment.

Malheureusement M. Floquet, après avoir nié du haut de la tribune, a avoué implicitement devant la Commission d'enquête en alléguant *qu'il avait cru de son devoir, comme chef du Gouvernement, d'observer et de suivre d'aussi près que possible la répartition des sommes distribuées aux journaux par la Compagnie de Panama.*

Sans chercher à approfondir cette explication ambiguë, M. le rapporteur estime qu'étant donné les nécessités de la lutte contre le boulangisme, M. Floquet n'a pas outrepassé ses pouvoirs.

Continuant à marcher les yeux bandés, M. le rapporteur affecte de ne pas apercevoir le mobile qui a poussé MM. Floquet et de Freycinet à s'interposer pour arrêter le scandale dont Cornélius Herz et le baron de Reinach menaçaient la Compagnie de Panama.

C'est pour des raisons à elle toutes particulières, dit-il, et non pour rendre service au Gouvernement, que la Compagnie de Panama a versé une grosse somme au baron de Reinach à la suite des démarches dont il s'agit.

Dans sa naïveté champenoise, ce bon M. Vallé ne saisit pas les motifs qui ont amené les deux ministres, tremblant d'être les premières victimes du scandale, à intervenir pour l'empêcher.

Il ne restait plus qu'à expliquer les deux chèques dont la note explicative du baron de Reinach accusait Rouvier d'être le bénéficiaire. Le rapporteur ne trouve rien de plus commode que d'adopter la justification de l'intéressé lui-même.

Lorsque M. Rouvier, écrit-il, quitta le ministère, il devait à M. Vlasto une somme de 50.000 francs que celui-ci lui avait avancée pour parer à l'insuffisance des fonds secrets. Le baron de Reinach proposa à M. Vlasto de courir avec lui le risque de retard dans le remboursement ou de perte possible, ce qui fut accepté. Après la chute du cabinet Rouvier, M. Vlasto demanda au baron de Reinach de participer dans la perte, et celui-ci, pour se libérer, l'intéressa dans la part syndicataire que la Compagnie de Panama lui avait faite à l'occasion de l'émission de juin 1888. Les bénéfices du Syndicat encaissés, M. de Reinach compta à M. Vlasto 90.000 francs en deux chèques, l'un de 40.000 francs, l'autre de 50.000 francs. C'est le second chèque qui a constitué le remboursement fait à Vlasto.

Ainsi M. Rouvier emprunte à Vlasto une somme de 50.000 francs pour des besoins gouvernementaux. Le baron de Reinach, initié on ne sait comment à cette affaire, va spontanément, dans un inexplicable élan de générosité, proposer à Vlasto de courir avec lui le risque de retard dans le remboursement ou de perte possible. Après la chute du cabinet Rouvier, Vlasto demande au baron de Reinach de participer dans la perte. Quelle perte ? M. Rouvier n'est-il pas solvable ? Ne lui suffirait-il pas de dire un mot à son successeur pour que celui-ci rembourse sur les fonds secrets la dette des fonds secrets ? Mais ce n'est pas tout : le baron de Reinach imagine, pour se libérer, d'intéresser Vlasto dans le Syndicat de Panama, et l'heureux Vlasto empoche 90.000 francs alors que Rouvier ne lui en devait que 50.000.

Si cette histoire baroque, imaginée en désespoir de cause par un accusé aux abois, pouvait être prise au sérieux, il suffirait de rappeler aux personnes crédules que le Syndicat de Panama n'était qu'un moyen détourné de rétribuer des concours et de faire des libéralités, que la somme dont il s'agit a été payée sur le chèque de 3.390.475 francs remis par Charles de Lesseps au baron de Reinach pour payer, outre Cornélius Herz, les hommes politiques qui avaient vendu leur influence, et que le baron de Reinach, ami intime de Rouvier, n'ayant aucune raison pour lui nuire, dit, dans sa note explicative, que *Rouvier a touché* deux chèques, l'un de 40,000 francs, l'autre de 50.000 francs.

Cela n'empêche pas le bénévole rapporteur d'accueillir aveuglément l'absurde système de défense de Rouvier, puis, après l'avoir innocenté, il s'écrie triomphalement :

Avec ce dernier fait se termine notre tâche. Nous avons en effet étudié une à une les accusations de M. Delahaye ; on voit ce qu'il en reste.

Si on se bouche les yeux comme M. le rapporteur, il est certain qu'on n'aperçoit plus rien ; il suffit de les ouvrir pour voir que les accusations de M. Delahaye restent debout.

Arrivons aux conclusions du rapport de M. Vallé ; certaines de ses déclarations sont précieuses à recueillir de la bouche d'un homme si disposé à l'indulgence :

L'entreprise de Panama, lisons-nous dans le rapport, a été conduite de la façon la plus déplorable.

C'est à l'aide d'affirmations toujours et volontairement erronées qu'ont été lancées les émissions, dont le chiffre ne s'est pas élevé à une somme moindre de 1.335.565.000 francs.

Ce capital énorme est loin d'avoir reçu sa véritable destination, et, dans l'emploi qu'elle en a fait, la Compagnie s'est livrée à des prodigalités sans excuses.

De pareils agissements n'auraient pas dû rester impunis ; l'opinion publique réclamait une répression sévère ; elle comprendra difficilement que, tandis qu'on s'est appliqué de tous côtés à lui démontrer que cette répression était méritée, les coupables s'en soient trouvé affranchis *par le seul fait d'une erreur de procédure imputable au magistrat qui avait la charge de faire respecter et appliquer nos lois pénales.*

A défaut d'un arrêt de justice, il reste le jugement que le pays est en droit de porter contre ceux qui lui ont ainsi enlevé plus d'un milliard de son épargne.

Les prodigalités de la Compagnie sont allées plus particulièrement aux entrepreneurs, à la Finance, à la Presse.

Grâce à des contrats mal établis, sans cesse remaniés et obtenus, pour la plupart, à l'aide de grosses commissions, les entrepreneurs ont réalisé des bénéfices exagérés.

La Finance a touché des sommes considérables, hors de toute proportion avec les services rendus.

La Presse a eu sa part de toutes ces largesses ; elle n'a pas eu les mêmes exigences que la Finance ni les mêmes profits, mais elle n'en a pas moins contribué à égarer l'opinion publique.

Quant aux accusations de corruption portées contre le Parlement, nous les avons étudiées et nous avons montré combien elles étaient peu fondées.

Il est regrettable, toutefois, que quelques hommes politiques aient cru devoir accepter ou solliciter une participation dans des opérations financières sans risque, ne présentant que des bénéfices à réaliser, et organisées par une Compagnie qui avait affaire aux pouvoirs publics.

On peut estimer qu'ils se sont ainsi exposés à aliéner leur indépendance et à se placer imprudemment entre leur devoir et leur intérêt.

Il nous paraît inadmissible que le Gouvernement ait jamais à intervenir près des sociétés ou des particuliers en vue d'obtenir d'eux, sous une forme quelconque, des concours d'argent.

S'il a besoin de crédits pour sa politique extérieure ou intérieure, c'est aux Chambres seules qu'il doit les demander.

Nous déplorons enfin d'avoir été obligé de constater, à l'occasion de cette affaire de Panama, que des étrangers, agents de la finance cosmopolite, aient pu jouer le rôle d'intermédiaires entre une compagnie privée et les pouvoirs publics.

Votre Commission condamne ces abus et forme le vœu qu'ils ne puissent plus se renouveler dans l'avenir.

Craignant d'en avoir trop dit, M. le rapporteur entonne, comme finale, le grand air de la calomnie :

En présence des accusations portées par les adversaires de la République contre les hommes qui sont à sa tête et la servent avec éclat, le Gouvernement et la Chambre ont fait leur devoir ; les prétendus coupables, livrés à la justice, ont été acquittés, sauf Baïhaut qui a été condamné comme il le méritait. Le pays est fixé. Il aura prochainement la parole, et on verra une fois de plus ce que les accusations portées par les adversaires acharnés de nos institutions ont de poids dans ses décisions.

Ce chef-d'œuvre de fourberie fut naturellement très goûté par la majorité de la Commission d'enquête. Par contre, les membres de la minorité, MM. de Ramel, d'Aillières, Bigot, Gamard, Grousset, Jolibois, Loreau, Taudière et de Villebois-Mareuil exigèrent, pour dégager leur responsabilité, que la protestation suivante fût annexée au rapport :

Investis par la Chambre, au même titre que nos collègues de la Commission, du mandat de rechercher et de faire la lumière sur les affaires de Panama, nous ne saurions nous associer d'une façon générale aux considérations développées dans le rapport de M. Vallé, ni à ses conclusions.

Membres du Parlement, constitués comme une sorte de jury d'honneur à l'occasion des accusations d'indélicatesse portées contre plusieurs de nos collègues, il nous appartenait d'examiner les faits au point de vue de la délicatesse et de l'honneur parlementaire.

La Commission était entrée dans cette voie. Le Gouvernement, de son côté, avait tout d'abord promis son plus actif concours.

Mais nous avons le regret de constater que, sans cesser de répéter ces promesses, le Gouvernement a, par son fait, constamment entravé l'œuvre de la Commission.

Non seulement il est resté inactif en présence de la mort subite du baron de Reinach, précédée des démarches étranges que l'on sait, ne faisant procéder ni à l'apposition des scellés, ni à la saisie des papiers, lesquels, tombés ultérieurement dans les mains de la justice, ne nous ont jamais été communiqués ; non seulement il a laissé Cornélius Herz séjourner à Paris pendant une semaine sans l'arrêter, lui permettant ainsi de trouver un refuge à l'étranger, et il a laissé Arton en liberté sans pouvoir expliquer ni démentir les démarches singulières de sa police, mais encore, par un système vraiment trop ingénieux d'instructions successivement ouvertes au fur et à mesure que des faits nouveaux et importants nous étaient révélés, il a fait saisir judiciairement les documents signalés ou découverts par la Commission et les a soustraits à son examen ; il a fait interroger par le juge d'instruction ceux-là mêmes qui paraissaient devoir nous apporter des éclaircissements sur les faits les plus importants, leur fournissant ainsi habilement un prétexte de se dérober aux interrogatoires de la Commisson; en un mot, il a paralysé constamment notre action et restreint notre rôle.

Malgré ces entraves apportées à nos investigations, nous n'avons pas cru devoir imiter ceux de nos collègues qui, désespérant d'arriver ainsi à la vérité sur cette lamentable affaire, ont donné leur démission. Nous avions conservé l'espoir qu'après les décisions de la justice, la Commission reprendrait enfin son enquête au point de vue de l'honneur et de la dignité du Parlement. Cela lui était d'autant plus facile, qu'à ce moment tombaient en partie les obstacles provenant de l'intervention judiciaire.

La majorité de la Commission s'y est refusée, et, contrairement à notre opinion, elle a décidé de clore ses travaux par la nomination du rapporteur général.

Nous protestons contre cette décision et nous nous refusons à accepter la clôture d'une enquête insuffisante aussi bien que le rapport fait dans de pareilles conditions.

La mise en scène judiciaire, débutant par une poursuite en escroquerie, volontairement retardée et qu'on savait prescrite, a continué par une demande d'autorisation de poursuites contre quelques députés et sénateurs, alors qu'ils n'avaient pas même été interrogés et que la plupart devaient être l'objet d'un non-lieu.

Ces agissements irréguliers, ces instructions judiciaires s'entre-croisant, paralysant l'œuvre de la justice et la faisant fatalement aboutir à l'avortement des poursuites, ne sauraient avoir pour complément l'impuissance voulue d'une Commission d'enquête nommée pour accomplir une œuvre différente.

Cette œuvre n'est pas terminée et le rapport

qui nous est présenté n'est pas la conclusion d'une enquête conduite jusqu'au bout; il n'est qu'une plaidoirie habilement présentée en faveur de pratiques gouvernementales et parlementaires que nous réprouvons, comme l'a fait la Chambre elle-même deux fois, d'accord en cela avec le sentiment public.

M. le rapporteur caractérise d'ailleurs lui-même son rapport en le terminant par un appel aux électeurs, ne voulant voir dans la mission élevée qui nous avait été confiée qu'un côté politique qui paraît avoir été sa constante préoccupation.

En résumé, alors qu'il reste établi qu'une somme considérable a été détournée du patrimoine des porteurs de Panama pour acheter des complaisances inavouables et des concours politiques, alors que la corruption est manifeste, tout l'effort du Gouvernement semble avoir été de dérober à nos recherches les corrompus et d'écarter de la Commission les pièces et les témoins qui pouvaient apporter à cet égard des indications précises, tandis que, d'autre part, des manœuvres inqualifiables étaient vainement employées pour chercher des témoignages de nature à compromettre des adversaires politiques.

Nos collègues de la Commission d'enquête nous rendront ce témoignage que jamais, au cours de nos travaux, nous ne nous sommes laissé guider par un motif politique.

La recherche de la vérité a été notre seul but. Notre seule volonté a été d'apporter dans les mœurs publiques les réformes que tous les bons citoyens doivent être d'accord pour accomplir.

Nous ne voulons pas préjuger la décision de la Chambre, nous ne savons pas si elle se joindra à la majorité de la Commission et si nous verrons définitivement étouffer une affaire dont certains pensent qu'on a trop parlé;

mais nous estimons et nous croyons que le pays estimera comme nous que ses représentants étaient mieux inspirés quand, le 8 février, ils votèrent à l'unanimité l'ordre du jour suivant :

La Chambre, décidée à soutenir le Gouvernement dans la répression de tous les faits de corruption et résolue à empêcher le retour de pratiques gouvernementales qu'elle réprouve, passe à l'ordre du jour.

Nous entendons rester fidèles à cet ordre du jour.
Il est aujourd'hui, comme il était alors, l'expression de notre pensée.

La majorité de la Chambre, placée entre son désir de sauver ses membres corrompus et sa crainte de l'opinion publique, se fût trouvée dans un grand embarras si elle eût eu à se prononcer sur le rapport de la Commission d'enquête. Quelle décision eût-elle prise? Il est difficile de le deviner. Ce qu'il y a de certain, c'est que le procureur Quesnay de Beaurepaire, les ministres dont l'attitude avait été si louche, les bénéficiaires de chèques, tous ceux en un mot qui se trouvaient compromis à un titre quelconque dans cette malpropre aventure, seraient sortis très meurtris d'un débat naturellement fort passionné. M. Vallé, désireux d'éviter à ses collègues une séance désagréable, ne déposa son rapport que le 4 juillet et s'arrangea de manière à ce qu'il ne fût distribué qu'à la veille de la clôture de la session de 1893, qui était la dernière de la législature, en sorte que la Chambre dut se séparer sans pouvoir le discuter.

Mais aussi maladroit que l'ours de la fable, il commit la suprême sottise (je ne veux pas lui faire l'injure de supposer que ce fut une dernière malice) de faire imprimer, en même temps que son rapport, celui de M. Flory, suivi de la liste complète des parties prenantes dans les frais d'émission, et le procès-verbal *in extenso* des dépositions entendues par la Commission d'enquête, le tout en trois énormes volumes renfermant les preuves les plus accablantes contre ceux qu'il s'était ingénié à blanchir, si bien que les malheureux panamistes, écrasés sous le poids de ce triple pavé, n'ont cessé de maudire en leur cœur le funeste avocat auquel ils doivent la confirmation authentique de leur turpitude.

Rien n'est si dangereux qu'un maladroit ami.
Mieux vaudrait un sage ennemi.

CHAPITRE XIII

Conclusion.

Les fallacieuses promesses des ministères qui s'étaient succédé dans le cours de cette dernière législature, le simulacre de poursuites, la longue comédie jouée au Palais de Justice et au Palais-Bourbon n'avaient eu d'autre but que d'égarer l'opinion publique, de tromper le pays, de persuader aux électeurs que l'affaire de Panama était une machine de guerre inventée par les adversaires de la République et que, sauf Baïhaut qui expiait son crime, aucun parlementaire n'avait trafiqué de son mandat. Tel fut le thème développé dans toutes les circonscriptions, aux élections de 1893, par les candidats ministériels et par leurs journaux. Non content de proclamer officiellement cet audacieux mensonge, le ministère Dupuy, digne successeur du ministère Ribot, s'abaissa jusqu'à mendier l'appui du Pape pour assurer le succès des politiciens véreux qui devaient lui composer une majorité docile.

Grâce à la coalition des préfets et des évêques, des financiers cosmopolites et des folliculaires vénaux, le pays, embrumé dans une épaisse atmosphère de mensonge, accorda de nouveau sa confiance aux hommes qui s'étaient rendus les complices de ses détrousseurs. Les acquittés, les non-lieu, les habitués des cabinets d'instruction, les lâches complaisants responsables de leur impunité, rentrèrent triomphalement au Palais-Bourbon, avec la prétention d'y représenter la République, tandis que les députés qui avaient courageusement démasqué les vendus au risque de leur liberté et de leur honneur, Delahaye, Millevoye, le Provost de Launay, Maurice Barrès, etc., tombaient sous les intrigues déloyales de leurs adversaires.

Au nombre des vaincus de 1893, M. Muller, député sortant de l'arrondissement de Loches, mérite une mention spéciale. M. Muller ne passait pas pour un foudre d'éloquence ; il se contentait d'être un représentant consciencieux, remplissant avec assiduité son mandat, sans chercher à en tirer aucun profit personnel. Les électeurs de Loches estimèrent qu'un si brave homme ne se trouvait pas à sa place au Palais-Bourbon; ils le remplacèrent par Wilson, infligeant ainsi aux parlementaires qui avaient trafiqué de leur bulletin de vote le contact journalier du repris de justice stigmatisé par arrêt de la cour de Paris pour avoir fait commerce du ruban de la Légion d'honneur.

C'est en vain que les panamistes, outrés de cet affront, chassèrent le compromettant personnage ; les électeurs de Loches se firent un malin plaisir de le renvoyer à la Chambre où il siège paisiblement sans qu'on ait osé jusqu'ici l'invalider de nouveau de crainte que, poussé à bout, il ne crache du haut de la tribune quelques dures vérités à la face de ses vertueux collègues.

Isolé dans un coin de cette Chambre mal famée que présida Burdeau, Wilson ricane en sa barbe blonde lorsqu'on parle du Panama; il n'a pas tripoté dans le Panama, lui! et le gendre de feu Grévy s'amuse beaucoup, car Panama est revenu sur l'eau comme un cadavre en putréfaction, cadavre hideux que les partis se rejettent dans leurs querelles, qu'ils submergent d'un commun effort dans leurs moments de réconciliation, mais qui remonte toujours à la surface, plus gonflé, plus verdâtre, plus empesté. On détourne les regards, on cherche à faire l'oubli, on veut s'occupper d'autre chose ; peine perdue ; dès qu'on se croit affranchi de l'effroyable obsession, Cornélius Herz surgit, Arton apparaît et avec eux se ravive le souvenir du crime.

Or, le 10 mai 1894, au moment même où Wilson, invalidé, rentrait à la Chambre d'un air vainqueur, M. Marcel Habert montait à la tribune pour demander quelques explications au ministère Casimir-Périer au sujet de Cornélius Herz. Les héritiers Reinach et le liquidateur de la Compagnie de Panama ayant assigné le malade de Bournemouth en restitution des millions par lui extorqués, et saisi par mesure provisoire ses immeubles de Paris, notre héros avait menacé le Gouvernement, par l'organe du *Figaro*, de révélations très graves si on ne le laissait en paix; l'effet de cette menace ne s'était pas fait attendre; aussitôt intervenait une transaction moyennant une somme de 1.500.000 francs qui fut versée par un anonyme sans que Cornélius Herz ait déboursé un centime. Le ministre de la justice se déclara impuissant à éclaircir ce mystère, mais il promit de renouveler les démarches auprès du gouvernement anglais en vue de l'extradition de l'éternel moribond et de le faire juger, sans plus attendre, par les tribunaux français.

Sur ce dernier point, la promesse fut tenue : le 3 août suivant, la huitième chambre correctionnelle du tribunal de la Seine condamnait Cornélius Herz par défaut à cinq ans de prison et 3.000 fr. d'amende *pour avoir extorqué au baron de Reinach des sommes considérables en le menaçant de le dénoncer et de le perdre lui et ses amis.*

Après que Thémis eut frappé ce coup d'épée dans l'eau, Cornélius Herz persista de plus belle dans son dessein de ne jamais guérir d'une maladie qui lui permettait de narguer indéfiniment la justice française dans son confortable asile de Bournemouth.

Pendant que cet audacieux maître

chanteur se dorlotait avec les millions extorqués à la Compagnie de Panama, les malheureux porteurs de titres attendaient toujours la liquidation qui devait leur permettre, ils l'espéraient du moins, de toucher un léger dividende sur la distribution de l'actif évalué à 200 millions, en y comprenant les immeubles et les actions du Panama-Rail-Road. On pouvait, en outre, réaliser une centaine de millions en faisant rendre gorge aux entrepreneurs, aux financiers, aux maisons de banque, à tous ceux, en un mot, qui avaient reçu de l'argent sans cause licite ou au delà de ce qui leur était légitimement dû. Le soin d'accomplir ces diverses opérations incombait à M. Gautron, nommé liquidateur à la mort de M. Monchicourt, et à M. Marquis, investi des fonctions de mandataire judiciaire des obligataires en vertu de la loi du 1er juillet 1893. Pour remplir cette tâche, il eût fallu posséder assez d'énergie pour poursuivre sans pitié quiconque avait touché d'une façon suspecte, et assez de franchise pour avouer sans détour que l'achèvement du canal de Panama était une irréalisable chimère.

Au lieu de suivre cette ligne de conduite qui leur parut trop droite, MM. Gautron et Marquis s'entendirent avec une nouvelle société qui se constitua au capital de 65 millions; ils lui abandonnèrent tout l'actif social en stipulant, en échange, au profit de la liquidation de Panama, une part de 60 p. 100 dans les bénéfices nets de l'entreprise. Ils renoncèrent, en outre, à toutes poursuites en restitution contre le Crédit Lyonnais, la Société générale, le Crédit industriel, Eiffel et Hugo Oberndoerffer moyennant souscription, par les trois maisons de banque, d'actions de la nouvelle société jusqu'à concurrence d'une somme de dix millions, par Eiffel pour une somme égale, et par Hugo Oberndoerffer de 38.000 actions.

Le liquidateur et le mandataire judiciaire sacrifièrent ainsi le reste du patrimoine des obligataires en vue d'un bénéfice absolument illusoire, car il faudrait être bien naïf pour croire que la nouvelle société pourra achever le canal avec 65 millions, en supposant qu'elle les ait réellement encaissés, alors que la Commission Guillemin a estimé à 900 millions la somme nécessaire, sans compter les intérêts, les frais d'administration et les dépenses imprévues.

Voici, au surplus, pour dissiper tous les doutes, le résumé des observations d'un ingénieur qui a été examiner l'état des travaux peu de temps après la constitution de la nouvelle société :

Les abords du canal sont en ruines ; ils ont été envahis par la prodigieuse végétation de ces contrées.

Personne ne pourrait croire que des milliers d'hommes ont travaillé pendant des années à cette œuvre gigantesque qui a fait autant de victimes qu'une guerre.

Le matériel abandonné sur place est dans un état lamentable ; les machines, rails, grues, le matériel roulant, tout, en un mot, est rouillé, avarié, délabré !

Actuellement les voies de parcours et de terrassements sont absolument inutilisables : les traverses sont disparues, les crampons n'existent plus. Il ne reste que les rails qui coûteront plus à déplacer qu'une voie neuve à installer.

Tout a été fait sans ordre ni idée ; c'est le chaos le plus complet ; impossibilité absolue de se servir de ce qui existe.

La Compagnie nouvelle qui a pris la place de la liquidation a diminué le salaire et le nombre des ouvriers. Il y en avait autrefois vingt-quatre mille dans l'Isthme ; aujourd'hui il n'y en a pas cinq cents. Ils s'en vont.

Dans ces conditions, vous pouvez vous rendre compte de l'avenir de l'affaire.

On voit par ce récit d'un témoin oculaire combien sont vaines les espérances de ceux qui comptent encore sur l'achèvement de cette folle entreprise, et à quel point sont coupables les spéculateurs qui cherchent à y attirer de nouveaux capitaux.

Des centaines de millions irrémédiablement engloutis, une seule chose subsiste : la grande loterie dont le fonctionnement est assuré par le prélèvement opéré en 1888 sur les titres souscrits. L'espoir de gagner un gros lot est donc l'unique consolation des braves gens qui avaient confié leur épargne à MM. de Lesseps en vue du percement de l'isthme de Panama.

Tout le monde ne prenant pas ce leurre au sérieux, la liste des malheureux qui se sont donné la mort, faute de pouvoir se résigner à leur ruine, s'est augmentée, le 1ᵉʳ septembre 1894, d'une nouvelle victime : Mᵐᵉ veuve Lamare, cuisinière, demeurant boulevard Haussmann, 154 *bis*, désespérée d'avoir perdu dans le Panama les 30.000 francs qui constituaient toute sa fortune, s'est étendue sur son lit après avoir calfeutré toutes les issues de sa mansarde et allumé un réchaud.

Si cette pauvre femme eût attendu une quinzaine de jours, elle eût pu contempler un superbe char descendant, couvert de couronnes, l'avenue des Champs-Elysées, suivi d'un nombreux cortège, en tête duquel marchaient les membres de l'Académie française, les représentants de tous les consulats et ambassades et les délégués de la chancellerie de la Légion d'honneur. Ce char transportait au cimetière du Père Lachaise le cercueil de M. Ferdinand de Lesseps, condamné à cinq ans de prison pour escroquerie et abus de confiance.

Le lendemain, un char plus magnifique encore quittait le Palais-Bourbon, emportant la dépouille mortelle de M. Burdeau, président de la Chambre, après une cérémonie funèbre à laquelle assistaient M. Casimir-Périer, président de la République, les ministres, les députés, les sénateurs, le Conseil d'Etat, la Cour de cassation, la Cour d'appel, les attachés militaires et les ambassadeurs des grandes puissances. Si l'infortunée cuisinière, dont le cadavre avait été enlevé sans tambours ni trompettes dans le corbillard du pauvre, se fût trouvée là, elle eût pu apercevoir, à travers la haie des gardes à cheval maintenant la foule à distance respectueuse, un drapeau tricolore frangé d'or, le même qui avait servi deux mois et demi auparavant aux funérailles de Carnot, déployé sur le cercueil de l'homme qui, député et journaliste, avait mis son influence et son talent au service de la Compagnie de Panama.

Un an après, le 22 janvier 1896, le peuple de Paris assistait, gouailleur, à une troisième apothéose, celle de M. Floquet, et, chose piquante, ce fut le pudique sénateur Bérenger qui vint, au nom de la Haute Assemblée, rendre un dernier hommage à l'ancien ministre défunt.

Pauvre cuisinière ! avec quelle rigueur les tribunaux l'eussent frappée, si elle eût été surprise faisant danser l'anse du panier, ce qui constitue un abus de confiance. Mais faire sauter dans sa poche les millions d'autrui n'a rien que de parfaitement conforme aux règles de la délicatesse, ainsi qu'il appert d'une décision du Conseil de l'ordre de la Légion d'honneur, en vertu de laquelle M. Eiffel, convaincu d'abus de confiance, a conservé le droit de porter sur sa poitrine l'étoile des braves.

Comme vous le voyez, notre heureuse époque jouit de deux morales : l'une, inflexible, pour les délinquants vulgaires; l'autre, infiniment indulgente, à l'usage des beaux messieurs qui raflent des millions à l'aide de procédés élégants et perfectionnés tels que les sociétés anonymes.

Méditez ce qu'écrivait récemment à cet égard l'un des membres les plus éminents de l'Institut, M. Paul Leroy-Beaulieu :

Personne n'ignore le brigandage qui se commet sous le couvert de la fondation de sociétés par actions. Rien n'est plus éhonté ni plus criminel. C'est un des symptômes les plus tristes de la démoralisation publique.

Ce qu'étaient autrefois, dans les temps les plus reculés du moyen âge, les grandes compagnies d'aventuriers et de brigands qui rançonnaient les marchands ou pillaient les campagnes, les sociétés par actions le sont aujourd'hui, non pas toutes, sans doute, mais beaucoup d'entre elles, avec plus de sécurité, plus d'impunité, plus de loisirs et plus de jouissances pour leurs fondateurs et leurs directeurs. C'est une organisation méthodique du pillage.

L'Etat laisse de prétendus financiers, avec le secours d'une presse vénale, dérober audacieusement, publiquement, les épargnes des petites gens ; il ne fait aucun effort pour arrêter les spoliations dont il est le témoin.

L'Etat, qui punit sévèrement l'escroc de bas étage et le voleur vulgaire, respecte, honore, charge de décorations et de cordons les grands détrousseurs du public. La corruption des sociétés anonymes est aujourd'hui la cause principale, presque la seule, des énormes fortunes.

Que des escrocs fassent leur métier d'escrocs, cela se comprend ; mais que les députés, que les sénateurs, que les ministres se rendent leurs complices, qu'au lieu de leur mettre des menottes on les chamarre de décorations, que les magistrats épuisent leur sac à malice pour leur assurer l'impunité, voilà ce qui bouleverse et déconcerte, ce qui dégoûte d'un régime qui, bien loin de réaliser l'idéal de probité et de justice que son nom semblait promettre, est devenu le règne des fourbes, des agioteurs et des fripons.

Le ministère actuel (peut-être sera-t-il déjà tombé au moment où paraîtront ces lignes) a promis de mettre un terme à ce révoltant état de choses:

> La seule politique que nous puissions suivre, a déclaré M. Godefroy Cavaignac à Saint-Calais, est celle des fenêtres ouvertes, celle de l'assainissement complet et définitif de la République.

Le même jour, M. Guyot-Dessaigne, ministre des travaux publics, disait à Clermont:

> Nous avons décidé de faire la lumière, nous espérons y parvenir, sur les scandales qui déshonorent la République. Nous avons l'intention formelle de punir ceux qui trafiquèrent de leurs votes.

Bien que trop souvent bernés par des promesses analogues, nous voulons espérer que celles-ci seront tenues. Les poursuites contre Souligoux et l'arrestation d'Arton sont des gages de la sincérité du ministère Bourgeois. Il lui reste à en donner une dernière preuve en agissant énergiquement auprès du gouvernement anglais pour qu'il soit mis enfin un terme à la comédie jouée depuis plus de trois ans par le malade de Bournemouth.

Avec ces trois corrupteurs, on peut connaître les noms des coupables et en débarrasser le Parlement. Les représentants honnêtes y ont le plus grand intérêt, car ils seront ainsi à l'abri des suspicions et des fausses listes.

Il y va surtout de l'intérêt supérieur de la République destinée à mourir du cancer qui lui ronge le sein, à moins qu'une main énergique n'y porte hardiment le fer rouge.

Que le ministère Bourgeois accomplisse cette salutaire opération, et il aura bien mérité de la Patrie.

Que le garde des sceaux Ricard, désireux de réparer la maladresse qu'il a commise à la mort du baron de Reinach, poursuive son œuvre de justice sans se laisser intimider par la coalition de ceux qu'elle menace, et le travail d'Hercule accompli en nettoyant un Parlement souillé par vingt années de corruption lui vaudra la reconnaissance et l'estime de tous les bons citoyens.

Espérons qu'il aura l'énergie et qu'on lui laissera le temps de mener à bonne fin la lourde tâche qu'il a déjà le mérite d'avoir courageusement entreprise.

TABLE DES MATIÈRES

PREMIÈRE PARTIE

Table des matières......................... 275

DEUXIÈME PARTIE

Chapitre Ier. — La consigne est de ronfler.... 277
Chapitre II. — Premier acte de la comédie judiciaire............................ 309
Chapitre III. — Coups de fouet à Thémis...... 313
Chapitre IV. — Second acte de la comédie judiciaire............................ 333
Chapitre V. — La mort du baron de Reinach 341
Chapitre VI. — L'interpellation Delahaye... 352
Chapitre VII. — Ministère renversé par un cadavre............................. 370
Chapitre VIII. — Les fourberies du ministère Ribot-Loubet......................... 373
Chapitre IX. — L'enquête................. 379
Chapitre X. — Troisième acte de la comédie judiciaire............................ 405
Chapitre XI. — Quatrième acte de la comédie judiciaire............................ 420
Chapitre XII. — Epilogue de la comédie parlementaire......................... 437
Chapitre XIII. — Conclusion................ 455

FIN DE LA SECONDE ET DERNIÈRE PARTIE

Bordeaux. — Imp. DEMACHY, PECH et Cie.

L'AFFAIRE DE PANAMA

PAR

ALBERT CHICHÉ

ANCIEN DÉPUTÉ

2e FASCICULE

Prix : **20** Centimes

Nota. — *Le 1er fascicule se trouve au bureau du journal Le Peuple, allées Damour, 17, et à la Librairie Graby, rue des Piliers-de-Tutelle, 11, à Bordeaux.*

BORDEAUX
IMPRIMERIE J. PECHADE, 20, RUE MARGAUX

1894

L'AFFAIRE
DE
PANAMA

PAR
Albert CHICHÉ
Ancien Député

3ᵉ FASCICULE

Prix : **20** Centimes

Nota. — *Les deux premiers fascicules se trouvent aux bureaux du journal Le Peuple, rue de la Merci, 3, et à la Librairie Graby, rue des Piliers-de-Tutelle, 11, à Bordeaux.*

BORDEAUX
Imprimerie J. PECHADE, 20, RUE MARGAUX
—
1894

L'AFFAIRE
DE
PANAMA

PAR
Albert CHICHÉ
Avocat a la Cour d'Appel
Ancien Député

6ᵉ FASCICULE

Prix : **20** Centimes

Nota. — Les cinq premiers fascicules se trouvent aux Librairies Bourlange, Galerie Bordelaise, 15, et Graby, rue des Piliers-de-Tutelle, 11, à Bordeaux.

BORDEAUX
IMPRIMERIE NOUVELLE DEMACHY, PECH ET Cⁱᵉ
16 — rue Cabirol — 16
1895

L'AFFAIRE
DE
PANAMA

PAR
ALBERT CHICHÉ
Avocat à la Cour d'Appel
Ancien Député

7ᵉ FASCICULE

Prix : 20 Centimes

Nota. — Les six premiers fascicules se trouvent aux Librairies Bourlange, Galerie Bordelaise, 15, Laborde, rue Porte-Dijeaux, 36, et Graby, rue des Piliers-de-Tutelle, 11, à Bordeaux.

BORDEAUX
IMPRIMERIE NOUVELLE DEMACHY, PECH ET Cⁱᵉ
16 — rue Cabirol — 16
1898

L'AFFAIRE
DE
PANAMA

PAR
Albert CHICHÉ
Avocat a la Cour d'Appel de Bordeaux
Ancien Député

8ᵉ FASCICULE

Prix : **20 Centimes**

Nota. — *Les sept premiers fascicules se trouvent aux Librairies Bourlange, Galerie Bordelaise, 15, Laborde, rue Porte-Dijeaux, 36, et Graby, rue des Piliers-de-Tutelle, 11, à Bordeaux.*

BORDEAUX
IMPRIMERIE NOUVELLE DEMACHY, PECH ET Cⁱᵉ
16 — rue Cabirol — 16
1895

L'AFFAIRE
DE
PANAMA

PAR

Albert Chiché
Avocat a la Cour d'Appel de Bordeaux
Ancien Député

9ᵉ FASCICULE

Prix : 20 Centimes

Nota. — Les huit premiers fascicules se trouvent aux Librairies Bourlange, Galerie Bordelaise, 15, Labuyse, rue Porte-Dijeaux, 36, et Graby, rue des Piliers-de-Tutelle, 11, à Bordeaux.

Droits de traduction et de reproduction réservés.

BORDEAUX
IMPRIMERIE NOUVELLE DEMACHY, PECH ET Cⁱᵉ
16 — rue Cabirol — 16
1895

La seconde partie paraîtra, comme la première, en neuf fascicules mensuels.

Pour les recevoir *franco* au fur et à mesure de leur apparition, il suffit d'envoyer un bon de poste de deux francs à M. le Directeur de l'imprimerie Demachy, Pech et Cⁱᵉ, rue Cabirol, 16, à Bordeaux.

L'AFFAIRE
DE
PANAMA

PAR

Albert CHICHÉ
Avocat a la Cour d'Appel de Bordeaux
Ancien Député

10ᵉ FASCICULE

Prix : **20** Centimes

Nota. — *Les neuf premiers fascicules se trouvent aux Librairies Bourlange, Galerie Bordelaise, 15, Laborde, rue Porte-Dijeaux, 36, et Graby, rue des Piliers-de-Tutelle, 11, à Bordeaux.*

Droits de traduction et de reproduction réservés.

BORDEAUX
IMPRIMERIE NOUVELLE DEMACHY, PECH ET Cⁱᵉ
16 — rue Cabirol — 16
1895

Pour recevoir *franco* les neuf premiers fascicules, envoyer la somme de 2 francs, en timbres ou bon de poste, à M. le Directeur de l'imprimerie Demachy, Pech et Cie, 16, rue Cabirol, à Bordeaux.

Envoyer 1 fr. 80 pour recevoir les huit derniers, au fur et à mesure de leur apparition.

L'AFFAIRE
DE
PANAMA

PAR

ALBERT CHICHÉ
AVOCAT A LA COUR D'APPEL DE BORDEAUX
ANCIEN DÉPUTÉ

11ᵉ FASCICULE

Prix : 20 Centimes

NOTA. — Les dix premiers fascicules se trouvent aux Librairies Bourlange, Laborde, Féret, Graby et Duthu, à Bordeaux.

Droits de traduction et de reproduction réservés.

BORDEAUX
IMPRIMERIE NOUVELLE DEMACHY, PECH ET Cⁱᵉ
16 — rue Cabirol — 16
1895

Pour recevoir *franco* les dix premiers fascicules, envoyer la somme de 2 fr. 20, en timbres ou bon de poste, à M. le Directeur de l'imprimerie Demachy, Pech et Cie, 16, rue Cabirol, à Bordeaux.

Envoyer 1 fr. 60 pour recevoir les sept derniers, au fur et à mesure de leur apparition.

L'AFFAIRE
DE
PANAMA

PAR

Albert CHICHÉ
Avocat à la Cour d'Appel de Bordeaux
Ancien Député

12ᵉ FASCICULE

Prix : 20 Centimes

Nota. — Les onze premiers fascicules se trouvent aux Librairies Feret, Datha, Bourlange, Laborde et Graby, à Bordeaux.

Droits de traduction et de reproduction réservés.

BORDEAUX
IMPRIMERIE NOUVELLE DEMACHY, PECH ET Cⁱᵉ
16 — rue Cabirol — 16
1895

L'AFFAIRE
DE
PANAMA

PAR
ALBERT CHICHÉ
Avocat à la Cour d'Appel de Bordeaux
Ancien Député

13ᵉ FASCICULE

Prix : 20 Centimes

Nota : — Les douze premiers fascicules se trouvent aux Librairies Feret, Duthu, Bourlange, Laborde et Graby, à Bordeaux.

Droits de traduction et de reproduction réservés.

BORDEAUX
IMPRIMERIE NOUVELLE DEMACHY, PECH ET Cⁱᵉ
16 — rue Capitol — 16
1896

Pour recevoir *franco* les douze premiers fascicules, envoyer la somme de 3 francs en timbres ou mandat, à M. le Directeur de l'imprimerie Demachy, Pech et Cⁱᵉ, rue Cabirol, 16, à Bordeaux.

Envoyer 1 fr. 25 pour recevoir les cinq derniers, au fur et à mesure de leur apparition.

L'AFFAIRE DE PANAMA

PAR

ALBERT CHICHÉ

AVOCAT A LA COUR D'APPEL DE BORDEAUX
ANCIEN DÉPUTÉ

14ᵉ FASCICULE

Prix : 20 Centimes

Nota. — *Les treize premiers fascicules se trouvent aux Librairies Feret, Duthu, Bourlange, Laborde et Graby, à Bordeaux.*

Droits de traduction et de reproduction réservés.

BORDEAUX
IMPRIMERIE NOUVELLE DEMACHY, PECH ET Cⁱᵉ
16 — rue Cabirol — 16
1896

Pour recevoir *franco* les treize premiers fascicules, envoyer la somme de 3 francs en timbres ou mandat, à M. le Directeur de l'imprimerie Demachy, Pech et Cie, rue Cabirol, 16, à Bordeaux.

L'AFFAIRE
DE
PANAMA

PAR

Albert CHICHÉ
Avocat a la Cour d'Appel de Bordeaux
Ancien Député

15ᵉ et dernier Fascicule

Prix : **20** Centimes

Nota. — *Les quatorze premiers fascicules se trouvent aux Librairies Feret, Duthu, Bourlange, Leborde et Graby, à Bordeaux.*

Droits de traduction et de reproduction réservés.

BORDEAUX
IMPRIMERIE NOUVELLE DEMACHY, PECH ET Cⁱᵉ
16 — rue Cabirol — 16
1896

Pour recevoir *franco* les quatorze premiers fascicules, envoyer la somme de 3 fr. 50 en timbres ou mandat, à M. le Directeur de l'imprimerie Demachy, Pech et Cie, rue Cabirol, 16, à Bordeaux.

www.ingramcontent.com/pod-product-compliance
Lightning Source LLC
Chambersburg PA
CBHW051127230426
43670CB00007B/715